I0354778
www.ingramcontent.com/pod-product-compliance
Lightning Source LLC
Chambersburg PA
CBHW081438070526
44586CB00019B/2165
* 9 7 8 1 5 9 5 8 4 8 8 3 3 *

زبور پارسی
نگاهی به زندگی و غزل‌های عطار

The Persian Psalms
A Look at the Life and Ghazals of Attar
Author: Mohammad-Reza Shafiei Kadkani
Category: Persian Literature / Literary Studies
Copyright© 2025 By Ketab Corporation
All right reserved.
1st Edition by: Ketab Corporation

زبور پارسی
نگاهی به زندگی و غزل‌های عطار
نویسنده: محمدرضا شفیعی کدکنی
موضوع: ادبیات فارسی / پژوهش ادبی
چاپ نخست شرکت کتاب: ۱۴۰۴ خورشیدی- ۲۵۸۴ ایرانی خورشیدی- ۲۰۲۵ میلادی

No part of this book may be reproduced in any manner without the express written consent of the publisher,
except in the case of brief excerpts in critical reviews or articles.
For information about permission to reproduce selections from this book, write to
Permissions @ Ketab Corporation

The Library of Congress Cataloging-in-publishing Data is available upon request.

ISBN: 978-1-59584-883-3
Ketab Corporation:
12701 Van Nuys Blvd., Suite H,
Pacoima, CA, 91331, USA

1 2 3 4 5 6 7 8 25

زبورِ پارسی
نگاهی به زندگی و غزل‌های عطّار

محمدرضا شفیعی کدکنی

به استاد: **عبدالحسین زرین‌کوب**

فهرست

یادآوری ۱۱

از درون و بیرون: ۱۵
عطّار و منظومهٔ فرهنگیِ او (۵)، مبانیِ جمالْ‌شناسیِ شعر او (۱۷)، صورت و معنی در شعرِ او(ص ۱۸)، عطار یکی از سه موجِ بلندِ دریایِ عرفان (۲۰)، آثارِ مُسلّمِ او (۲۲)، لهجهٔ شاعریِ او (۲۵)، آواشناسیِ شعر او (۲۶)، شعرِ عطّار هنری است مُضاعَف، نقدِ ملاحظاتِ بعضی معاصران (۲۸)، از بیرونِ منظومهٔ عرفانْ نمی‌توان اندرون را نگریست (۳۰).

هویّتِ تاریخی: ۳۳
ابهاماتِ زندگیِ عطّار، نام و نشانِ او (۳۳)، نیشابور و تقسیماتِ تاریخیِ آن (۳۵)، «رُخ» در ولایاتِ نیشابور، کدکن و جُلگهٔ رُخ (۳۵)، پیر زَرْوَند پدرِ شیخِ عطار (۳۶).

آثار عطار: ۳۷
توضیحِ عطار دربارهٔ آثارِ خویش (۳۷)، **خسرونامه** همان ***اِلاهی‌نامه*** است.

(۳۸) ***منطق‌الطیر، اسرارنامه، مصیبت‌نامه، دیوان غزلیات و قصاید*** (۳۹). ***مختارنامه، تذکرةالاولیاء*** (۴۲)، آثار منحول (۴۲).

سرچشمه‌های شعر او: ۴۴
شعرِ عطّار (۴۴)، سرچشمه‌های شعرِ او (۴۴)، نخستین تجربه‌های شعرِ عرفانی (۴۵)، نقشِ کرامیان در شکل‌گیریِ شعرِ عرفانی (۴۵)، نمونه‌های اولیهٔ غزلِ عرفانی در قرن پنجم (۴۶)، غزل‌های سنایی (۴۷).

در فاصلهٔ سنائی تا عطّار: ۴۸
شاعری به نام «شکر» که استادِ عطّار بوده است (۴۹). یکی از همدرسانِ عطار از اهلِ اردبیل (۵۱)، تفسیر شیخ‌صفی‌الدینِ اردبیلی از شعرهای عطّار (۵۲)، مجدالدین بغدادی و شعرِ او (۵۳)، شمس‌الدین محمدبن طغانِ کرمانی و غزل‌های او (۵۳)، صفی‌الدینِ یزدی و غزل‌های او (۵۶).

غزلِ عطّار: ۵۷
پایگاهِ غزلِ عطّار (۵۷)، درونمایه‌های غزلِ عطّار (۵۷)، ذرّه و خورشید (۵۸)، شعری عرفانی برهنه از اصطلاحات (۵۹)، تناسبِ صورت و معنی در شعرِ عطّار (۶۰)، نقشِ تاریخیِ غزل‌های او در تکاملِ غزلِ عرفانی (۶۱)، وحدتِ تجربهٔ شعری در غزل‌های او (۶۱).

عطّار در تذکرهٔ دولتشاه: ۶۲
نگاهی به سخنانِ دولتشاه دربارهٔ روزگارِ عطّار (۶۲)، مزارِ عطّار از قرن هفتم تا قرن نهم (۶۳). تعمیرِ آرامگاهِ عطار در عصرِ امیر علیشیر (۶۵)، تعیینِ سال و روزِ تولد و وفاتِ عطّار و سندِ دولتشاه (۶۵)، زلزله‌های نیشابور (۶۹).

نسب‌نامهٔ معنویِ عطار: ۷۰
نقدِ آراء قدما در بابِ مشایخِ او (۷۰)، قول فصیحِ خوافی، سلسلهٔ مشایخِ

عطار تا ابوسعیدِ ابوالخیر: جمال‌الدین محمد نُغُندری و هویّتِ تاریخی او (۷۳)، شرف‌الدین «رِداد» و هویّتِ تاریخی او (۷۳)، صلاح‌الدین احمد الاستاد و هویّتِ تاریخی او (۷۵). بررسی فاصلۀ زمانیِ عطار در زنجیرۀ مشایخ او تا ابوسعید ابوالخیر (۷۶). دورۀ شکوفاییِ خلاقیتِ شعری او بعد از ششصد هجری است (۷۸). رجالِ تاریخیِ قرنِ ششم در آثارِ عطار (۷۹)، شاعرانِ بزرگِ مورد اشارۀ او (۸۰)، چرا عوفی از منظومه‌های عطار یاد نمی‌کند؟ (۸۱)

نگاهی دیگر به نام و نشان عطار: ۸۴

بحثی دیگر دربارۀ نام و نشانِ او (۸۴)، نامِ پدرِ عطار در مراجعِ قدیم، عطار «تُربتی» است یا «نیشابوری»؟ (۸۵) مفهوم نیشابور تاریخی (۸۵)، «زاوه» یکی از رُستاق‌های نیشابور است (۸۵)، دربارۀ *الاهی‌نامه* و *خسرونامه* (۸۶)، دربارۀ مقدمۀ *مختارنامه* و سبکِ آن (۸۸)، تردیدِ قدما در انتسابِ *تذکرة‌الاولیاء* به عطار (۹۰).

عطارهای شعر فارسی: ۹۱

۲۴ تن از «عطار»های معاصرِ «عطّار» (۹۲)، نخستین عطّارِ شعر فارسی از معاصرانِ رودکی (۹۳)، عطاری شاعر از معاصران غزالی در آغازِ قرن ششم (۹۴)، عطّار شاعری که در «تاریخ‌نامۀ هرات» شعرهای او نقل شده است (۹۴)، عطار شاعری از اهلِ شَروِن و اَرّان (۹۵)، «فریدِ عطار»ی معاصرِ صاحبِ *منطق‌الطیر* از شعرایِ ماوراءالنهر و مداح محمدبن تکِش خوارزمشاه (۹۶)، آیا *خسرونامه* سرودۀ این مداح خوارزمشاه است؟ (۱۰۰) گویندۀ *خسرونامه* مقیم ماوراءالنهر و تِرمَذ بوده است؟ (۱۰۱) زمینۀ هِزْمیسیِ داستانِ *خسرونامه* (۱۰۱)، عطّاری از اهلِ تون در قرنِ نهم (۱۰۲)، عطّارهای دیگر قرن نهم (۱۰۲). آمیختگیِ «عطار»ها در طولِ قرون و مشکلِ مطالعاتِ «عطارشناسی» (۱۰۳).

۱۰۵	گزیدهٔ غزل‌ها
۲۱۵	گزیدهٔ رباعی‌ها
۲۴۹	تعلیقات
۲۵۱	توضیح برخی واژه‌ها (غزل‌ها)
۳۳۹	توضیخ برخی واژه‌ها (رباعی‌ها)
۳۴۹	فهرست آیات قرآنی
۳۵۰	فهرست احادیث و اقوال و مشایخ و امثال و حکم
۳۵۲	فهرست اشعار عربی
۳۵۵	راهنمای تعلیقات

یادآوری

آنچه من گویم زبورِ پارسی‌ست
فهمِ آن نه کارِ مـردِ پـارساست

عطار

سال‌هاست که شکسته بسته سرگرم کارها، یا درست بگویم: کارَک‌هایی دربارهٔ عطار بوده‌ام. ولی آن کارک‌ها هیچ ارتباطی با این دفتر ندارد. علّتِ اصلیِ به‌وجود آمدن این دفتر، چیز دیگری بود. راستش را بخواهید، بعد از سال‌های سال می‌خواستم چند مجموعه از شعرهای خـودم را چـاپ کـنم و در انـدیشهٔ نـام‌گذاری آن مـجموعه‌ها بـودم، دربـارهٔ یکـی از آن مجموعه‌ها به تناسبِ حال و هوایش، فکر کرده بودم ـ با توجه به یکی از ابیاتِ عطّار ـ نامِ «زبورِ پارسی» را انتخاب کنم، دیدم که این کمان به بازوی من و امثال من نیست، حدِّ من و معاصرانِ من و بزرگ‌تر از معاصران من هم نیست. این نام برازندهٔ شعر او و امـثال اوست کـه در تـاریکی قـرون وسطیٰ، تابناک‌ترین اندیشه‌های بشری را در تاریخ الاهیّاتِ عرفانیِ جهان، عرضه داشته‌اند و تجارب روحـانی ایشـان، زیـباترین تأمـلاتی است کـه انسان در تاریخ ایـن‌گونه انـدیشه‌ها و تـجربه‌ها آزمـوده است. از آن کـار

منصرف شدم و اندیشیدم که چه مانعی دارد که برگزیده‌ای از غزلیات و رباعیات او را با مقدمهٔ مختصری در باب او و شعرش با همین نام، برای جوانان، منتشر کنم و چون این کار را در طولِ مطالعات خویش، به سال‌ها، عملاً انجام داده بودم ظرف چند روز، آمادهٔ چاپ شد ولی انتشار نیافت.

مهم‌ترین بهانه برای جلوگیری از نشرِ آن هم‌زمان شدنِ آن با کنگرهٔ بزرگداشتِ عطار بود. بعد از آن هم عذرهای دیگر و آخرین عذر، مفصل شدنِ مقدمهٔ کتاب که بسیار تخصصی و فنّی شده بود و بحث‌هایی که جای آن در مقالات تحقیقی مربوط به تاریخ‌های ادب است نه آغاز چنین گزیده‌ای که مخاطب آن، از همان آغاز، جوانان بودند.

نگارندهٔ این سطور دو جا در باب عطار به تفصیل بحث کرده است. یکی در مقدمهٔ ***مختارنامه*** (چاپ اول ۱۳۵۸ و چاپ دوم ۱۳۷۵) و یکی در کتاب ***تکامل شعر عرفانی فارسی*** که آمادهٔ نشر است. آن مقدمهٔ تخصصی و گسترده‌ای که برای این کتاب فراهم آمده بود مثلِ مقدمهٔ غزل‌های سنائی (در اقلیم روشنایی) به کتاب مزبور انتقال یافت، که هر سخن جایی و هر نکته مقامی دارد.

در تعلیقات کتاب، گاه با دلایل تاریخی و گاه با دلایل عرفانی و یا سبک‌شناسی، نظر داده‌ام که این غزل شاید از عطار نباشد. ممکن است خوانندگان به ما اعتراض کنند که وقتی در انتساب غزلی به عطار تردید هست چرا آن را باید درین کتاب آورد؟ در پاسخ چنین پرسشی باید گفت: ما به هیچ روی قصد تصحیح انتقادی دیوان عطار را نداشتیم. آن‌چه در چاپ استاد دکتر تقی تفضلی آمده به عنوان دیوان او تلقی کردیم و این انتخاب براساس آن چاپ فراهم آمده است ولی از اظهارنظرهای انتقادی از دیدگاه سبک‌شناسی و یا تاریخ عرفان امتناع نکردیم. یکی برای توجه

دادن جوانان به این‌گونه مباحث و چشم‌اندازها بود و دیگر برای یادآوری این نکته که با همهٔ اهمیتی که این‌گونه چاپ‌ها دارد، جای تصحیح انتقادی براساس روش‌های علمی و با مبانی تاریخ اندیشه‌های عرفانی و اصول سبک‌شناسی هنوز باقی است.

هرچه این‌گونه مطالعات و کوشش‌ها، بیشتر گسترش یابد چهرهٔ حقیقی و زلالِ عطار بهتر نمایان می‌شود و غبارِ اندیشه‌های الحاقی و مداخلات ذوق‌های نازِل دوره‌های بعد، از آن، زدوده می‌شود. تصور کنید اگر بخواهیم چهره‌ای از عطار با در نظرگرفتن تمام آثار منسوب به او، از *منطق‌الطیر* تا *هیلاج‌نامه* و *خیاط‌نامه* رسم کنیم، چه تصویر مضحک و متناقضی خواهد بود. بی‌گمان پس از تصحیح انتقادی و روش‌مندِ دیوان و دیگر آثار مسلم عطار، داوری ما در باب او بسی سنجیده‌تر خواهد بود و چهره‌ای که از عطار، در آن آینه نمودار خواهد شد بسی زلال‌تر و دلپذیرتر ازین عطاری است که هم‌اکنون ما در پیش روی داریم.

کسانی که مباحث فنّی در باب زندگی و شعر عطار را می‌جویند می‌توانند به مقدمهٔ *مختارنامه* مراجعه کنند که در دسترس است و نیز کتاب *تکامل شعر عرفانی فارسی* که آمادهٔ چاپ است. در آغاز این کتاب فشرده‌ای از آن مباحث تفصیلی در باب عطار خواهد آمد تا خوانندگان جوان را به کار آید. توضیحات آخر کتاب نیز برای مخاطبِ جوان و دانشجویان فراهم آمده است و الحمدللهِ اوّلاً و آخراً.

شفیعی کدکنی

مرداد ۱۳۷۷

از درون و از بیرون

عطار و منظومهٔ فرهنگیِ پیرامون او، از زندگی تاریخی تا افسانه‌ها و از آثار مسلّمِ او تا مجموعهٔ وسیعی از مجعولات و منحولاتِ دوره‌های بعد، که منسوب به او است، بی‌شباهت به یک مذهب یا یک آیین نیست.[1] در کنارِ

۱. فهرستی از افسانه‌های عطار اگر فراهم آید خود می‌تواند یکی از خواندنی‌ترین مجموعه‌های حکایات سوررئالیستیِ عالَم باشد که در هنر مدرن، چه نقاشی و چه تئاتر و سینما، سخت بدان شیفتگی نشان می‌دهند از داستان توبهٔ او بر دستِ درویشی که به مرگِ ارادی بر در دکانِ او مُرد تا وقتی که سرِ شاعر را بُریدند و او سرش را زیر بغل گرفت و فاصلهٔ دوری از راه، با سر بُریده در زیر بَغَل، منظومهٔ «بیسرنامه» خود را سرود که ظاهراً پیرنگ داستان از روی قصهٔ رئیس فرقهٔ حیدیه (شاید بعدها حیدریه و قطب‌الدین حیدر و حیدری‌نامه هم از همین در آمده) ساخته شده باشد و حیدیه یکی از فرق کرامیهٔ خراسان بوده‌اند که حاکم جُشَمی این داستان را در موردِ رئیس ایشان نقل کرده است که سرش را بریدند و او سرِ خود را برداشت و... در این‌باره مراجعه شود به فان اس «متونی دربارهٔ کرامیّه» در مجلهٔ ***معارف*** دورهٔ نهم، شمارهٔ ۱ (فروردین ـ تیر ۱۳۷۱) صفحهٔ ۴۷. در پایان نسخه‌ای از ***بیسرنامه*** که به مستشرق فرانسوی شارل شِفِر تعلق داشته عبارتی آمده که ترجمه‌اش این است: «بپایان آمد این کتاب موسوم به ***بی‌سرنامه*** از بزرگترین تألیفات عطّار که آن را، با خون ←

هر مذهبی مشتی افسانه و اساطیر و مجموعهٔ متناقضی از آراء می‌توان دید که با همهٔ تضادی که در اصل، با مبادی مرکزی آن آیین دارند، از جهاتی سببِ حفظ و حراست از آن مذهب‌اند و در لحظه‌هایی همان حواشی و افزوده‌ها، از نابودی آن اصول و مبادی مرکزی جلوگیری می‌کنند. یا بهتر بگوییم: بقای هر مذهبی را تناقض‌های درونیِ آن تضمین می‌کند؛ هم از آن‌گونه که یک نظام «علمی» را تناقض‌های درونیِ آن نابود می‌کند. چراکه مذهب مرتبط با عالم غیب است و در غیب اجتماعِ نقیضین محال نیست. این در عالمِ حِسّ و شهادت است که عقل می‌گوید: اجتماع نقیضین محال است.

ارزش این حواشی و افزوده‌ها، در بعضی از شرایط تاریخی، از آن اصول و مبادی مرکزی کمتر نیست. حتی در مواردی بسی مهم‌تر از اصل است. چهرهٔ قدّیس‌گونهٔ عطار، درست مانند یک مذهب، در درون همین افسانه‌ها و همین سخنان مجعول رشد کرده و بدین‌گونه که امروز می‌بینیم درآمده است. تا وقتی کسی به این مذهب، نگرویده است، بسیاری از اجزای این آیین در نظرش بی‌ارزش و حتی مضحک جلوه می‌کند، اما وقتی در داخل این منظومهٔ «آیینی» قرار گرفت، همهٔ آن حرف‌هایِ ظاهراً سست و یا نامعقول، جلوه و جلایِ خاصی پیدا می‌کند و از هر جهت زیبا و استوار، سیطرهٔ خود را گسترش می‌دهد.

شاید این خصوصیت را در مجموعهٔ آثار صوفیه و میراث عرفان بتوان تعمیم داد ولی در موردِ عطار، این امر محسوس‌تر است و پذیرفتنی‌تر. کسی که به وجودِ خدا یا به امر نبّوت یا به نبوتِ پیامبر اسلام عقیده ندارد، اگر به مشاجرات متکلمین اسلامی بر سر مسئلهٔ حدوث و قِدَمِ قرآن یا رؤیت خداوند در قیامت بنگرد، بی‌گمان، این سخنان را مضحک و

← خویش نوشت، در هنگامی که سرِ بُریده‌اش در زیر بغلش بود چون این رساله به پایان آمد، در همین‌جا که خاک جای اوست بیفتاد.» مراجعه شود به ***یادداشت‌های قزوینی***، ۴۲/۶.

بی‌حاصل احساس می‌کند ولی وقتی کسی از درونِ منظومهٔ مذهب به این مسائل بیاندیشد، می‌بیند که چاره‌ای ندارد جز آن‌که در یکی از دو سوی مجادله قرار گیرد و در آن حال تمام آن مشاجرات و استدلال‌ها برایش معنی پیدا می‌کند.

درکِ مبانیِ جمال‌شناسیِ شعر عطار نیز، چنین حالتی دارد، یعنی التذاذِ از شعر او، برای کسی که بیرونِ این منظومه قرار گرفته است، بسیار دشوار و تقریباً محال است و به همین دلیل وقتی که چند سال قبل از این، یکی از شاعران نام‌آور عصر ما، با ایستادن در بیرونِ منظومهٔ فکری و فرهنگیِ عطّار، به نقد کار او پرداخت خوانندگان آن نوشته‌ها به دو گروه متضاد تقسیم شدند؛ عده‌ای که از درون منظومه بودند، انتقادهای او را از سرِ جهل و فقدانِ معرفت و حاصلِ محرومیت از «التهاب و حرارت و جذبه» دانستند و عده‌ای که مانندِ آن منتقد در بیرون منظومه قرار گرفته بودند با او هماواز شدند که شعر عطار شعری است «با بینشی بس حقیر» و او «بنیادگذارِ نخستین ولگردی‌هایِ شعر فارسی است.»[1]

حق این است که هردو سوی این دعوی، محق‌اند. کسی که با مبانی جمال‌شناسیِ شعرِ خاقانی و انوری و نظامی و فرخی و منوچهری، انس و الفت گرفته باشد و از درون آن منظومهٔ فرهنگی بخواهد دربارهٔ مجموعهٔ فرهنگیِ عطار داوری کند، حق دارد که او را شاعری یاوه‌گوی و بسیارگوی (به‌ویژه به اعتبارِ شعرهای منسوب به او) و خرافاتی و مضحک بیابد. امّا اگر چنین شخصی، به درونِ منظومهٔ ذهنیِ عطّار بار یابد، در آن صورت از لونی دیگر داوری خواهد کرد که عطار از آن مردانی است که «نه مردِ روزگارِ خود و نه مردِ روزگار ما بلکه مردِ زمان و عصری هستند که ممکن است تکاملِ بشر و علّوِ انسانیت ازین پس آن را به‌وجود آورد.»[2]

---

۱. عطار در *مثنوی‌های گزیدهٔ او* و *گزیدهٔ مثنوی‌های او*، دکتر مهدی حمیدی، تهران، امیرکبیر ۱۳۴۷.

۲. *شرح احوال و نقد و تحلیل آثار شیخ فریدالدین محمد عطار نیشابوری*، بدیع‌الزمان←

در عصر ما، شادروان دکتر مهدی حمیدی شیرازی و شادروان بدیع‌الزمان فروزانفر (استادِ مرجعِ تقلید او)، دو نمونهٔ خوب برای این مسئله‌اند هر دو تن از شیفتگان جمال‌شناسیِ شعرِ سبک خراسانی بودند، اما فروزانفر به برکتِ مثنوی و دیوان شمس این سعادت را یافت که از جهاتی و تا حدودی به درون این منظومه راه یابد ولی دکتر حمیدی این توفیق رفیق راهش نشد که:

آن‌که این کار ندانست در انکار بماند.

ما در این‌جا، به هیچ‌روی، قصدِ ملامتِ دکتر حمیدی و کسانی را که با نوعِ نگرش او به فرهنگ ادبیِ گذشتگان ما می‌نگرند، نداریم و تصریح می‌کنیم که شادروان دکتر حمیدی شاعری توانا و شعرشناسی ماهر بود و در دایرهٔ سبکِ خراسانی و مبانیِ جمال‌شناسیِ آن نوعِ از شعر، انصاف را، در شرایط عصر خودش مردیِ ممتاز بود.

ممکن است کسانی ازین گفتار، چنین استنباط کنند که ورود به داخل این منظومه، معنایش، بی‌اعتبار دانستن زیبایی و یا انکارِ ارزش «صورت»ها در آثار ادبی است، امّا چنین نیست. خوگر شدن با این جهان و راه یافتن به درونِ این منظومه، خود جمال‌شناسیِ ویژهٔ خویش را داراست و مادام که شما هنوز در گروِ آن اصولِ پیشین باقی هستید، هر قدر به خود تلقین کنید که واردِ این منظومه شده‌اید، تلقینِ بیهوده‌ای است.

راه یافتنِ واقعی به درون این منظومه، آن‌گاه حاصل می‌شود که شما بتوانید مثنوی جلال‌الدین رومی را به لحاظِ «صورت و فرم» نیز قوی‌ترین اثرِ زبان فارسی بشمار آورید؛ نه آنکه بگویید: «معانیِ بسیار خوبی» است، امّا در «شیوهٔ بیان» یا «صورت»، دارای ضعف و نقص است. وقتی از درون این منظومه بنگرید، ضعیف‌ترین و ناهنجارترین ابیاتِ مثنویِ مولوی، استوارترین و هماهنگ‌ترین سخنانی است که می‌توان در زبان

← فروزانفر، چاپ دوم، تهران، دهخدا، ۱۳۵۳ یک.

فارسی جستجو کرد. این سخنِ مرا کسانی که از فرم و صورت، درکی ایستا داشته باشند، از مقولهٔ شطحیات صوفیه تلقی خواهند کرد. اما اگر کسی به این نکته رسیده باشد، در آن‌جا پَست و بلندی احساس نمی‌کند. همه‌جا، زیبایی است و همه‌جا صورت‌ها در کمالِ جمال‌اند. «تَبَّت یَدا» و «یا اَرْضُ ابْلَعِی»[1] آن در یک طراز قرار می‌گیرند، با این تفاوت که ما می‌توانیم بگوییم که گاه از بعضی ابیات یا پاره‌ها، به دلایل خاصی ـ‌که به نیازهای روحیِ ما وابسته است ـ لذّتِ بیشتری می‌بریم و آن بخش‌ها، جمالِ خود را به ما بیشتر می‌نمایانند. امّا لحظه‌هایی هم خواهید داشت، و این در زندگی زمانش قابلِ پیش‌بینی نیست، که ساعت‌ها مستِ ابیاتی از مثنوی معنوی شوید که در حالاتِ عادی، از درکِ جمالْ‌شناسیِ آن ابیات عاجز بوده‌اید. درین قلمروِ جمالْ‌شناسی، معانی نوانند و صورت‌ها نوانند و از «عاداتِ زبانی» و لذت‌های حاصل از شناختِ «سنت»هایِ شعری، یاری گرفته نمی‌شود؛ به گفتهٔ مولانا:

قاصر از معنیِّ نو، حرفِ کهن[2]

جمال‌شناسیِ شعر عطار، از درون چنین منظومه‌ای، شکل می‌گیرد. الفبای این جمالْ‌شناسی را هنگامی می‌توان آموخت که اعتیادِ به جمال‌شناسیِ شعرِ کهن، و متکی به اسالیب استادانِ سبک خراسانی را ـ‌گرچه برای مدتی ـ به یک سوی نهیم.

شعرِ عطار، نمایندهٔ یکی از مراحل تکامل شعر عرفانی ایران است. وقتی از دور به این دریا ـ‌که یک ساحل آن را نخستین تجربه‌های شعرِ زهد و اخلاق شاعران مذهب‌کرامی، در عصر سامانی، تشکیل می‌دهد[3] و یک ساحل دیگر را در زمانی نزدیک به عصر ما، تجربه‌های

---

۱. اشاره است به این شعر معروف، منسوب به انوری (رجوع شود به **سفینهٔ فرخ** ۳۱۸/۱): در کلام ایزد بیچون، که وَحْیِ مُنْزَل است /کی بُوَد «تَبَّتْ یَدا» مانندِ «یا اَرض ابلعی».

۲. **مثنوی**، چاپ نیکلسون ۶۵/۲.

۳. در باب اهمیتِ کرامیّه در شعرِ عرفانی مراجعه شود به **درختِ معرفت** مقالهٔ ←

۱۹ از درون و از بیرون

امثال هاتف اصفهانی و حبیبِ خراسانی ــ می‌نگریم، سه موجِ عمومی، سه خیزابِ بلند در آن دیده می‌شود: قلهٔ یکی از این خیزاب‌ها سنائی است و قلهٔ دومین خیزاب، فریدالدین عطار است و سومین کوهْموج و قُلّه، که بلندترین آن‌هاست، جلال‌الدین مولوی است. بعد از او هرچه هست موج‌ها و موجک‌هاست و حتی می‌توان گفت که دریا نیز دیگر دریا نیست دریاچه است و غدیر و آبگیر و در مواردی حوض و پاشوره.

برای کسی که عاشقِ بلندترین کوهموج است و خیره در بلندای آن، شک نیست که اندیشیدن به قله‌های دیگر لذتی ندارد. حتی بلندی این خیزاب، تا بدان‌جاست که قله‌های پشت سر آن را نمی‌توان دید. اما برای مورخِ تحولات فرهنگی و هنریِ ایران که از چشم‌اندازی دیگر می‌نگرد، وجودِ جلال‌الدین مولوی، بدون آن دو قلهٔ پیشین و حتی موج‌ها و موجک‌های کوچکی که در فاصلهٔ آن‌ها وجود داشته است، غیرقابل تصور است.

شما می‌توانید با داشتنِ دیوان شمس تبریزی و مثنویِ معنوی خود را از همهٔ کتاب‌های عرفانی زبان فارسی بی‌نیاز بدانید ولی آن‌گاه که خواستارِ تأمل در شکل‌گیری و پیدایش این دو اثر شوید، از پرداختن به آثار سنایی و عطار ناگزیرید و در آن هنگام است که متوجه می‌شوید این دو تن در شرایط تاریخی و فرهنگی عصر خویش، پایگاهی دارند که کم از پایگاه مولانا در عصر او نیست. از چشم‌اندازی دیگر، اگر بنگرید، هیچ‌کدام ازین سه تن نمی‌تواند جایگزین آن دو دیگر شود. تمام شاهکارهای ادبیّاتِ بشری، غیرقابل جانشینی‌اند، یا بهتر بگوییم جانشین ندارند وگرنه تاریخ، خود، آن‌ها را حذف می‌کند. تاریخ، اهلِ مُدارا نیست.

بازگردیم به اصل سخن، که این منظومهٔ معنوی و فکری را از درون باید دید و معیارهایش را از خودش باید گرفت. با سنجه‌های بیرونی،

← نخستین تجربه‌های شعر عرفانی، از نویسندهٔ این سطور.

نمی‌توان دربارهٔ این قلمروِ جمالْ‌شناسی داوری کرد. و نمی‌توان پاره‌هایی ازین منظومه را بیرون کشید و به داخل مجموعهٔ جمالْ‌شناسیِ سبک خراسانی بُرد و در آنجا به داوری پرداخت وگرنه همان‌گونه داوری خواهیم کرد که شادروان دکتر حمیدی، داوری کرده بود.

با این‌که بخش عظیمی از انتقادهای دکتر حمیدی بر عطار، برخاسته از تحمیل جمالْ‌شناسی قِصاید سبک خراسانی بر قلمرو جمالْ‌شناسیِ ادبیاتِ عرفانی است، با این‌همه باید اعتراف کرد که بخش قابلِ‌ملاحظه‌ای از-آن انتقادات، حتی براساسِ مبانی موردِ اِدعای این‌گونه ناقدان نیز، ناوارد است چراکه عطار چنان سخنانی اصلاً نگفته است. در اینجاست که مانند بعضی از مدافعان مذهب ــ که می‌کوشند خرافه‌ها و برساخته‌های دیگران را از پیرامون آن بزدایند ــ باید یادآور شد که بسیاری از آن افسانه‌ها، بسیاری از آن اندیشه‌ها، و حجم قابلِ‌ملاحظه‌ای از آن ابیات سست و ناتندرست ربطی به عطار ندارد، گرچه همین آثار، در گذشته و در طول تاریخ، محافظان شخصیّتِ عطّار، از شرِّ بسیاری بدخواهانِ او بوده‌اند.

در این‌جاست که باید به نقدِ آثارِ او و آثار منسوبِ به او پرداخت. تا همین اواخر، بسیاری از داوری‌های ادیبان عصرِ ما[1] و خاورشناسان بزرگ،[2] متکی به آثاری بود که امروز در مردود بودنِ انتساب آن‌ها به عطار تردیدی نیست.[3] بدینگونه است که عطار را باید از نو شناخت. عطار

---

۱. تقریباً به‌جز استاد بدیع‌الزمان فروزانفر و کسانی که بعد از او، به تحقیقات او نظر داشته‌اند، غالباً تحتِ تأثیر آثار منحول و شعرهای مجعول منسوب به عطار بوده‌اند.

۲. خاورشناسان، به‌جز هلموت ریتر و بعضی کسانی که پس از او و با توجه به تحقیقات او در باب عطار بحث کرده‌اند، بسیاری از این مجعولات را جدی تلقی کرده و بنیادِ مباحث خویش را، بر آن مجعولات، نهاده‌اند.

۳. در این‌باره مراجعه شود به:

راستین و عطارِ تاریخی را از عطارهای مجعولِ در طولِ قرون و اعصار جدا کرد.[1] آثار برساختهٔ درویشانِ مهملْ‌سُرای مبتذل و بی‌مایه را از قلمروِ آثار او به‌دور کرد و کار را از آثار مُسَلَّم و قطعیُّ الصُّدُورِ او آغاز کرد:

عطار، در مقدمه‌ای که خود و به‌احتمال قوی در اواخر عمر به نثر نوشته است و در آنجا به نام و نشان مجموعهٔ آثار خویش پرداخته است، تصریح می‌کند که وی دارای این آثار است:

۱. ***الاهی‌نامه*** (= خسرونامه)

۲. ***اسرارنامه***

۳. ***مصیبت‌نامه***

۴. ***منطق‌الطیر*** (= مقامات طیور)

۵. ***دیوانِ*** (***غزلیات و قصاید***)

۶. ***مختارنامه*** (مجموعهٔ رباعیات)

البته خود تصریح می‌کند که دو اثر منظوم خویش را به نام ***جواهرنامه*** و ***شرح‌القلب*** از میان برده و نابود کرده است. بنابرین هرگونه اثری که بدین نام‌ها پیدا شود، ربطی به عطار ندارد و مجعول و منحول است.

عطار ازین شش مجموعهٔ شعری به نام دو «مثلث»[2] یاد می‌کند و گویا جدا از تذکره یک «مثلثِ» نثر نیز می‌خواسته است ترتیب دهد

→ H. Ritter, *Das Meer der Seele.* Mensch, Welt und Gott in der Geschichte des Farid-addin Attar Leiden, 1958.

و **شرح احوال و نقد و تحلیل آثار شیخ فریدالدین محمد عطار نیشابوری** از استاد بدیع‌الزمان فروزانفر، تهران، دهخدا، چاپ دوم، ۱۳۵۳.

۱. مراجعه شود به **جستجو در احوال و آثار فریدالدین عطار نیشابوری**، استاد سعید نفیسی، تهران، اقبال، ۱۳۲۰ و نیز مقدمهٔ نویسندهٔ این یادداشت بر ***مختارنامه***، چاپ اول، تهران توس ۱۳۵۸ و چاپ دوم علمی، ۱۳۷۴ و صفحات ۱۰۳ ـ ۹۱ همین مقدمه.

۲. مُثَلَّث، در اصطلاح پزشکان و عطاران قدیم ترکیبی است از سه جزء عصیر و یک جزء آب که بر اثر جوشانیدن، ثلثِ آن تبخیر شود و به نام «شرابِ مغسول» نیز خوانده می‌شود. **محیط المحیط**، در ثلث.

شامل زندگینامهٔ پیامبران و صحابه و اهل‌بیت، که گویا تألیف نشده یا اگر تألیف شده اثری از آن‌ها باقی نمانده است و در هیچ فهرست و کتابی هم اشارتی بدان‌ها نرفته است.[1]

با توجه به این مسائل، هرگونه کوششی که برای تبیینِ جهان‌بینی او خارج از این آثار، انجام شود، خلافِ اصولِ تحقیق است و از قبل نامربوط بودن آن معلوم است، مانند کوشش‌هایی که برتلس[2] خاورشناسِ معروف روس انجام داده و کوشیده است ***کیهان‌شناختِ صوفیه*** را از دیدگاه عطار نقد و تحلیل کند و اساس کار خود را بر منظومهٔ ***بلبل‌نامه*** قرار داده است که در عدم ارتباط آن با عطار، کوچک‌ترین تردیدی وجود ندارد.[3]

حتی در دایرهٔ همین آثار مُسلّم عطار هم، از قبیل ***منطق‌الطیر*** یا دیوان غزلیات هرگونه داوری و نقد، مشروط است و نمی‌تواند نتیجه‌ای قاطع به بار آورد. زیرا آثار عطار، در میان ارباب خانقاه و نیز دوستداران ادب و عرفان ایرانی، از متداول‌ترین و رایج‌ترین کتاب‌ها بوده است[4] و به همین

---

۱. «انبیاء و صحابه و اهل بیت سه قوم‌اند اِن‌شاءَالله در ذکرِ ایشان کتابی جمع کرده آید ما را تا از آن سه قوم مثلثی از عطار یادگار ماند.» ***تذکرةالاولیاء*** ۱/۳.

2. Bertel's yevg. E.

۳. مراجعه شود به **تصوف و ادبیاتِ تصوف**، یوگنی ادواردویچ برتلس، ترجمهٔ سیروس ایزدی، تهران، امیرکبیر، مقالهٔ «بلبل‌نامهٔ فریدالدین عطار» ۴۸۱ـ۴۶۱ و مقالهٔ «کیهان شناختِ صوفیه در آثار عطار» ۵۷ـ۴۹۳ و مقالهٔ «خیاط‌نامهٔ فریدالدین عطار» ۶۰۶ـ۵۹۱ برای محل نشرِ اصلِ روسی این مقالات مراجعه شود به:

History of Iranian Literature, by Jan Rypka, Dordrecht, Holland, 1968 P. 778.

۴. از نمونه‌های منسوباتِ ناروا به نام عطار که مرحوم دکتر مهدی حمیدی وقتی می‌خواهد ثابت کند که عطار لباسِ شاهانه را از تنِ شعر فارسی به در آورده و به جامهٔ گدایانِ مندرس آراسته است، این ابیات را نقل می‌کند:

عشق، چیست؟ از زندگی مرده شدن — پیشِ هر دردی پس پرده شدن
قبح، چیست؟ آئینه را پشت آمدن — از همه تن با یک انگشت آمدن
صبر، چیست؟ آهن سکاهن کردن است — پشم را در دیده آهن کردن است

←

دلیل موردِ دخل و تصرفِ کاتبان و مراجعه‌کنندگان قرار داشته است. و بسیاری ابیات، در داخلِ این منظومه‌ها یا سرودهٔ عطار نیست،[1] یا اگر ازوست، شکلِ سخن وی را، به دلایل متعدد،[2] تغییر داده‌اند و ما درین باره پس از این، به تفصیل بحث خواهیم کرد و نشان خواهیم داد که فی‌المثل بسیاری از نقدهای شادروان دکتر حمیدی بر ابیاتی از ***اسرارنامه*** و ***منطق‌الطیر*** (که مسلماً سرودهٔ عطار است) وارد نیست زیرا آن ابیات محصول افزایش کاتبان است و ربطی به سیاقِ سخن عطار ندارد زیرا در نسخه‌های قدیم‌تر و مورد اعتمادتر چنان ابیاتی را نمی‌توان دید.

یک نکتهٔ دیگر را نیز همین‌جا باید یادآور شوم و آن این‌که اگر در داخل ***منطق‌الطیر*** یا ***اسرارنامه*** ــ که از آثارِ مسلّم اوست ــ ابیاتی بیابیم که در انتساب آن‌ها به عطار تردیدی نباشد و به دلایلی موردِ نقد قرار گیرد، این‌جا، اول گرفتاری و بحث است که ما از چنین ناقدی بپرسیم چه مقدار با اسلوب و زبان و لحن این شاعر آشناست؟ آیا تلفظِ کلمات را و

← **ذنب، چیست؟از راه سر پیچیدن‌است   با نجاست مشک در پیچیدن است**

که از صفحهٔ ۴۳ـ۴۵ ***مصیبت‌نامه*** چاپ دکتر نورانی وصال نقل کرده است و به یادداشت مصحح در پای صفحهٔ ۴۱ توجه نکرده است که این فصل، بنابر قدیم‌ترین نسخهٔ موجود ربطی به عطار ندارد و یکی از کاتبان از نسخهٔ ***اشترنامه*** منحول، وارد مصیبت‌نامه کرده است و اگر به قدیم‌ترین نسخه رجوع کنیم می‌بینیم که کاتب بعد از کتابت روی آن‌ها خط کشیده است.

۱. نمونه‌هایی که کاتبان سخنان عطار را، به دلیل عدم آشنایی با سبک او تغییر داده‌اند بسیار است در همین چهار بیتی که مرحوم دکتر حمیدی از شعرهای مجعول به نام عطار نقل کرده در همان بیت اول «عیش چیست» بوده که به صورت «عشق چیست» نقل شده است.

۲. دلایل بسیاری برای تغییرات و افزودن‌ها در متون آثار عطار وجود دارد که در سه بخش کلی قابل تقسیم‌بندی است: الف) عدم آشنایی به لهجه و سبکِ شخصی او که باعث‌تغییرات‌لفظی‌ونحوی‌شده‌است ب) تحول نظریهٔ عرفانی حاکم بر محیط‌فرهنگی و نشت و نفوذِ بیش از حدِ عقاید پیروان ابن‌عربی در قلمرو زبان فارسی از قرن هشتم بعد ج) گسترش عقاید شیعی و میلِ به شیعه نشان دادن او در دوره‌های بعد.

صورت‌هایِ آوایی واژه‌ها را، آن‌چنان که در زبان طبیعیِ عطار رواج داشته است، می‌داند یا نمی‌داند؟ برای مثال اگر در یکیِ از همین آثار مسلمِ عطار، بیتی پیدا شود که بی‌گمان سرودهٔ او باشد و در آن کلمهٔ «گُفت» با «گِرِفت» قافیه شده باشد، آیا ما حق داریم که گوینده را به بی‌سلیقگی در موسیقی شعر و نشناختنِ اصول قافیه در زبان فارسی متهم کنیم؟ یا باید بازگردیم به اصول زبانشناسیِ حاکم بر مجموعهٔ آثارِ او و بر ما روشن شود که در لهجهٔ این شاعر ــ یعنی در مجموعهٔ زبانیِ شعر او ــ کلمهٔ «گرِفت» به صورت «گروفت» و «گُرفت» (به ضمِّ راء) تلفظ می‌شده است.[1] بنابرین قافیه کردنِ آن با گُفت بسیار طبیعی است، و اگر در جایی گفته است[2]

چون علی «فُزْتُ وَ رَبِّ الکعبه» گفت   «نـاقَةُ الله» شـیرِ حـق را بـرگرُفت

یا در غزلی با قافیهٔ گُفت، شکُفت، خُفت و سُفت اگر بگوید:

پـاک‌رو دانـد کـه در اسـرارِ عشق   بـهتر از مـا راهـبر نـتوان گـرفت

و در *الاهی‌نامه* گفته است:

عُـمَر یک جـزو از تـوریت بگـرُفت

پیمبر چون چنان دیدش چنین گفت

که بـا تـوریت مـمکن نـیست بـازی

مگر خود را جـهودِ صـرف سـازی[3]

مانند مرحوم دکتر حمیدی نباید گفت که او با ایـن کـار از تـنِ شـعر لباسِ شاهانه را کنده و او را به لباسِ گدایان آراسته است[4] زیرا قافیه کردن [گُفت /گُرفت] در زبان عطار، طبیعی است و مـوسیقیِ آن کـامل است.

---

۱. گروفت /گِرِفت: هنوز در لهجهٔ کدکن مصدرِ گرفتن و اشتقاقات آن به صورتِ گروفتن صرف می‌شود.

۲. ***مصیبت‌نامه***، به اهتمام دکتر نورانیِ وصال، تهران، زوار ۱۳۵۶ (= ۲۵۳۶)

۳. در کتب حدیث، نقل شده ولی به نامِ گفتار رسول (ص) در بعضی از متون از جمله همین سخن عطار آمده در اسرارالتوحید از زبان بوسعید نقل شده است: کُن یـهودیا صرفاً و اِلا فلاتلعب بالتوریة **اسرارالتوحید** ۲۸۵/۱ و تعلیقات همان کتاب ۷۷۲/۲.

۴. عطار در ***مثنوی‌های گزیده***، ۸.

این‌چنین نقدی بدان می‌ماند که ما بر فردوسی ایراد بگیریم که چرا «سُخَن» را به تلفظِ امروز ما با «بُن» قافیه کرده است و به هنگام خواندن **شاهنامه**، در قافیه‌هایی ازین دست، «سُخَن» را «سَخُن» (به همان‌گونه که در عصرِ فردوسی تلفظ می‌شده است) نخوانیم. ما که قائل به تطور، در تاریخ زبان هستیم چرا عطار را که از زبان متحّولِ عصرِ خویش بهره می‌جوید باید محکوم کنیم؟ هم ازین‌گونه است اگر می‌بینیم که او پی درپی خَفت / رفت را قافیه می‌کند و ما با ملاک قرار دادن تلفظِ عصرِ خودمان او را محکوم کنیم که چرا خُفت / رَفت را قافیه کرده است.

اگر در زبان شعرِ عطار فعلِ «نَکُنَد» ــکه در زبانِ ما و بسیاری از اهل ادبِ قدیم بر وزن عروضیِ فَعِلُن یعنی ∪ ∪ ــاست ــبه صورت «نَکْنَد» و بر وزنِ عروضیِ فَعْلُن یعنی ــ ــاست، و این طبیعتِ گفتارِ اوست، نباید بر شعرِ او در این موارد ایرادِ عروضی گرفت که فَعْلُن را جانشین فَعِلُن کرده است زیرا او درین موارد زبان طبیعیِ محیطِ تاریخی و جغرافیایی خویش را ملاک قرار داده است و یک گام در جهتِ تحول زبان پیش‌رفته است.

گفتم ز میان جان شوم خاکِ درش　　تا بوک بود بر من مسکین گذرش
او خود چو ز ناز چشم‌می نَکْنَد باز　　کی بر من دلسوخته افتد نظرش[1]

همین نکته در کارِ او سبب شده است که متأخران نیز در آثار او دخل و تصرف‌های بی‌جا کنند و شعر او را، از صورتِ اصلی منحرف سازند تا به سلیقهٔ زبانیِ آنان نزدیک شود.

بدینگونه می‌بینیم که او، علاوه بر داشتن یک منظومهٔ ذهنیِ خاص، دارای یک نظامِ زبانی ویژه نیز هست؛ زبانی که به لحاظ ساختارِ آوایی کلمات بیش و کم از زبان استاندارد شدهٔ سبکِ خراسانی ــکه عیناً با تغییراتی، اساس سبک سعدی و حافظ و دیگران را تشکیل می‌دهد ــمتمایز است. ما دربارهٔ این‌گونهٔ زبانی، جای دیگر به تفصیل بحث کرده‌ایم.

---

۱. **مختارنامه**، انتشارات سخن، چاپ دوم، ۲۷۹.

این نکته را بارها نوشته‌ام و گفته‌ام که «تصوف و عرفان» از دیدگاه من، چیزی نیست جز «برخوردِ هنری با مذهب». بدین‌گونه در تمام ادیان و مذاهب، عرفانِ خاصِ آن دین و مذهب وجود دارد و امری است اجتناب‌ناپذیر، اما در دایرهٔ یک مذهب و یک دین خاص نیز به تناسبِ تعدادِ برخوردهای هنریی که با آن دین و مذهب وجود دارد ما دارای مجموعهٔ بیشماری تصوف و عرفان هستیم، به همین دلیل به تعداد کسانی که توانسته‌اند در اسلام، با این آیین برخوردِ هنری داشته باشند، ما تصوف و عرفان داریم. اگر ما، از سرِ ناگزیری، جریان‌های عرفانی را در اسلام در دایرهٔ چند حرکت، یا چند چهره محدود می‌کنیم، علّتِ آن این است که این حرکت‌ها یا این افراد توانسته‌اند در برخوردِ هنری خود با اسلام، آن مایه از بینشِ هنری و تخیّل و زبانِ خلاّقِ خود مایه بگذارند که برخوردِ هنریِ ایشان، نسبت به برخوردِ هنری دیگران، دارای تمایزی آشکار باشد وگرنه در صورتی که با چشم مسلّح به تاریخ تصوف و چهره‌های آن بنگریم، همهٔ دست‌اندرکاران این تجربهٔ روحی، به نوعی، با اسلام برخوردِ هنری داشته‌اند.

هنر، مجموعه‌ای از «تخیل» و «رمز»هاست که خود را در گونهٔ مجموعه‌ای از صورت‌های جمال‌شناسانه و به عنوان نظامی از نشانه‌ها sign systems عرضه می‌کند. در نقاشی و موسیقی و شعر و همهٔ هنرها «تخیل» و «رمز» و «زبان» ـ زبانِ خاص آن هنر و در داخلِ زبانِ خاصِّ آن هنر، زبانِ ویژهٔ آن هنرمندِ معیّن ـ عناصر اصلی هنرهاست؛ در تصوف نیز می‌بینیم که «تخیل» و «رمز» و «زبان» با سبک‌ها و گونه‌های مختلف از سادگی به طرف پیچیدگی حرکت می‌کنند و بدین‌گونه تصوّفِ سادهٔ عصر نخستین، تبدیل به عرفانِ پیچیدهٔ ابن‌عربی و جیلی و امثال آن‌ها می‌شود. همان‌طور که انحطاطِ در هنرها، از انحطاط در مجموعهٔ «زبان» و «رمز» و «تخیلِ» آن هنرها آغاز می‌شود، انحطاط در تصوف و عرفان نیز ملازم با انحطاطِ در این عناصر است. عرفانِ درخشان امثال بایزید و خرقانی و

بوسعید تا جلال‌الدین مولوی، اعتدالی است از اوجِ تخیل و رمز و زبان. و از سویی دیگر تصوف منحط دوره‌های بعد از تیموری، به‌ویژه تصوف مشایخ هند، انحطاط‌اش برخاسته از تخیّلِ منحط و زبانِ مبتذل و تکراری و کلیشه‌ای این تصوف است. جای دیگر در کتاب ***زبان شعر در نثر صوفیه*** این نکته به تفصیل گشوده شده است که رابطه‌ای است مستقیم میانِ اوج و انحطاطِ تصوف، و اوج و انحطاطِ زبان در کار صوفیه.

غرض اصلی از یادآوری این نکته در این‌جا چیز دیگری بود. غرض این بود که نشان داده شود که نَفْسِ تصوف ـ جدا از این‌که به زبانِ شعر یا نثر بیان شود ـ خود نوعی از هنر است یا بهتر بگوییم نوعی بینشِ هنری است در پیرامونِ مذهب. بنابرین شعر عرفانی، از دو دیدگاه، هنر است: یکی این که شعر است و دیگر اینکه عرفان است و تصوف. در حقیقت، شعرِ عرفانی، هنری است «مضاعَف»، هنری است پیچیده شده در داخل هنری دیگر. و عطار یکی از کوشندگان و پدیدآورندگان و تکامل‌دهندگانِ این «هنرِ مضاعف» است. اگر کسی یکی از این دو هنر را به‌درستی و از طریقِ مبانیِ آن نشناسد نمی‌تواند از هنرِ عطار لذت ببرد. دشواریِ راهِ کسانی از نوع شادروان دکتر حمیدی یک معضلِ دوجانبه یا یک «مشکلِ مضاعف» بود، زیرا از یک‌سوی «زبان شعر عطار» برای ایشان ناشناخته و غریب بود و از سوی دیگر عالم هنری و یا هنر درونیِ موجود در داخل این هنر ـ که عرفان باشد ـ آن نیز برای آنان ناشناخته بود. به همین دلیل، تمام آن نکات و ظرایفی که ستونِ فقراتِ این نوعِ از هنر را تشکیل می‌دهد، برای چنین شخصی نامفهوم و غیرقابل‌تصور و حتی احمقانه جلوه می‌کند. در چنین تلقی و ایستاری که حاصل تقابُلِ عالمِ غیب و شهادت است، در چنین چشم‌اندازی که نتیجهٔ رویاروییِ قطره و دریا و ذره و خورشید و سایه و آفتاب است، در چنین رُؤیتی که در آن اجتماع نقیضین نه محال بلکه ضرورت است، هنری شکل می‌گیرد که در دیدهٔ ناآشنایان، تمام اجزای آن غیرخردمندانه است، به‌ویژه وقتی بخواهیم

پاره‌هایی از تجلّیِ این هنر را از بافتِ اصلی و زبانِ دومِ آن، که زبانِ شعر عطار است، به نثر امروز درآوریم و آن را بدین‌گونه نقد کنیم: بشنویم از شادروان دکتر حمیدی که:

«... عکسی از لطف و قهرِ او [= ذات حق] بر یمین و یسارش افتاده است و بهشت و دوزخی پدیدار شده است. اما بندگانِ خود را بنحوِ دلخواه، به دوزخ یا بهشت می‌فرستد، نه به جزای اعمال و در نتیجه، تکلیف آفریدگان بکلی نامعلوم است.

«... برای عطار هیچ چیز محال و ممتنع نیست، شیخ نوری خود را به نیستان می‌زند و پاره‌پاره می‌کند و از خونِ او بر هر نی‌بُنی کلمهٔ «الله» نوشته می‌شود.[1]

در ذهنِ او «زمان»، مفهوم واقعیِ خود را از دست داده است و به همین دلیل موسی دعا می‌کند که از اُمّتِ محمد باشد و این دعا دربارهٔ عیسیٰ مستجاب می‌شود.

عجب این است که وی با آن زبانِ نیمه‌گنگ و بینش بس حقیر گاهگاه از کیفیت «کیهانِ اعظم» و مسألهٔ «ازل و ابد» بحث می‌کند و چیزهایی می‌گوید که در طبلهٔ هیچ عطّاری پیدا نمی‌شود.»[2]

اما برای کسی که الفبای این مسائل را آموخته باشد و بداند که در درون این منظومهٔ فرهنگی چه مقدار بحث و جدالِ علمی و فلسفی روی داده است و صدهاهزار صفحه کتاب نوشته شده است تا اشاعره توانسته‌اند به معتزله و شیعه و دیگر مخالفانِ خود ثابت کنند که بهشت به تفضلِ الاهی است و هیچ ارتباطی با حُسنِ عمل ندارد، یا به زبان حافظ:

---

۱. اصل سخن نوری در ***تذکرة‌الاولیاء*** چاپ نیکلسون، ۵۵/۲ و نیز ***الاهی‌نامه***، چاپ ریتر ۱۱۰ دیده شود و نوع نتیجه‌گیری عطار.

۲. عطار در ***مثنوی‌های گزیدهٔ*** او ۲۳ـ۲۴.

نـــاامـــیدم مکـــن از ســـابقهٔ لطـــفِ ازل

تو چه دانی که پسِ پرده که خوب است و که زشت

یا:

زاهد شـرابِ کـوثر و حـافظ پـیاله خـواست

تـا در مـیانه‌خواسـتهٔ کـردگار چـیست؟

برای کسی که بیرون این منظومهٔ فکری ایستاده است سیمبولیسم این سخن که از خون شیخ نوری، «الله» بر روی نی‌بُن‌ها نقش بندد غیرقابل تصور و در نتیجه غیرقَابل فهم است.

برای کسی که زمان در نظرش فقط در صورتِ ماضی و مستقبل و حـال ــ که ابعادِ جسم طبیعی و جسمِ تعلیمی است ــ قابل تصور است و نمی‌تواند در یک لحظه اَزل و ابد را در کنار هم مشاهده کند، تـصورِ ایـن گـفتارِ عـطار، بسیار خنده‌دار و دور از خـرد مـی‌نماید امـا اگـر الفبای این‌گونه بینش هنری نسبت به جهان را آموخته بود و می‌دانست:

کـه انـدر «لازمـان» صـد سـال و یک دم

بـه نسـبت هـر دو یکسـانند بـا هـم

نـه نـقصان بـاشد آنـجا نـه کـمالی

نـه مـاضی و نـه مسـتقبل نـه حـالی

چو هست آن حضرت از هر دو جهان دور

از آن است از زمـــان و از مکـــان دور

بُـــوَد در یک نَـــفَس «مـهدی» و «آدم»

نـه آن یک بـیش ازیـن نـه ایـن از آن کم

چــو حــالی ایــن زمـین کـردی بَـدَل تـو

یکـــی بـــینی ابـــد را بـــا ازل تـــو[1]

---

۱. *اسرارنامه*، به‌اهتمام دکتر سید صادق گوهرین، تهران، صفی‌علیشاه، بدون تاریخ، ۳۰.

و می‌دانست که در آن حضرت، ماضی و مستقبل و حالی وجود ندارد[1] به گفتهٔ مولانا:

ماضی و مستقبل، ای جان! از تو است
هر دو یک چیزند و پنداری دو است

تصورِ در «لامکان» بودن یا تصور این‌که:

چون ز «ساعت»، ساعتی بیرون شوی
«چون» نماند، محرمِ بیچون شوی[2]

برایش آسان و طبیعی می‌نمود. مجموعهٔ انتقادهای این‌گونه افراد بر شعر عطار و بر منظومهٔ تفکر عرفانی بزرگانی دیگر از نوعِ مولوی، نتیجه این است که با حفظِ اصول و مبانیِ تعقلِ خویش می‌خواهند به درون این منظومه راه یابند و بدتر از همه این‌که تصور می‌کنند چنین منظومهٔ بزرگی از اندیشه و احساس، حاصل تخیلات واهیِ شاعرِ ناتوانی است که دارای «زبانی نیمه‌گنگ» است و «بینشی بس حقیر» و نمی‌دانند که برای شکل‌گیریِ هر یک از این مبانیِ «دور از خرد» از قبیل «نفیِ علیّت» یا «اجتماع نقیضین»، قرن‌ها و قرن‌ها هوشیارترین ذهن‌های تاریخ تمدن ایران و اسلام خونِ دل خورده‌اند تا حاصلِ اندیشهٔ ایشان به گونهٔ هنری درآمده است که ما آن را هنر تصوف می‌خوانیم و این هنر در دایرهٔ زبان شعری امثالِ مولوی و عطار به صورت تمثیل‌ها و ابیاتی ازین دست درآمده است.

بخش عظیمی از ایرادهای مرحوم دکتر حمیدی بر عطار از همین‌جا سرچشمه گرفته که او عطار را به حرف‌هایی که نزده است، موردِ انتقاد قرار داده است. اگر هم موردی باشد که ایرادِ او بر سخنِ مسلّمِ عطار باشد، از صورتِ اصلیِ سخن او بی‌اطلاع بوده است و براساس

---

۱. مقایسه شود با عین‌القضات همدانی، ***نامه‌ها***، به تصحیح دکتر عفیف عُسَیران و دکتر علی‌نقی منزوی، تهران، بنیاد فرهنگ ایران، ۱/۳۱۸.

۲. **مثنوی**، ۲/۱۱۹.

معیارهایی بیرون از منظومهٔ زبانی و سبکیِ عطار، شعر او را مورد نقد قرار داده است.

در همین جاست که او بدون مراجعه به نسخه‌های کهن و درستِ آثارِ عطار، با استناد به یک چاپ بازاری منطق‌الطیر، هُجُومی می‌بَرَد بر شعرِ عطار و پشتِ سر هم ضعف‌های وزنی و قافیه‌گی و معنایی و لفظی در شعر او پیدا می‌کند در صورتی که عطار، از تمامیِ این تهمت‌ها بری است و این جُرم و جنایت بزرگی است که کاتبان بی‌مایه، با تصرف‌های نابجای خود در شعر او، مرتکب شده‌اند و الفبای تحقیق و نقد، ایجاب می‌کند که برای مطرح کردن چنین ایرادهایی نخست ببینیم آیا در نسخه‌های معتبر و درست، عطار چنین سخنی گفته است یا نه؟

هویت تاریخی

در میان بزرگان شعر عرفانیِ فارسی، زندگی هیچ شاعری، به اندازهٔ زندگیِ عطّار در اَبْرِ ابهام نهفته نمانده است. اطلاعات ما در باب مولانا صدبرابرِ چیزی است که در باب عطار می‌دانیم. حتی آگاهی ما دربارهٔ سنائی، که یک قرن قبل از عطار می‌زیسته، بسی بیشتر از آن چیزی است که در باب عطار می‌دانیم. نه سال تولد او به‌درستی روشن است و نه حتی سال وفاتِ او. این‌قدر می‌دانیم که او در نیمهٔ دوم قرن ششم و ربعِ اول قرن هفتم می‌زیسته اهلِ نیشابور بوده است و چند کتاب منظوم و یک کتاب به نثر از او باقی است. نه استادان او نه معاصرانش و نه سلسلهٔ مشایخِ او در تصوف، هیچ‌کدام، به قطع روشن نیست. از سفرهای احتمالی او هیچ آگاهی نداریم و از زندگی شخصی و فردی او و زن و فرزند و پدر و مادر و خویشان او هم اطلاعِ قطعی وجود ندارد. درین باب هرچه گفته شده است، غالباً احتمالاتَ و افسانه‌ها بوده است و شاید همین پوشیده ماندن در ابرِ ابهام، خود یکی از دلایلِ تبلورِ شخصیت او باشد که مثل دیگرِ قِدّیسانِ عالم در فاصلهٔ حقیقت و رؤیا و افسانه و واقعیت در نَوَسان باشد. اگر این «افسانه‌گون» بودن، در «قدّیس‌وارگیِ» عطّار تأثیری داشته، در

متهم کردنِ او و آلودنِ نامش به شعرهایی بسیار سست و ناتندرست و ذهنیّتی بیمارگونه و مالیخولیایی نیز بی‌تأثیر نبوده است. زیرا، درین هفت قرنی که از روزگار حیات او می‌گذرد، مجموعهٔ گوناگونی از شعرهای سُست و بیمارگونه به نام او برساخته شده است که جداکردنِ حقیقت وجودی عطار از آن یاوه‌ها کار آسانی نیست. بنابراین جویندگان زندگینامهٔ عطار، همیشه نسبت به این مشکلِ اساسی باید آگاهی داشته باشند و در داوری‌های خود جانبِ احتیاط را همواره رعایت کنند.

ما درین یادداشت مختصر مروری خواهیم داشت بر بخش‌هایی از زندگینامهٔ عطار که دارای اسنادی قابل‌اعتمادتر است و قراینِ تاریخی تا حدودی آن‌ها را تأیید می‌کنند.

در آثارِ مسلّمِ او تصریح به نام او که «محمد» است شده و خود در مواردی از همنامیِ خویش با رسول (ص) یاد کرده است[1] و در شعرهای خود تخلص «عطار» و «فرید» را آورده است و معاصرِ او محمد عوفی نیز در *لباب‌الالباب* به عنوان «الأجلَّ فریدالدین افتخار الأفاضل ابوحامدِ ابوبکر[2] العطار النیشابوری... سالک جادهٔ حقیقت و ساکن سجّادهٔ طریقت...» ازو یاد کرده است.[3] پس تقریباً با اطمینان می‌توان گفت که شاعرِ موردِ بحث ما «فریدالدین محمد عطار» است و در نیشابوری بودن او تردیدی نیست.

---

1. در موارد متعددی عطار به همنامیِ خویش با رسول (ص) تصریح دارد از جمله *منطق‌الطیر*، چاپ دکتر گوهرین، ۲۶.

از گنه رویَم نگردانی سیاه   حقِ هـم نامیِ من داری نگاه

و نیز در *اسرارنامه*، ۱۹۳ و *مصیبت‌نامه*، ۳۶۷ نیز مراجعه شود به استاد فروزانفر، **شرح احوال عطار**، نه.

۲. به صورت اضافه باید خواند و کسرهٔ میان دو کُنیه، کسرهٔ بُنُوَّت است یعنی ابوحامدِ فرزندِ ابوبکر.

۳. *لباب‌الالباب*، محمد عوفی، به تصحیح استاد سعید نفیسی، تهران، ۱۳۳۵، ۸۱-۴۸۰.

نیشابور تا قرن‌ها پس از عطار، با همهٔ ویرانی‌ها، دارای بخش‌ها و تقسیمات وسیعی بوده است که در کتاب‌های جغرافیایی قدیم همواره از آن‌ها یاد کرده‌اند.[۱] این تقسیمات، بقایای تقسیمات عصر ساسانی و شاید هم پارتی بوده است. ابوعبدالله حاکم نیشابوری (۴۰۵ـ۳۲۱) که دو قرن قبل از عطار، مفصل‌ترین کتاب را در باب نیشابور نوشته و امروز مختصری از کارِ او باقی است،[۲] نیشابور را به چهار «رَبْع» و دوازده «ولایت» تقسیم می‌کند و ربعِ «شاماتِ» نیشابور را از حدودِ بیهق تا حدود «جلگهٔ رُخ» می‌داند. مورخینِ قدیم و تذکره‌نویسانِ کهن، عطار را اهل «کدکن» نوشته‌اند و این کدکن در رَبْعِ شاماتِ نیشابور کهن قرار دارد و در جلگهٔ رُخ. و رُخ از ولایات قدیم نیشابور کهن بوده است که در کتاب *تاریخ نیشابور* الحاکم به عنوان هفتمین ولایت از ولایاتِ نیشابور از آن نام بُرده شده است: «رُخ، ولایتی است قدیم معمور، کِبارِ بسیار درو قرار گرفته»[۳] در تقسیمات متأخر و عصرِ قاجار، وقتی خواستند تربت حیدریه را که خود رُستاقی از رُستاق‌های نیشابور کهن بود و به نام «زاوه»[۴] شهری کنند و به آن مرکزیت ببخشند، جلگهٔ رُخ ــو در مرکز آن کدکن ــ را از توابعِ زاوه (= تربت حیدریه) به حساب آوردند. بنابرین گفتهٔ دولتشاه سمرقندی که می‌گوید: «اصل شیخ از قریهٔ کدکن است من اعمالِ نیشابور»[۵] نَظَر به

---

۱. اما اَرباع نیشابور چار است: ریوند، مازُل، شامات، بشتفروش، و کیفیت قسمت و مساحت آن است که از چار طرفِ مسجد جامع به هر طرفی رفتند و تا کنارِ زمین ولایت قری و قنوات را به آن رَبع نسبت دادند و به قریه‌ای که در آن جانب معمور و بیشتر بود اضافه کردند *تاریخ نیشابور*، الحاکم، چاپ آگاه، شمارهٔ ۲۷۴۹.

۲. مهم‌ترین کتابی که در تمدن اسلامی تا قرن چهارم دربارهٔ تاریخ شهرها نوشته شده است همین تاریخ نیشابور ابوعبدالله حاکم نیشابوری (۴۰۵ـ۳۲۱) است که در اصل دوازده مجلد بوده است و امروز، تلخیص مختصری از آن باقی است و با این‌همه مهم‌ترین اطلاعات در باب نیشابور و جغرافیای تاریخی آن و رجال آن، از همین کتاب به دست می‌آید.

۳. *تاریخ نیشابور*، انتشارات آگاه، تهران شمارهٔ ۲۷۵۱ و ۲۷۶۱.

۴. *همان‌جا*، شمارهٔ ۱۱۲۹.

۵. *تذکرهٔ دولتشاه*، ۱۴۰.

تقسیمات اواخر عهدِ قاجاری و تشکیلات جدید وزارتِ کشور ندارد.[1]

در همین دهِ کدکن که در مرکز جلگهٔ رُخ قرار دارد، زیارتگاهی است به نام «پیرِ زَرْوَنْد» که بنابر اعتقادات و اطلاعات کهنِ باقی‌مانده در نزدِ اهالی مزار پدر عطار است و به نام «مزار شیخ ابراهیم» موردِ احترام و تقدیس اهالی است.[2] تذکره‌نویسان قدیم نیز نام پدر عطار را ابراهیم نوشته‌اند و ازو به نام «محمدبن ابراهیم‌بن اسحاق» یاد کرده‌اند. برای این‌که قرینه‌ای بر صحّتِ این اطلاع در باب جدّ او، یعنی اسحاق، داشته باشیم می‌توانیم از آمار نام‌های قرن پنجم و چهارم نیشابور که در کتاب ***تاریخ نیشابور*** الحاکم باقی است کمک بگیریم و ببینیم که غالبِ «اسحاق»ها نام یکی از فرزندان خود را «ابراهیم» می‌گذاشته‌اند[3] و این یک سنّت در نامگذاری‌های عصر بوده است. پس با توجه به بعضی اسنادِ قدیم و بعضی اطلاعاتِ محلی تا حدودی با اطمینان می‌توان گفت او: فریدالدین محمدبن ابراهیم‌بن اسحاقِ کدکنی است که خاکجای خودش امروز در شهر کنونیِ نیشابور زیارتگاه است و مزار پدرش با نام «پیر زَرْوَنْد» در کدکن، در ولایت رُخ از ولایاتِ دوازده‌گانهٔ نیشابور قدیم.

---

۱. به صفحات ۸۶ـ۸۵ همین مقدمه مراجعه شود.

۲. پیرِ زَرْوَند که بر سر کاریزِ بسیار کهن و در کنار برجِ بسیار قدیمیِ زَرْوَند قرار دارد، تا چند سال بعد از انقلاب به همان حالت ساده و طبیعیِ خود نظیر دیگر «پیر»های کدکن باقی بود. چند سال بعد از انقلاب کاوشگرانی که تصور می‌کردند در این‌گونه اماکن جواهرات قیمتی می‌توان یافت آن را خراب کردند و بعدها یکی از نیکوکاران آن را بدون در نظر گرفتنِ معماری مناسب این‌گونه اماکن به صورت اطاقی ساده و آجری درآورد.

۳. مراجعه شود به ***تاریخ نیشابور***، الحاکم.

آثار عطّار

عطار خود در مقدمهٔ **مختارنامه** (مجموعهٔ رباعیاتِ خود) که آن را در آخرین مراحل عمرِ خویش تدوین کرده است ازین آثار خود نام می‌برد: «چون سلطنتِ ***خسرونامه*** در عالم ظاهر گشت و اسرارِ ***اسرارنامه*** منتشر شد و زبان مرغان ***طیورنامه*** ناطقهٔ ارواح را به محل کشف رسید و سوز مصیبتِ ***مصیبت‌نامه*** از حد و غایت درگذشت و دیوانِ ***دیوان*** ساختن تمام داشته آمد و ***جواهرنامه*** و ***شرح‌القلب*** ــ‌که هر دو منظوم بودند ــ از سرِ سودا نامنظوم ماند که خرق[1] و غسلی بدان راه یافت...»[2] و بار دیگر می‌گوید: «این دو مثلث که از عطار در عالم یادگار ماند: یکی ***خسرونامه*** و ***اسرارنامه*** و ***مقاماتِ طیور*** و دوم ***دیوان*** و ***مصیبت‌نامه*** و ***مختارنامه***...»[3]

پس علاوه بر دیوان و مجموعهٔ رباعیات (= **مختارنامه**) او دارای چهار

---

۱. در نسخهٔ اساسِ مختارنامه چاپ نگارنده «حَرق و غَسلی» آمده است ولی در نسخه‌ای که در کتابخانهٔ فاتح استامبول شمارهٔ ۴۰۵۲ و کتابخانهٔ حکیم اوغلو شمارهٔ ۶۷۳ موجود است و مورد مراجعه استاد هلموت ریتر بوده است خرقی و غسلی آمده که با عرفِ مذهبی محیط مناسب‌تر است، مراجعه شود به

H. Ritter, Philologika, *Der Islam* 25/1939/152-154.

۲. ***مختارنامه***، ۷۰.   ۳. ***همان‌جا***، ۷۲.

منظومه بوده است که از آن‌ها با عنوان ***اسرارنامه*** و ***مقامات طیور*** (= ***منطق‌الطیر***) و ***خسرونامه*** (= ***الاهی‌نامه***) و ***مصیبت‌نامه*** یاد می‌کند. ما، در جای دیگری، سال‌ها قبل به تفصیل ثابت کرده‌ایم که نام اصلیِ ***الاهی‌نامهٔ*** عطار ***خسرونامه*** بوده است و دلایل خود را در آن‌جا یادآور شده‌ایم در این‌جا برای خوانندگانی که برای اولین‌بار با این نظریه روبه‌رو می‌شوند به اجمال یادآور می‌شویم که آن‌چه به عنوان ***خسرونامه*** (یا گل و هرمز) چندین بار به نام عطّار چاپ شده از شاعری است که مدت‌ها بعد از عصر عطّار می‌زیسته و به‌شدّت تحتِ تأثیر عقاید ابن‌عربی بوده است و احتمالاً در قرنْ هشتم. از سویِ دیگر آن‌چه به نام ***الاهی‌نامهٔ*** عطار بارها و بارها چاپ شده و مسلماً سرودهٔ اوست، نامِ اصلیِ آن ***خسرونامه*** بوده است.[1] اگر خوانندگان این یادداشت به‌خاطر داشته باشند موضوع آن کتابِ ***الاهی‌نامه***، داستان «خسرو»ی است با فرزندانش. از آنجا که در یک‌جای آن منظومه کاتبانِ دوره‌های بعد ابیاتی بدین‌گونه افزوده‌اند:

اِلٰهی! نامه را آغاز کردم — به نامت بابِ نامه باز کردم[2]

خوانده‌اند: **«الهی‌نامه» را آغاز کردم...** و در دوره‌های بعد ***الاهی‌نامه*** نام گرفته است و ابیاتی از نوعِ: اِلاهی‌نامه نام این نهادم در نسخه‌های اساس تحقیق استادهلموت ریتر وجود نداشته است و او آن‌ها را در ملحقات آخر کتاب آورده است.[3]

---

۱. مهم‌ترین دلیل این‌که خسرونامهٔ واقعی همان الاهی‌نامه است این‌که موضوع آن خلیفه‌ای است و پسرانش و به تعبیرِ عطار شاهزادگان (خسرو = خلیفه) و دیگر این‌که در دو جا از مقدمهٔ مختارنامه که عطار آثار خویش را به دقت نام می‌برد از خسرونامه یاد می‌کند نه از الاهی‌نامه. از لحاظ نسخه‌شناسی هم در قدیمی‌ترین نسخه‌های موجود از این مثنوی ابیاتِ «***الاهی‌نامه*** را آغاز کردم» وجود ندارد. تصور می‌رود که چون در آخر این منظومه در بعضی نسخه‌ها ابیاتی خطاب به حق با عنوان «الاهی! الاهی!» آمده است این نام را از قرن هفتم به بعد بر آن اطلاق کرده‌اند.

۲. ***الهی‌نامه***، چاپ ریتر ۳۸۴ و مقایسه شود ***الهی‌نامه*** چاپ فواد روحانی، ۳۰۴ـ۳۱۷ و نیز مقدمهٔ ***مختارنامه*** ۵۸.

۳. ***همان‌جا***.

۳۸ زبور پارسی

امروز تقریباً بسیاری از اهل تحقیق این نظریه را پذیرفته‌اند که ***الاهی‌نامهٔ*** موجود به نام عطار همان ***خسرونامهٔ*** اوست و خسرونامه‌ای که به نام او چاپ شده از شاعری دیگر است.

گذشته از ***الاهی‌نامه*** که نام اصلیِ آن در نظرِ عطار ***خسرونامه*** بوده است و بعدها عنوان ***الاهی‌نامه*** یافته، عطار منظومهٔ بسیار مشهور دیگری هم دارد، به نام ***مقامات طیور*** که بعدها به ***منطق‌الطیر*** شهرت یافته و امروز کمتر کسی از آن با عنوان ***مقامات طیور*** یاد می‌کند. این تحولِ نام از ***خسرونامه*** به ***الاهی‌نامه*** و از ***مقامات طیور*** به ***منطق‌الطیر*** ظاهراً به دستِ نسل‌های بعد انجام شده است.[1]

منطق‌الطیر عطار یکی از برجسته‌ترین آثار عرفانی در ادبیاتِ جهان است و شاید بعد از مثنویِ شریف جلال‌الدین مولوی، هیچ اثری در ادبیات منظوم عرفانی، در جهان اسلامی، به پای این منظومه نرسد و آن توصیفی است از سفرِ مرغان به سوی «سیمرغ» و ماجراهایی که در این راه برایشان گذشته و دشواری‌های راه ایشان و انصراف بعضی از ایشان و هلاک شدنِ گروهی و سرانجام رسیدن «سی‌مرغ» از آن جمعِ انبوه به زیارتِ «سیمرغ»، در این منظومه لطیف‌ترین بیان ممکن از رابطهٔ حق و خلق و دشواری‌های راه سلوک عرضه شده است.

اسرارنامهٔ عطار نیز منظومه‌ای است مشتمل بر حکایات کوتاه عرفانی

---

۱. استاد فروزانفر ***شرح احوال و نقد و تحلیل آثار عطار***، ۳۱۳ نوشته‌اند که «در مجموعهٔ آثار عطار مکتوب در ۷۳۱ که در کتابخانهٔ سلطنتی به شمارهٔ ۴۴۳ محفوظ است نام این کتاب در اول ***طیورنامه*** و در پایان ***مقامات طیور*** نوشته شده و تصور می‌رود که اطلاق این اسم ***طیورنامه*** بر مثنوی مذکور زادهٔ تصور و ساختهٔ سلیقهٔ کتاب و ناسخان است. زیرا عطار بدین نام در آثار خویش اشارتی نمی‌کند و به هر حال از دیرباز این منظومه به نام ***منطق‌الطیر*** شهرت یافته و ***مقامات طیور*** هم منسوخ و فراموش شده است.» بی‌گمان در عصر مولانا این کتاب به نام ***منطق‌الطیر*** شهرت داشته است مراجعه شود به ***مناقب‌العارفین***، افلاکی، ۷۴۰/۲.

که در چند باب تدوین شده است.

مصیبت‌نامه یکی از برجسته‌ترین آثار عطار است. شاید پس از ***منطق‌الطیر*** مهم‌ترین منظومهٔ او باشد و به لحاظ پختگی فکر و تنوع اندیشه‌ها در کمال اهمیت است و ظاهراً به لحاظ تاریخی آخرین منظومهٔ عطار به‌شمار می‌آید.

دیوان غزلیات و قصاید عطار نیز یکی از متداول‌ترین دیوان‌های شعر پارسی است که از همان قرن هفتم همواره موردِ علاقه و شوقِ دوستداران شعر عرفانی فارسی بوده است. این دیوان که چاپ‌های متعدد دارد و دو چاپ مشهور آن بر دست دو تن از محققان به نام عصرِ ما ـ یعنی استاد سعید نفیسی[1] و دکتر تقی تفضّلی خراسانی[2] ـ انجام گرفته است، مقداری از شعرهای شاعران دیگر را نیز در خود دارد و نمی‌توان گفت که آن‌چه در این دو چاپ آمده تماماً سرودهٔ عطار است. چنین می‌پندارم که اگر براساس روش‌های علمی و تکیه بر قدیمی‌ترین نسخه‌های موجود و رعایت مسائل سبک‌شناسی تصحیح مجددی از دیوان عطار انجام شود چیزی حدود ۳۵ تا ۳۰ درصد شعرهای چاپ دکتر تفضلی ـ که جامع‌تر و مستندتر از چاپ استاد نفیسی است ـ به کنار خواهد رفت و شعرهای باقی‌مانده شعرهای لطیف‌تر و باطراوت‌تری خواهد بود و از انسجام معنوی و هماهنگی عرفانیِ بیشتری نیز برخوردار خواهد بود. دلیل این آمیختگی شعرِ دیگران در دیوان عطار علاوه بر مداخلاتِ نسخه‌نویس‌ها که هرجا غزلی عارفانه و بی‌نام می‌دیده‌اند آن را به یکی از مشاهیرِ شعرِ عرفانی (سنائی، عطار، مولوی) نسبت می‌داده‌اند.[3] تعددِ «عطار»های

---

۱. ***دیوان قصاید و غزلیات فریدالدین عطار نیشابوری***، تهران، ۱۳۱۹ و چاپ‌های بعدی در تهران.

۲. ***دیوان غزلیات و قصاید عطار***، به‌اهتمام و تصحح دکتر تقی تفضلی، تهران، انجمن آثار ملی (شمارهٔ ۴۴) تاریخ مقدمه ۱۳۴۱ و چاپ‌های بعد به عنوان ***دیوان عطار***، مرکز انتشارات علمی و فرهنگی، ۱۳۶۲.

۳. مانند شعر بسیار معروف منسوب به سنایی که شاید معروف‌ترین شعرِ او باشد: ←

شعر فارسی است که هویت تاریخی چندتن از ایشان را از قرن چهارم تا قرن نهم ما در مقاله‌ای جداگانه مورد بررسی قرار داده‌ایم.[1]

← **مَلِکا ذکر تو گویم که تو پاکی و خدایی**

که با همه شهرت بسیار، در هیچ کدام از نسخه‌های معتبر دیوان او که تا قرن دهم کتابت شده وجود ندارد از جمله نسخهٔ بسیار قدیمی موزهٔ کابل، احتمالاً از اوایل قرن هفتم و نسخهٔ کتابخانهٔ بایزید ولی‌الدین به شمارهٔ ۲۶۲۷ مکتوب در ۶۸۴-۶۸۳ و نسخهٔ کتابخانهٔ ملک به شمارهٔ ۵۴۶۸ از قرن هشتم. و نسخهٔ کتابخانهٔ ملی به شمارهٔ ۲۳۵۳ یا غزل بسیار زیبا و معروف ابلیسیه:

با او دلم به مهر و مودت یگانه بود — سیمرغ عشق را دل من آشیانه بود

که در هیچ‌کدام از نسخه‌های معتبر فوق جود ندارد. و با جهان‌بینی و طرز تفکرِ عرفانیِ سنائی هم قابل تطبیق نیست، مراجعه شود به **تازیانه‌های سلوک** ۳۷۲ و نیز در **اقلیم روشنایی**، ۲۰۷ یا غزل بسیار معروف:

روزها فکر من این است و همه شب سخنم

که چرا غافل از احوالِ دلِ خویشتنم

که شاید معروف‌ترین شعرِ مولانا باشد و از او نیست و یا غزل معروف دیگر مولانا که در دیوان شمس، کلیات دیوان کبیر، چاپ استاد فروزانفر هم آمده با این مطلع:

اندر دوکون، جانابی تو طرب ندیدم

دیدم بسی عجایب چون تو عجب ندیدم

که از نزاری قهستانی است، مراجعه شود به ***دیوان نزاری*** غزل ۸۳۴ چاپ استاد دکتر مظاهر مُصَفا ولی استاد مصفاهم به انتساب شعر به مولانا و آمدن آن در دیوان شمس، چاپ استاد فروزانفر، اشاره‌ای نکرده‌اند یا غزل:

ما ز خراباتِ عشق مست الست آمدیم

که به تصریحِ محمد عوفی، معاصر عطار، در تذکرهٔ ***لباب الالباب***، ۲۳۲ از آن شمس‌الدین محمدبن طغان کرمانی است و ما در تعلیقاتِ کتاب حاضر (= زبور پارسی) به این نکته اشاره کرده‌ایم.

۱. استاد سعید نفیسی، در کتاب **جستجو...** (عا-عب) در باب تعددِ «عطار»ها به اجمال اشاره کرده و می‌گوید: «اگر روزی کسی مجموعه‌ای از همهٔ کسانی که در اسلام به این لقب و شهرت (= عطار) معروف بوده‌اند بپردازد» و بعد خود چند تنی را نام می‌برد. مراجعه شود به صفحات ۹۳-۹۲ همین مقدمه که ما از معاصران عطار ۲۴ نفر را با این مشخصات فقط از یک کتاب نقل کرده‌ایم.

مختارنامه که مجموعهٔ رباعیات عطار است، مشتمل بر حدود دوهزار و سیصد رباعی است و عطار خود در اواخر عمر آن‌ها را در پنجاه باب تدوین کرده و مقدمه‌ای به نثر نیز در آغاز آن قرار داده است. ظاهراً به دلیل اَفزونیِ حجم رباعیّات بوده است که عطار، برخلاف دیگر شاعران[۱]، رباعیّات خود را جدا از دیوان تدوین کرده است یا بخش اندکی از آن‌ها را در دیوان باقی گذاشته و حجم بیشتری را مستقلاً و به نام **مختارنامه** نشر داده است.[۲]

در کنارِ این چهار منظومه و دیوان و **مختارنامه** باید از کتاب شگرفِ ***تذکرةالأولیاء*** او نیز یاد کنیم کتابی که در ادبیات منثورِ عرفانی گُلِ سرْ سبدِ تمام آثار است. نه در فارسی مانندی برای آن می‌توان یافت و نه در عربی. نثری دل‌آویز که هر برگِ آن دیوانِ درخشانی از زیباترین شعرهای منثورِ جهان است.

جز آن چهار منظومه (***منطق‌الطیر*** و ***الاهی‌نامه*** و ***اسرارنامه*** و ***مصیبت‌نامه***) و ***دیوان*** و ***مختارنامه*** و کتاب ***تذکرةالاولیاء***، هیچ اثر دیگری از عطار نیست و تمام منظومه‌های ناتندرستی که به اسم ***بلبل‌نامه***، ***بیسرنامه***، ***پسرنامه***، ***حیدری‌نامه***، ***پندنامه***، ***جوهرالذات***، ***حلاج‌نامه***، ***سیاه‌نامه***، ***اشترنامه***، ***لسان‌الغیب***، ***مظهرُالذات***، ***معراج‌نامه***، ***مفتاح‌الفتوح***، ***نزهت‌نامه***، ***وصلت‌نامه***، ***هیلاج‌نامه***،[۳] وجود دارد و بعضی از آن‌ها مانند پندنامه متأسفانه بارها و

---

۱. به‌جز عطار، اوحدالدین کرمانی (متوفی ۶۳۵) و سحابی استرآبادی (متوفی ۱۰۱۰) دیوان‌های رباعی از خود به‌جای گذاشته‌اند و محمد عوفی در ***لباب‌الالباب***، ۶۸ از دیوان رباعیاتِ ابوالحسن باخَزْری (متوفی ۴۶۸) به نام «طرب‌نامه» یاد می‌کند.

۲. «این مقدار که در این مجموعه است اختیار کردیم، بدین‌ترتیب، و باقی در دیوان گذاشتیم.» ***مختارنامه***، ۷۱ چاپ دوم.

۳. برای کتاب‌های منسوب به عطار که شمارهٔ آن‌ها، با توجه به تعدد نام بعضی از آن‌ها، از هفتاد می‌گذرد مراجعه شود به سعید نفیسی: **جستجو**، صفحات ۹۵-۱۳۵ و نیز ***کتاب‌شناسی شیخ فریدالدین عطار نیشابوری***، از علی میر انصاری چاپ انجمن مفاخر فرهنگی.

بارها[1] به نام او نشر یافته، هیچ کدام از آثارِ او نیست. اغلب این‌ها محصول روزگارِ انحطاط عرفان و حاصل یاوه‌گویی درویش‌های بیکاری است که طبع نظمی داشته‌اند و اندیشه‌های علیل و تخیلاتِ چرسی و بنگیِ خود را به صورت منظومه‌هایی سست و بیمارگونه به دستِ آیندگان سپرده‌اند و برای آنکه از بیرحمیِ زمانه ــ که این‌گونه آثار را در همان عصر مؤلفان به فراموشی می‌سپارد ــ در امان بمانند نام شریف و ارجمند فریدالدین عطار نیشابوری را ــ به عنوان سراینده ــ بر آن‌ها نهاده‌اند و آن بزرگوار در طول این سده‌ها نامش به این‌گونه یاوه‌ها آلوده شده است و هنوز هم در مباحث تاریخ عرفان و ادب، متأسفانه، آثارِ این آمیختگی گاه‌گاه خود را نشان می‌دهد هم در نوشته‌های خاورشناسان[2] و هم در آثارِ بعضی از نویسندگانِ ایرانی و شرقی.[3]

۱. پندنامه شاید، در مجموع، معروف‌ترین اثر منسوب به عطار باشد که از قرن نهم به بعد، در کتاب‌شناسی‌ها دیده می‌شود و در طول قرون بر شمار نسخه‌ها و شروح آن افزوده شده است. هیچ‌یک از آثار اصیل و مجعولِ منسوب به عطار، به اندازهٔ پندنامه، در قلمرو تمدن اسلامی شیوع و انتشار نداشته است. برای نسخه‌های خطی و چاپی آن و نیز شروح و ترجمه‌های آن مراجعه شود به **کتاب‌شناسی عطار**، ۱۸۷ ـ ۲۱۸.

۲. رجوع شود به

History of Iranian Literature, by Jan Rypka p. 283.

۳. **جستجو در احوال و آثار عطار**، از استاد نفیسی، صفحات ۱۰۸ و ۱۱۶.

سرچشمه‌های شعر عطار

به‌لحاظ تاریخی، شعرِ عطار، بعد از شعر سنائی دومین اوجِ شعر عرفانی فارسی است و پس از عطار بلندترین قلهٔ شعر عرفانی، جلالَ‌الدین مولوی است. سه موج بزرگ، سه خیزابِ بلندِ حیرت‌آور، درین دریا وجود دارد: اول سنائی و دوم عطار و سوم جلال‌الدین مولوی. این‌ها سه اقلیم پهناور، سه کهکشانِ مستقل‌اند که فضای بیکرانهٔ شعر عرفانی فارسی، و بی‌اغراق شعرِ جهان را، احاطه می‌کنند و در ضمنِ کمالِ استقلال سخت به یکدیگر وابسته‌اند و یکدیگر را تکمیل می‌کنند.

میراث اندیشگی اینان به‌ویژه عطار و مولانا، بالاترین میراثِ معنوی تبارِانسان در عرصهٔ جهان‌بینیِ عرفانی است. شعرِ سنائی زیباست و شکوهمند و استوار، سرشار از لحظه‌های درخشان و حیرت‌آور، اما آمیخته به لحظه‌هایی از عوالم دیگر که گاه با جهان‌بینی عرفانی در ستیز است.[1] اما شعر عطار و مولوی پالوده از هر شائبه‌ای، در خدمت یک جهان‌بینی است و آن جهان‌بینی عرفانیِ ایرانی است که نخستین تجربه‌های آن با شطح‌ها و شعرهای منثورِ بایزید بسطامی و حلاج و

---

۱. ***تازیانه‌های سلوک***، چاپ آگاه، صفحات ۲۵ـ۳۴.

ابوالحسن خرقانی و ابوسعید ابوالخیر و احمد غزالی و عین‌القضات همدانی آغاز می‌شود و رودخانه‌ای است که از کوهسارهای بلندِ وجودِ این‌گونه عارفان سرچشمه می‌گیرد و در بسترِ تاریخ اندیشه‌ها به هم می‌آمیزد و در عرصهٔ هنرِ سنائی و عطار و مولوی به گونهٔ «شطِّ شیرین و پرشوکتی» تشنگی روحی اسان را، در طول قرون و اعصار سیراب می‌کند.

شعر عطار در نگاه نخستین، گاه، خواننده را می‌رماند اما شکیبایی و قدری آمادگی روحی لازم است تا به درون این باغ راه پیدا کنیم. وقتی اُنس گرفتیم می‌بینیم که در آن سوی بعضی ناهماهنگی‌ها، چه منظومهٔ منسجمی از احساس و اندیشه موج می‌زند.

نخستین تجربه‌های شعر عرفانی فارسی با شاعران وابسته به مذهبِ محمدبن‌کرام (متوفی ۲۵۵) آغاز می‌شود. ابوذرِ بوزجانی که در اواخرقرن چهارم درگذشته است یکی از پیشاهنگان شعر عرفانی زبان فارسی است و ما جای دیگر در باب اهمیتِ او و شعرِ عرفانیِ او سخن گفته‌ایم[1] در این‌جا یکی از غزل‌های عرفانی او را که نخستین رگه‌های غزلِ عرفانیِ فارسی را در عصرِ فردوسی نشان می‌دهد نقل می‌کنیم تا خوانندگان این‌یادداشت در سیرِ تکاملِ غزل عرفانیِ فارسی نخستین هنجارها را در اختیار داشته باشند غزلی که صورت غزل دارد و محتویِ آن زُهدیّاتِ محض است:

هر کو ز پیِ کام و هوا رفت زیان کرد
مسکین تنِ بیچاره اسیرِ گنهان کرد
بسیار تهی کرد هوا صومعه‌ها را
بس زاهد و عابد را خُدّامِ بتان کرد
بس چیره زبان را به مناجاتِ سحرگاه
کین شوخ هوا خشک لب و بسته دهان کرد

---

۱. مراجعه شود به **درختِ معرفت**، جشن نامهٔ استاد عبدالحسین زرین‌کوب، مقالهٔ نخستین تجربه‌های شعر عرفانی، از نویسندهٔ این سطور.

بس کس که وی امید همی داشت به فردا

مرگ آمد و ناگاه و را قصد به جان کرد

می‌گفت به هر وقت: بُوَد توبه کنم من

آمد اجل و مَهْل ندادش که چنان کرد[1]

در کنارِ این غزل باید از بعضی غزل‌های دیگر منقول در کتاب *السّتین‌الجامع* (تفسیر سورهٔ یوسف) از آثار نیمهٔ دوم قرن پنجم یاد کرد که بسیاری از آن غزل‌ها دنبالهٔ سیر تکاملِ غزل عرفانی فارسی، قبل از عصرِ سنائی است به این غزل توجه کنید:

روزگارم همه فرخنده به کام تو بُوَد

سزد این کام کسی را که غلام تو بُوَد

نشود بسته به دام دگران هرگز پاش

آنکه پیوسته به دل، بسته به دام تو بُوَد

دل و جانم بُوَد آن‌جا که بساط تو بُوَد

رخِ من فرش بر آن تخت‌که گامِ تو بُوَد

گر شبی من، ز شبان مؤذنِ کوی تو شوم

قامتِ بانگِ نمازم همه نام تو بُوَد

لذّتِ نامِ تو، امروز، دلم را بربود

ای خوش روزا فردا که سلام تو بُوَدا![2]

گویندهٔ این شعر باید از شاعران نسلِ بعد از ابوذرِ بوزجانی باشد. ابوذر خود در اواخر قرن چهارم درگذشته و گویندهٔ این غزل احتمالاً در نیمهٔ قرن پنجم حدود ۴۵۰ هجری این شعر را سروده است ما جای دیگر

---

۱. *الستین الجامع للطایف البساتین* (قصهٔ یوسف) به تصحیح محمد روشن، تهران، بنگاهِ ترجمه و نشر کتاب ۱۰۲ و کتاب *الفصول*، ابوحنیفه عبدالوهاب‌بن محمد، از آثار اوایل قرن پنجم، نسخهٔ خطی کتابخانهٔ آستان قدس رضوی، وروق ۲۵۳b و مقالهٔ «نخستین تجربه‌های شعر عرفانی در زبان فارسی» در **درخت معرفت**.

۲. *الستین‌الجامع*، ۲۳۱.

در باب روزگارِ تألیف این کتاب و ارزش تاریخیِ شعرهای منقول در آن به تفصیل سخن گفته‌ایم.[1]

تجربهٔ امثالِ ابوذرِ بوزجانی و گویندهٔ این غزل که از کتاب ***الستّین الجامع*** نقل کردیم وقتی به دستِ حکیم سنائی غزنوی افتاده است در پرتوِ نبوغِ او جهشی عظیم را در تاریخ شعر عرفانی و غزل عارفانهٔ پارسی ایجاد کرده است که می‌توان گفت: تجربه‌های قبل از سنائی موج‌های ملایم این دریا بوده‌اند و غزل سنائی خیزاب بلند و کوهموج این دریاست، غزل‌هایی از این دست:

نور، تاکیست که او پردهٔ روی تو بُوَد
مشک خود کیست که تا بندهٔ موی تو بُوَد

زافتابم عجب آید که کند دعویِ نور
در سرایی که درو تابش روی تو بُوَد

در ترازویِ قیامت ز پیِ سَختَنِ[2] نور
صد مَنِ عرش کم از نیم تسویِ[3] تو بُوَد

راه پُرجان شود آن‌جای که گامِ تو بُوَد
گوش پُر دُر شود آنجا که گلوی تو بُوَد

از تو با رنگ گل و بوی گُلابیم از آنک
خویِ احمد بُوَد آنجای که خوی تو بُوَد

دیدهٔ حور بر آن خاک همی رشگ بَرَد
که بر آن نقش ز لعلِ سرِ کوی تو بُوَد[4]

---

۱. نظر محققان، دربارهٔ عصرِ تألیف و روزگار مؤلف، پیش از این برین بود که این کتاب از آثار نیمهٔ دوم قرن ششم است ولی با پیدا شدن زندگینامهٔ مؤلف آن، در کتاب ***التدوین فی ذکر اهل العلم بقزوین***، از عبدالکریم‌بن محمد رافعی، دانسته شد که کتاب در حدود ۴۷۰ هجری تألیف شده است مراجعه شود به مقالهٔ نگارندهٔ این سطور در ***جشن‌نامهٔ*** استاد دکتر ذبیح‌الله صفا با عنوان «سفینه‌ای از شعر عرفانی قرن چهارم و پنجم»

۲. سختن: سنجیدن

۳. تسو: واحدِ سنجش، برابرِ یک چهارمِ دانگ و دانگ برابرِ دو حَبّه.

۴. ضبط مصراع مشکوک است.

در فاصلهٔ سنائی تا عطّار

در فاصلهٔ سنائی تا عطار شعر عارفانهٔ پارسی چهرهٔ چندان درخشانی به خود ندیده است و اگر بوده است در تاریخ ادبیات و اسنادِ موجود تذکره‌ها، نام و آثارش به ثبت نرسیده است. با این‌همه یادآوری نام و کار چند شاعر درین فاصله بی‌فایده نیست، به‌ویژه که یکی ازینان بر طبقِ بعضی اشاراتِ نویافته، از استادان عطار به‌شمار می‌رفته است. اگر تاریخ وفات عطار[1] را ۶۲۷ (به احتمالِ قوی)[2] و یا ۶۱۸ (به احتمالِ

---

۱. این قسمت تا آخر غزل صفی‌الدین یزدی به صورت مقاله‌ای کوتاه در ***مجلهٔ دانشکدهٔ ادبیات دانشگاه فردوسی مشهد*** (شمارهٔ ۱ و ۲) سال بیست‌وهشتم، بهار و تابستان ۱۳۷۴ با عنوان **در فاصلهٔ سنائی تا عطار** چاپ شده است.

۲. قراین بسیار زیادی در دست است که نشان می‌دهد عطار در ۶۲۷ وفات یافته یا به شهادت رسیده است از جمله قولِ اکثریّت تذکره‌نویسان و به‌ویژه قولِ دولت‌شاه که سال وفات را به روز و ماه تعیین می‌کند و این خود دلیلی بر این است که وی در این مورد سندی خاص در اختیار داشته است. در بابِ مسئلهٔ تولد و وفات عطار، به روایت دولتشاه، جای دیگر از جمله در همین مقدمه بحثی کرده‌ام که ضرورتی برای تکرار آن نمی‌بینم ولی به هر حال سخن او را به حقیقت نزدیک می‌دانم؛ البته در موردِ

←

کمتر)[1] بپذیریم و سالِ وفاتِ سنایی را نیزهمان ۵۲۹ بدانیم[2]، میان دورهٔ حیات این دو شاعر، یا بهتر است بگوییم: میانِ سال‌های وفاتِ ایشان، حدود صد سال فاصله است. سنائی در حدودِ ربع اولِ قرن ششم درگذشته و عطار در حدود ربع اوّل قرن هفتم.

در این صد سال، شعرِ عرفانی فارسی چه تجربه‌هایی بعد از سنایی به دست آورده است؟ اگر از عطار صرفِ‌نظر کنیم، با همهٔ افزونیِ شمارِ شاعران ـ که فهرستِ قابلِ‌ملاحظه‌ای از زندگینامه و شعر ایشان را محمدِ عوفی در *لباب‌الالباب* برای ما محفوظ نگاه داشته است ـ شعر عرفانیِ چندان چشمگیری در این فاصله دیده نمی‌شود. البته نمونه‌هایی از شعرِ «زهد»، در منقولاتِ عوفی و بعضی متونِ تاریخی و مذهبیِ تألیف شده در این عصر، می‌توان ملاحظه کرد ولی این نمونه‌های «شعر زهد» در قیاس با آن‌چه از ناصرخسرو و سنایی، و حتی شاعرانِ قبل از ایشان، دیده‌ایم چیزِ تازه و مهمی به حساب نمی‌آید. با این‌همه سه‌چهارتن از شاعرانِ قرن ششم را که قبل از عطّار بوده‌اند نباید از یاد بُرد:

۱. شکَر: که به گفتهٔ بعضی، «استاد عطّار» بوده است. اطلاع دربارهٔ این شاعر منحصر است به آن‌چه در مقامات شیخ صفی‌الدین اردبیلی (۶۵۰-۷۳۵) آمده است. می‌دانیم که یکی از مهمترین اسنادِ تاریخ عرفان ایرانی کتابِ گرانقدرِ صفوة‌الصفایِ ابن بزّاز اردبیلی است که در ۷۵۹

← سال وفات عطار، آن‌چه در باب زمان تولد او گفته، احتمالاً ماه و روزش درست است و سالش تصحیف شده است.

۱. این روایت بیشتر ازین تصوّر برخاسته که فرض کرده‌اند وی در فتنهٔ تتار که اوج آن در حملهٔ به نیشابور در ۶۱۸ بوده است به شهادت رسیده است، ولی منابع قدیم‌تر و درست‌تر وفات او را در ۶۲۷ نوشته‌اند.

۲. برای سال‌های منقول در مورد وفاتِ سنایی مراجعه شود به:

Of Piety and Poetry, by J. T. P. De Bruijn, Brill 1983, P. 22.

و نیز رک: ***تازیانه‌های سلوک***، تهران، آگاه، ۱۷ که به استناد نسخهٔ قدیمی کابل و مقدمهٔ آن این سال ترجیح داده شده است.

هجری تألیف شده است اگرچه به علّتِ تصرّفاتِ کاتبان، در دوره‌های آغازیِ عهد صفوی، آن بخش از این کتاب، که مرتبط با تبارِ صفویه است در اغلب نسخه‌ها قدری مخدوش است و با احتیاط باید تلقی شود؛[1] اما دیگر بخش‌های آن سرشار است از اطلاعات درست و دقیق، به‌ویژه دربارهٔ حیاتِ عرفانیِ غربِ ایران؛ و از این لحاظ دریای بیکرانی است که هنوز کمترین موجی از آن به ساحل تحقیقات معاصران ما راه نیافته است و دربارهٔ آن بخش‌هایِ این اثر می‌توان کتاب‌ها نوشت.

در این کتاب به مناسبت شیفتگی و علاقهٔ خاصی که شیخ صفی‌الدین اردبیلی به شعرهای عطّار داشته است[2] و در آن به تفسیر عرفانی چندین شعر از شعرهای عطار پرداخته، مطلب بسیار مهمی نیز در باب شاعری به نام شکَر آمده است که به گفتهٔ مؤلف کتاب، وی استاد عطار بوده است. اینک عینِ عبارتِ او و شعرِ آن شاعر و تفسیر شیخ‌صفی‌الدین از آن شعرِ «شکَر» که استادِ عطار بوده است:

«و [شیخ صفی‌الدین] در تحقیق بر این بیت شکَر که گویند استادِ عطّار است ــ رحمة‌الله علیهما:

ره محو شد از پا و سر　　　رهرو نماند و راهبر
در فقر فانی شد شکَر　　　در بحرِ معنی جاودان

قدس سرّه، فرمود: چندانک مکان باشد راه باشد و راهبر باشد و راهرو باشد و چون سالک به انتهای مکان رسد راه نیز نماند. اما چندانک راه باشد، رهرو باشد و راهبر باشد و چون راه به سر حدِ «وَ اِنَّ اِلیٰ ربک المنتهی»[3] منتهی شود، راهروی و راهبری نماند و فانی شوند و بذلِ وجودِ

---

۱. نخستین‌بار سیداحمدکسروی،بانبوغ‌تاریخ‌شناسانهٔ خود متوجهِ این تصرّفات شد و در کتاب‌دوران‌سازِخود *شیخ‌صفی‌وتبارَش*، تهران ۱۳۲۱ه‍. ش. آن‌را مورد بررسی قرار داد.

۲. شیخ صفی‌الدین در این کتاب اشعاری‌از سنایی، مولوی، اوحدالدین کرمانی، فخرالدین عراقی و بیش از همه عطار را مورد تفسیر عرفانی قرار داده که مستقلاً قابل‌بررسی است.

۳. *قرآن کریم*: ۵۳/۴۲.

خود کنند و چون از هستیِ ایشان هیچ نماند ــ که فقر عبارت از این است ــ و از صفاتِ خود فانی شوند در عالمِ معنی جاودان گردند، شعر:

از راهِ وجود و رسم فانی شده‌اند — تا زندهٔ جاودان و باقی شده‌اند»[1]

بی‌گمان اطلاعاتِ موجود در این کتاب، مانند اغلبِ «مقامات»های مشایخ صوفیه ادامهٔ اطلاعات رایج در میان حلقه‌های صوفیه از روزگار شیخ صفی‌الدین بوده است و آنچه در عصرِ شیخ صفی‌الدین ــ که تولدش رُبع قرنی بعد از وفاتِ عطّار بوده است ــ رواج داشته، مستند به همان نوع اطلاعات در باب مشایخ قبل بوده است. پس می‌توان پذیرفت که شاعری با نام یا با تخلّصِ «شکَر» در نسلِ قبل از عطار وجود داشته که در حلقه‌های خانقاهی او را به عنوان «استادِ عطّار» می‌شناخته‌اند. و این نکته از رهگذری دیگر نیز قابل تأیید است: در همین کتاب، در شمار پیران اردبیل که شیخ صفی‌الدین به زیارت مزارِ ایشان می‌رفته است سخن از مولانا مجدالدین کاکُلی اردبیلی می‌رود که «همدرس و مصاحب‌التحقیق فریدالدین عطار بوده است»[2] معلوم می‌شود که در حلقهٔ مشایخ غرب ایران اطلاعاتی در باب عطار و استاد او و همدرس او وجود داشته است. این مجدالدین کاکُلیِ اردبیلی، مثلِ دیگر اَعلامِ کتابِ صفوة‌الصفا، به‌وسیلهٔ مصحّحِ فاضلِ کتاب تعیینِ هویت نشده است و یکی از حوزه‌های اصلیِ تحقیق در این کتاب، احرازِ هویت همین‌گونه اَعلامِ تاریخی است. خوشبختانه در کتابِ گرانقدرِ ***معجم‌الألقابِ ابن فُوَطی***، در بابِ خاندان کاکلیِ اردبیل، اطلاعاتِ مهمی وجود دارد[3] هم در باب جدِّ این

---

۱. ***صفوة‌الصفا***، ابن‌بزّازِ اردبیلی، مقدمه و تصحیح غلامرضا طباطبایی مجد، ۱۳۷۳، صفحهٔ ۵۴۹.

۲. اصل عبارت چنین است و احتمالاً غلط مطبعی است: «... شیخ بر زیارت مولانا مجدالدین کاکلی اردبیلی ــ که همدرس و مصاحب‌التحقیق و البیان الاشعار فریدالدین عطار رحمة‌الله بوده است... رفتند»، ***صفوة‌الصفا***، ص ۷۷۱.

۳. ***مجمعُ‌الآداب فی مُعْجم‌ الألقاب***، عبدالرزاق‌بن احمد معروف به ابن‌الفُوَطی (متوفی ←

مجدالدین، یعنی اسماعیل‌بن حامدِ کاکُلی و هم در باب پدرش محمودبن اسماعیل کاکلی.

متأسفانه در نسخهٔ موجود از کتابِ ابن‌فُوَطی، جای زندگینامهٔ شخصیِ مجدالدین کاکُلی خالی مانده و فقط نام و لقب و کُنیه و شغلِ او و نامِ پدرش یاد شده است به صورتِ: «مجدالدین ابوبکر محمودبن اسماعیل‌بن حامدبن کاکُلة‌الکاکلی الأردبیلی القاضی»[1] و همین مقدار اطلاع بسیار مهم است. از مجموع اطلاعاتی که ابنِ فُوَطی در بابِ این مجدالدین کاکُلی و دیگر افرادِ این خاندان می‌دهد و از بررسی و مقایسهٔ آن‌ها می‌توان با اطمینان قبول کرد که این مجدالدین کاکُلی دقیقاً معاصرِ عطار بوده است و بسیار طبیعی است که «همدرس و هم تحقیقِ» او نیز باشد؛ به‌ویژه که نیشابورِ عصرِ عطّار، چنان‌که جای دیگر یادآور شده‌ام، یکی از مهمترین مراکز علمی جهان اسلام بوده است و از سراسرِ ایران بزرگ و حتی اقصایِ جهانِ اسلامی، طُلّابِ علوم، برای تحصیل به این شهر می آمده‌اند.[2]

در این‌جا بحثِ ما بر سرِ این نیست که این شکَرِ عارف آیا واقعاً استادِ عطار بوده است یا نه. بحث از این امر را به مجالی دیگر می‌گذاریم ولی این‌قدر مسلم می‌توان داشت که قبل از عطار شاعری عارف با چنین نمونه‌ای از شعر عرفانی، که شیخ صفی‌الدین آن را نقل و تفسیر کرده است، وجود داشته است. پس در فاصلهٔ سنایی تا عطار، ما باید به وجودِ شاعری عارف با نام یا تخلص «شکَر» توجه داشته باشیم. از همان یک بیتی که شیخ صفی‌الدین نقل و تفسیر کرده است می‌توان به لحن و اسلوب

← ۷۲۳) تحقیق محمدکاظم، وزارة الثقافة‌الاسلامی، تهران ۱۴۱۶، شماره‌های ۹۴۲ (عمادالدین احمدبن اسماعیل کاکُلی اردبیلی قاضی) و شمارهٔ ۳۸۱۴ (کمال‌الدین موسی‌بن عبدالله کاکُلیِ اردبیلی).

۱. همان‌جا، شمارهٔ ۴۳۹۷.

۲. نگاه کنیدبه مقدمهٔ نگارنده بر ***تاریخ نیشابور***، ابوعبدالله حاکم، ترجمهٔ خلیفهٔ نیشابوری، انتشارات آگاه، تهران ۱۳۷۴ و نیز مقدمهٔ ***اسرارالتوحید***، ۱/هفتاد و سه تا هشتاد، انتشارات آگاه، تهران، ۱۳۶۶.

و نوع مضامینِ شعریِ «شکَر» پی بُرد و مشابهتِ آن را با لحنِ غزل‌های عطار احساس کرد.

۲. **مجدالدین بغدادی**: عارف نامدارِ قرن ششم، شرف‌بن‌المؤید البغدادی از مردمِ بغدادکِ خوارزم و از مریدانِ نجم‌الدین کُبریٰ مقتول در نخستین سال‌های قرن هفتم که بعضی از قدما عطار را از جمله مریدان او دانسته‌اند وی شاعری توانا بوده و مقداری رباعی و یکی دو غزل از او باقی است. از آن‌جا که نوع شعر و نمونه‌های بازمانده از آثارِ منظومِ او اندک است و به سبکِ قدما بسیار نزدیک، تشخّصی برای شعرِ عرفانیِ او، بعد از سنایی، نمی‌توان قائل شد.

۳. **شمس‌الدین محمدبن طغان کرمانی**: که به گفتهٔ عوفی مقام شیخیت «خانقاه سلطان شهرِ هرات به اسم او بوده است»[۱] و مردی بسیار خوش‌سخن بوده است و چند اثر منظوم به پارسی داشته که همه در باب معارف صوفیه بوده است.[۲] یکی از همین منظومه‌های عرفانیِ او، که عوفی بدان‌ها اشارت می‌کند، همان مثنویِ ***مصباح‌الارواح*** است که از قرن نهم به بعد به اوحدالدین کرمانی نسبت داده شده است[۳] و بر طبق نسخه‌های کهن موجود، مسلماً از سروده‌های همین شمس‌الدین محمدبن طغان کرمانی است.[۴]

از خلال منظومهٔ ***مصباح‌الارواح*** می‌توان دانست که گویندهٔ آن در سلوک، مریدِ معین‌الدین صفّار بوده است[۵] و بر معارفِ تصوّف

---

۱. رک: ***لباب‌الالباب***، چاپ استاد سعید نفیسی، تهران، ابن‌سینا ۱۳۳۵، ص ۲۳۲.

۲. رک: ***همان‌جا***، همان صفحه.

۳. رک: ***مصباح‌الارواح***، از شمس‌الدین بردسیری کرمانی، به کوشش بدیع‌الزمان فروزانفر، تهران، دانشگاه تهران، ۱۳۴۹.

۴. مراجعه شود به مقدمهٔ ***مقامات اوحدالدین کرمانی***، از استاد فروزانفر، بنگاه ترجمه و نشر کتاب، تهران، ۱۳۴۸، و نیز مقدمهٔ ***مصباح‌الارواح***، ص ۸-۳.

۵. معین‌الدین صفّار، هویت این عارف را استاد فروزانفر با فحص بسیار نتوانسته است تعیین کند، مراجعه شود به تعلیقاتِ همان کتاب، ص ۹۶.

به‌خصوص جانبِ آمیخته به حکمتِ آن، سخت آشنا. و هم از مقدمهٔ این منظومه می‌توان دانست که وی یک چند در شام و در کوهِ لبنان (جَبَلُ اللُکام ظاهراً) ـ که مرکز صلحا و عُبّاد بوده است ـ اقامت داشته و در سیر و سیاحتِ معنویِ خویش به رهبری مرادش، معین‌الدین صفّار، از جَبَلِ لبنان، سفرِ روحانیِ خود را آغاز کرده است:

چون داد مرا به خرقه تشریف | فرمود مرا به حلقه تعریف
ناگاه پدید شد سماعی | زان مشعله شُعله زد شعاعی
وانگاه مرا ز کوهِ لبنان | در حال به کعبه بُرد آسان
پنداشتمش معینِ دین بود | خود خضرِ مبارکِ امین بود
بُد خضرِ مبارکِ نکوکار | بر قدّ و حدِ معینِ صفار

که تصریح دارد به این‌که در این سفر روحانی که از جَبَلِ لبنان آغاز شده، شیخِ او معین‌الدین صفّار، در هیئت خضر او را راهنمایی کرده است و نام این منظومه را هم او، «مصباح» نهاده است.

این منظومه بعد از حدیقه، مهمترین منظومهٔ عرفانی موجود و شناخته شده در زبان فارسی است و از آن‌جا که گویندهٔ آن ظاهراً قبل از عطّار، و قبل از انتشارِ آثارِ عطّار، به این اثر پرداخته است، باید آن را مرزِ میان آثار سنایی و آثارِ عطّار به‌حساب آوریم. شمس‌الدین در این منظومه به تأویل بسیاری از مفاهیم دینی از قبیل «بهشت» و «دوزخ» و «آدم» و «ابلیس» می‌پردازد و این مسائل به اعتبارِ انعکاسشان در شعرِ فارسیِ آن روزگار، تا حدی تازگی دارند. وی مسلماً در کنارِ این منظومه و منظومه‌های دیگری که عوفی بدان‌ها اشارت می‌کند، دیوان شعری نیز داشته است که متأسفانه امروز نشانی از آن در دست نیست و از یکی دو غزلی که عوفی در *لباب‌الالباب* از وی نقل کرده است می‌توان دریافت که وی در غزلِ عرفانیِ قبل از عطّار و بعد از سنایی مقام شامخی داشته است. به این غزل که یادآورِ بعضی از غزل‌های دیوان شمس تبریزی است توجّه کنید:

۵۴ زبور پارسی

ای جانِ جانِ جان‌ها[1]، جان را به لطف جان ده

آنـی کـه آنِ آنـی، دل را بـه رحـمت آن ده

تن شد گران ز مهرت، دیـرش ز غـم سـبک کُـن

دل شـد سـبک ز عشـقت، زودش مـیِ گـران ده

بـفکن ز خـان و مـانم، بـرکش ز ایـن آنـم

بگسـل ز عـقل و جـانم، از هسـتیم کـران ده

دردِ دلم فـزون کُـن، جـانم ز عشـق خـون کُـن

از جـنّتم بـرون کـن، در قُـربَتَم امـان ده

مـا را ز فَـرِّ مستی[2]، بِـرْهان ز شـرک و هستی

ونـدر جـهانِ پسـتی، تـوحیدِ خـود عـیان ده

غزلِ دیگری هم عوفی از او نقل کرده است که عیناً در دیوان عطار هم آمده و ما در زبور پارسی[3] آن را نقل کرده‌ایم، مطلعِ غزل این است:

ما ز خـرابـاتِ عشق، مست الست آمـدیم

نامِ بلیٰ چون بریم؟ چون همه مست آمدیم

که غزلی است در اوجِ خصایص غزلِ عرفانیِ فارسی و از آن‌جاکه به نسلی قبل از نسلِ عطّار تعلّق داشته است، همین یک دو غزلِ او هم در مطالعهٔ تحوّلِ شعرِ عرفانیِ فارسی دارای کمالِ اهمیّت است.

---

۱. مقایسه کنید با این غزلِ مولانا، (**گزیدهٔ غزلیات شمس**، ۲۱۴):

ای جانِ جانِ جان‌ها، جانی و چیز دیگر

وی کیمیای کانها کانی و چیز دیگر

و نیز این غزل عطار (**دیوان**، چاپ دکتر تفضلی، ۶۵۵۲):

ای جـانِ جـانِ جـانم، تـو جـانِ جـانِ جـانی

بیرون ز جانِ جان چیست؟ آنی و بیش از آنـی

که مسلماً مولانا غزلِ خویش را با توجه به غزل شمس‌الدین محمدبن‌طغان و نیز غزل عطار سروده است. اگر من این کار را کرده بودم ناقدانِ روزنامگی کوس رسواییِ مرا بر بام تمام روزنامه‌های عصر می‌زدند. اما نبوغ، بی‌پرواست!

۲. اصل: ز فرو مستی. ۳. رک: **زبور پارسی**، غزل شمارهٔ ۹۷ و تعلیقاتِ آن.

۴. **صفی‌الدین یزدی**: از آن‌جاکه عوفی در شرحِ حال این شاعر، ازو با فعل ماضی یاد می‌کند که «به صفایِ دل و خاطر، خورشید را طعنه زدی» و «در زیِّ متصوّفه رفتی»[۱] پیداست که به هنگام تألیف *لباب‌الالباب* ـ آغاز قرن هفتم ـ مسلماً او در قیدِ حیات نبوده است. اگر گفتهٔ عوفی را ملاک قرار دهیم او معاصر طغانشاه بوده است و این طغانشاه البته غیر از طغانشاه‌بن الب‌ارسلان است که در قرن پنجم بوده است. این طغانشاه از سلسلهٔ آل مؤید است که در فاصلهٔ سال‌های ۵۶۹-۵۸۱ حاکم نیشابور بوده است. بنابراین صفی‌الدین یزدی نیز باید در اواخرِ قرن ششم درگذشته باشد.

یکی از دو غزلی که عوفی از وی نقل کرده است، رنگ و بویِ عرفانیِ آشکاری دارد. به‌ویژه که یکی از آن غزل‌ها، سرمشقِ معروف‌ترین غزلِ[۲] فخرالدین عراقی (متوفی ۶۸۸) نیز شده است:

چه درد است این که عشقش نام کردند
وزو آشوبِ خاص و عام کردند
هرآنچ اندر زمانه دردِ دل بود
یکی کردند و عشقش نام کردند
خراباتی‌ست اندر عشق کانجا
ز خونِ دل می اندر جام کردند
به یک ساغر، در آن بت‌خانه ما را
چنین سرمست و بی‌آرام کردند
بسا توسن‌نمایِ تُند پندار
که زیرِ بارِ عشقش رام کردند[۳]

---

۱. رک: *لباب‌الألباب*، ص ۳۳۱.
۲. رک: *کلیاتّ عراقی*، چاپ استاد سعید نفیسی، کتابخانهٔ سنایی، تهران، ص ۱۹۳.
۳. رک *لباب‌الألباب*، ص ۳۳۱.

غزل عطار

غزلِ عطار، یکی از مهم‌ترین مراحل تکاملِ غزلِ عرفانی فارسی است، یعنی اگر دیوان شمس تبریزی را نادیده بگیریم، غزلیات عطار مهم‌ترین نمونه‌های غزل عرفانی فارسی است و این نکته را یادآور شوم که آن بخش از غزل فارسی که تحت تأثیر عرفان ابن‌عربی شکل گرفته است (از قبیل غزل‌های فخرالدین عراقی و شمس مغربی و حتی بعضی جوانب کار خواجه حافظ) به هیچ روی موردِ نظر ما نیست منظور ما آن شیوه از غزل عرفانی است که اوجِ آن را باید در دیوان شمس جلال‌الدین مولوی جُست.

درین شیوهٔ غزل، مهم‌ترین نکته، وحدت تجربهٔ شعری و حتی در مواردی بسیار زیاد، وحدت «تم و موتیو» است بدین‌گونه که شاعر از همان آغاز که مطلع غزل را می‌سراید تا پایان، از یک مسیر طبیعی حرکت می‌کند و دایره‌وار در همان‌جا که آغاز کرده بود، سخن را به پایان می‌برد. در بسیاری از این غزل‌ها نوعی سرگذشت یا واقعه تصویر می‌شود و چه بسیار از این غزل‌ها که جوهر زندگینامهٔ یک عارف است که تحولی روحی به ناگهان او را دگرگون کرده است و این نمونه‌ها را در بخشِ غزل‌های

قلندریِ عطار، فراوان می‌توان دید، و ما جای دیگر در بحثِ از شعرِ قلندری او، به این نکته پرداخته‌ایم[1]. در این‌جا مقصود اشاره به مسئلهٔ عامی است که درین‌گونه غزل‌ها وجود دارد و آن را باید «وحدتِ تجربه» یا «وحدتِ حال» خواند و این وحدتِ حال و تجربه، غالباً سبب می‌شود که یک تم و موتیو خاص، موضوعِ تمامی غزل قرار می‌گیرد، برای نمونه به این غزل که در حوزهٔ موتیو «ذره»[2] سروده شده است توجه کنید که از دو سوی وحدت و کثرت یا جانبِ آسمانی و جانبِ خاکی انسان به ذرّه نگریسته است و ذرّه را رَمزِ سالکِ راه برگزیده است:

در راهِ تو هر که راهبر شد　　هر لحظه، به‌طبع، خاک‌تر شد
هر خاک که ذرهٔ قدم گشت　　در عالمِ عشق تاجِ سر شد
تا تو نشوی چو ذره ناچیز　　نتوانی ازین قفس بدر شد
هر کو به وجود ذره آمد　　فارغ ز وجودِ خیر و شر شد
در هستی خود چو ذره گم گشت　　ذاتی که ز عشق معتبر شد
ذرّه ز که پرسد و چه پرسد　　زیرا که ز خویش بی‌خبر شد[3]

یا این غزل که اسطورهٔ موسی در مرکز آن قرار گرفته است:

به هر کویی مرا تا کی دوانی
زِ هَر زَهْری مرا تا کی چشانی
گهی تابوتم اندازی به دریا
گهی بر تختِ فرعونم نشانی

---

۱. در کتاب ***تکامل شعرِ عرفانی فارسی***، نزدیک به انتشار.

۲. برای نمونه‌های دیگر، در همان صفحات غزل:

چو خورشیدِ جمالت جلوه‌گر شد، صفحهٔ ۱۹۸

و غزل:

برقع از خورشیدِ رویش دور شد، صفحه ۱۹۹

همه در پیرامونِ موتیوِ ذرّه است و حجم قابل‌ملاحظه‌ای از غزلیّات اصیل و مسلّم عطار بر گرد درونمایهٔ «ذرّه» در حرکت است.

۳. ***دیوان عطار***، چاپ دکتر تفضلی، ص ۱۹۷.

بـــرآری بـــرفرازِ طـــور ســـینا
شـــرابِ الفتِ وَصْـــلَم چشـــانی
چـو بـنده مست شـد، دیـدارِ خـود را
خـطاب آیـد کـه: «مـوسی! لَـن ترانـی!
ایا مـوسی! سخن، گستاخ تـا چـند؟
نِـــه آنـی کـه شُـعَیبَمْ را شـبانی؟»
ـ مـن آنـم کـه شـعیبت را شـبانم
تـو آنـی کـه شـبانی را بـخوانـی!
مـــنم مـوسی تـویی جـبّارِ عـالم
گرم خوانی، وَرَم رانی، تو دانی... الخ[1]

یا غزلِ ذیل که برگردِ درونمایهٔ شمع و انگبین سروده شده است و ما آن را در این گزیده نقل کرده‌ایم:

پــروانــه شـبی ز بـیقراری   بیرون آمد به خواستاری... الخ

حتی در غزل‌هایی که ظاهراً تم ثابتی ندارد، باز هم وحدت تجربهٔ شعری، آشکارترین ویژگی این غزل‌هاست و تقریباً تمام غزل‌های اصیل عطار که در نسخه‌های کهنِ دیوانِ او ثبت است دارای این خصوصیت است و نیازی به آوردن شاهد در آن باب نیست.

مهم‌ترین نکته درین‌گونه غزل‌ها ـ که شیواترین نمونه‌های غزل عرفانی در زبان فارسی است ـ برهنگیِ این غزل‌ها از اصطلاحات عرفانی است. یعنی شاعر چندان بر تجربهٔ روحانیِ خویش مسلط است و چنان با موضوع آمیخته است که نیازی به اصطلاحات فنیِ تصوف احساس نمی‌کند برعکس دوره‌های بعد که شاعرانِ عرفانْ‌گرای، با انباشتن

---

۱. *دیوان عطار*، ۶۷۷ جای تأسف است که به این نسخه‌های چاپی دیوان عطار در بحث‌های علمی کمتر می‌توان اعتماد کرد. همین غزل هم در *کشف‌الاسرار* میبدی که صد سال قبل از روزگار عطار تألیف شده است آمده است مراجعه شود به همان کتاب ۶۵۵/۱ و ۱۳۵/۶.

غزل‌های خویش از فرهنگ عرفانی ابن‌عربی و اصطلاحات خاص تصوف او، شعر خویش را به عرفان سنجاق می‌زنند یا عرفان را به شعر خویش. و دیوان‌های ایشان، بیش از آنک ارزش عرفانی داشته باشد، به دردِ آن می‌خورد که شواهد از آن استخراج شود برای فرهنگ اصطلاحات صوفیه. نمونه‌اش شاه‌نعمت‌الله ولی کرمانی که دقیقاً یکصد و هشتاد درجه در جهتِ مخالفِ عطار و مولوی قرار دارد و عامهٔ مردم ممکن است شیفتهٔ انبوه اصطلاحات عرفانی این‌گونه شاعران شوند و تصور کنند که اینان در عالم عرفان تجاربی عمیق داشته‌اند، در صورتی که اینان دریـن وادی اصلاً وارد نشده‌اند بلکه منظومه‌ای از اصطلاحات تصوف ابن عربی را به نام دیوان خویش درآورده‌اند. برای اصطلاح بارگان و اصطلاح پسندان.[1]

مهمترین ویژگیِ غزل‌های عطار تناسبی است که میان صورت و معنی درین آثار دیده می‌شود. ما «صورت» را به معنیِ عامِ کلمه، در این‌جا به کار می‌بریم که شامل «زبان» و «تصویر» و «رمز» و «موسیقی» و «قالبِ عمومیِ» شعر است و «معنی» را برابرِ «محتوی» یا «پیام». به همین دلیلِ تناسبِ صورت و معنی است که در غزلِ عطار، خواننده، هیچ عنصری را زاید احساس نمی‌کند و انتخابِ «تک‌بیت» از آن بسیار دشوار است. باید

---

۱. قدری جسورانه و دور از ادب می‌نماید ولی از گفتنِ آن پروایی نیست که عرفانِ ابن‌عربی محصولِ جابه‌جایی پارادایم Paradigmهای مشخصی است که هر نوع ترکیب آن‌ها نوعی گزارهٔ «معنی‌نما» را به دست می‌دهد. بی‌پرده‌تر بگوییم: بازیِ با الفاظ است. البته ممکن است کسانی از طرازِ ویتگن‌اشتاین کُلِّ **مجموعهٔ عرفان** را بازی با الفاظ بدانند ولی در این‌جا قیاس تصوف خراسان (تصوف بوسعید و خرقانی و بایزید و عطار و مولوی) است با آن‌چه فرمایشات ابن‌عربی و قونیوی و عبدالکریم جیلی و... در قلمرو «تعیُّنِ اول» و «تنزل ثانی» و «فیض اقدس» و «فیض مقدس» است که هر ترکیب و تغییری، نوعی گزارهٔ «معنی‌نما» را به‌دست می‌دهد حتی در ترکیباتِ تصادفی.

غزل انتخاب کرد نه تک‌بیت[1] در صورتی که از اغلب شاعران بزرگِ غزلسرا، می‌توان به تک‌بیت‌هایی قناعت کرد.

ممکن است خوانندگانی که با غزل حافظ و غزل‌های مولوی آشنایی و الفت بسیار دارند، درین گونه غزل‌ها به چشم شیفتگی ننگرند اما در خواندن این غزل‌ها هیچ‌گاه از دو نکته نباید غفلت کرد: نخست، نقش تاریخی این غزل‌هاست: اگر تجربه‌های سنائی و عطار نبود، بی‌گمان دیوان شمس تبریز مولانا، نمی‌توانست شکل بگیرد و اگر مجموعهٔ تجربه‌های سنائی و عطار و مولوی به ضمیمهٔ خلاقیت نظامی و خاقانی و سعدی و همام و و... بسیاری شاعران دیگر نیز نبود، غزل‌های آسمانی خواجه در روی زمین تحقق نمی‌یافت. پس، از نقش تاریخی این غزل‌ها نباید غافل بود. نکتهٔ دوم تازگی حال و هوا و عمق تجربهٔ روحی شاعر است که در اغلبِ این غزل‌ها خود را نشان می‌دهد و هر غزل، در کل، حاصل یک نوع در خویش فرورفتن است: سفر به درون ذرّه و از ذرّه به کهکشان (غزل ۳۶ و شرح آن دیده شود) یا تصویر حالات درونی عارفی که تمام کشش‌های ظاهری و قراردادهای اجتماعی و محترمات عرفی را ناگهان به یک سوی می‌نهد و پای بر سر داوری‌های عام می‌گذارد (غزل‌های ۴۱ و...)

---

۱. اگر ما خود در این مجموعه ابیاتی را حذف کرده‌ایم به دلیل هدف این کتاب بوده است که مخاطب آن جوانان و دانشجویان‌اند.

عطّار در تذکرهٔ دولتشاه

در سراسرِ *تذکرهٔ دولتشاه*، که مشتمل بر زندگی و سوانحِ ایّام حدود یکصد و چهل تن از شعرای پارسی‌زبان است و در آن علاوه بر سال تولد و وفاتِ بعضی از این شعرا، به وقایعِ تاریخی دیگری هم اشارت رفته است، تنها در موردِ عطار است و دو تنِ دیگر که سال تولد یا وفاتِ ایشان به روز و ماه و سال تعیین شده است. آن دو تنِ دیگر عبارتند از کمال اسماعیل اصفهانی و امیر حسینیِ هروی که در باب ایشان هم بعد از این توضیحی خواهد آمد. بقیهٔ شعرا، اگر سال تولد یا وفاتشان آمده باشد فقط با تعبیرِ «در شُهور سنهٔ ــ» یا «در حدود سنهٔ ــ» ثبت شده است. من برای این‌که از این استنباطِ خود کاملاً مطمئن شوم و این مسئله را برای خودم روشن کنم یک بار دیگر *تذکرهٔ دولتشاه* را، از آغاز تا انجام، از این دیدگاه، به‌دقت خواندم. چندین حادثهٔ تاریخی در آن کتاب به روز و ماه و سال تعیین شده است اما سالِ تولد و وفاتِ هیچ‌یک از این بزرگان، به روز و ماه، در آن کتاب ثبت نشده است جز عطار و کمال‌اسماعیل و امیر حسینی و این امر قدری تأمل‌برانگیز است.

اگر دولتشاه، با همهٔ افسانه‌پردازی‌هایش، قصدِ جعلِ این‌گونه ماه و

روزهای وفاتِ شعرا را می‌داشت می‌توانست در موردِ سنائی و نظامی و خاقانی و سعدی و مولوی و حافظ و دیگر بزرگان هم همین کار را بکند، چنان‌که مؤلف ***خزینةالاصفیا***، در مورد تمام عرفا کرده و برای هر کدام هم شعری دربارهٔ تاریخ وفات ایشان و مادهٔ تاریخ درگذشت آنان به دست داده است. ولی دولتشاه، در موردِ آن بزرگان دیگر، جز به سالِ وفات ایشان، آن‌هم با همان تعبیرِ «در شهورِ سنهٔ ــ» یا «در حدودِ سنهٔ ــ» سخن نگفته است؛ پس باید فرضِ دیگری را در نظر گرفت و آن این‌که سندی خاص درین سه مورد در اختیار داشته است.

این‌که او نام عطار و نام پدر او و نام زادگاهش را به این دقت آورده خود دلیل است بر این‌که در موردِ عطّار سندی خاص در اختیار داشته است. حال این سند چه‌گونه سندی بوده است، بر ما معلوم نیست. شک نیست که دولتشاه، در فراهم آوردنِ این کتاب از منابعِ بسیاری بهره بُرده که به بعضی از آن‌ها اشارت کرده و در میانِ آن‌ها آثارِ نادر و گرانبهایی چون مناقبُ‌الشعراء ابوطاهر خاتونی[1] و تاریخِ آلِ سلجوق از همان مؤلف و تاریخ و مقاماتِ اسکندری از معین‌الدین نَطَنزی[2] قابل یادآوری است که امروز، ظاهراً همه از میان رفته‌اند یا ما از وجودشان بی‌خبریم.

احتمال آن هست که دولتشاه این روز و ماه و سالِ تولد و وفاتِ عطار را از یکی از همان‌گونه کتاب‌ها نقل کرده باشد و یک احتمال دیگر این‌که از کتیبهٔ سنگِ قدیمی مزار عطار ــ که قبل از تعمیر آن توسط امیر علیشیر نوایی وجود داشته است ــ این اطلاع را نقل کرده باشد.

بی‌گمان، مزار عطار قبل از تعمیری که بر دستِ نوائی در آن انجام گرفته است مشهور و زیارتگاهِ اهل معنی بوده است و این از عبارتِ

---

۱. در باب او مراجعه شود به ***تاریخ نظم و نثر در ایران***، از استاد سعید نفیسی، ص ۸۷.

۲. ظاهراً منظور همان معین‌الدین نطنزی صاحب ***منتخب‌التواریخ*** معینی است که در اوایل قرن نهم به تألیف آن کتاب پرداخته است. مراجعه شود به ***تاریخ نظم و نثر*** از استاد نفیسی ۲۸۴/۱.

دولتشاه نیز قابل استنباط است و این نکته نیز قابل استنباط است که دولتشاه مزار عطار را قبل از تعمیراتِ عصر علیشیر نوایی دیده بوده است: «و قبر شیخ در بیرونِ شهر شادیاخ است به محلّی که موسوم است به شهر بازرگان و **عمارت آن زاویه مختصر و ویران بود، اما** چون رأی... نظام‌الحق والدین امیرعلیشیر به تعمیرِ بقاع خیر مصروف است... بر سرِ روضهٔ شیخ عمارتی ساخته که در دلگشایی پرنورتر از روضهٔ رضوان و... است».[1] پس این تعمیر قبل از ۸۹۲، که سال تألیف ***تذکرهٔ دولتشاه*** است، انجام گرفته است. بنا بر کتیبهٔ روی سنگ قبر، این تعمیر به دستور امیر علیشیر و در روزگار سلطان ابوالغازی حسین (سلطان حسین بایقراء که در فاصلهٔ ۹۱۱-۸۷۳ سلطنت داشته) بوده است:

شد تمام این لوح این عالی‌مکان
در زمانِ دولتِ شاهِ جهان
حضرتِ سلطان ابوالغازی حسین
ظلِّ حق پشت و پناهِ خافقین
... شد موفق حضرتِ میر کبیر
آن ملاذ و ملجاء میر و فقیر
میرِ دریادل علیشیر آنکه هست
چرخ پیش همتش چون خاک پست[2]

آن‌چه مسلم است این است که دولتشاه، اطلاعات خود را در بابِ عطار و در باب ماه و روز و سال تولد و وفاتِ او مسلماً از این کتیبه نگرفته است زیرا دراین کتیبه سال وفاتِ عطار پانصد و هشتاد و شش است:

سالِ هجری پانصدو هشتاد و شش — شد به میغ آن فرمه خورشیدوش
گشت در وقتِ هلاکوخان هلاک — در شهادت شد شهیدش جانِ پاک[3]

---

۱. **تذکرهٔ دولتشاه**، همان چاپ، ۱۴۲.
۲. **جستجو در احوال و آثار فریدالدین عطار نیشابوری**، سعید نفیسی، تهران، اقبال ۱۳۲۱ کب. ۳. **همانجا**، همان صفحه.

۶۴ زبور پارسی

بی‌اطلاعیِ گویندهٔ این کلماتِ منظوم به نظمِ رکیک که سالِ شهادتِ عطار را در عصرِ هلاکو (۶۱۴-۶۶۳) و در عین حال ۵۸۶ می‌داند نیازی به توضیح ندارد. آن‌چه مهم است این است که اطلاعاتِ موجود در این سنگ ـ که امروز همچنان باقی است ـ موردِ استفادهٔ دولتشاه نبوده است، پس باید بپذیریم که دولتشاه، با دقتی که در بعضی مواردِ دیگر از مشاهدات او بر سرِ مزار بعضی بزرگان دیگر دیده‌ایم، این‌جا هم این اطلاعات را از سنگ مزارِ عطار یا کتیبهٔ دیوارِ آن ـ که ظاهراً در تعمیر روزگار امیر علیشیر از میان رفته ـ اخذ کرده است و هیچ بعید نیست که آن اطلاعاتِ دقیق متکی به چنان کتیبهٔ کهنی باشد. و شاید هم با این اصرار در ثبتِ دقایقِ سال وفات و تولد عطار خواسته است به امیر علیشیر بفهماند که این تاریخ وفات عطار، که به دستور تو در آن‌جا نقر کرده‌اند، غلط است. و در روزگارِ قدرت این‌گونه حُکّام جز همین‌گونه راه‌ها برای گوشزد کردنِ خطایِ ایشان وجود نداشته است.

در نوشتهٔ دولتشاه فقط یک نقطهٔ مبهم و مشکوک وجود دارد و آن هم سالِ تولد عطار است، یعنی ۵۱۳ ثلاث عشر و خمسمائة. «عشر» در شیوهٔ کتابتِ قدیم، می‌تواند به‌راحتی، تصحیفِ «خمسین» باشد در آن صورت سال ۵۵۳ یک سال بعد از روزگارِ سنجر خواهد بود و با تفاوت‌هایی که در رؤیتِ هلال معمول است غالباً در محاسبات ارباب تذکره و کتب مشیخه یک سال تفاوتِ محاسبه، امری است طبیعی. پس می‌توان فرض کرد که در منبعِ نقلِ گفتار دولتشاه ثلاث و خمسین و خمسمائه بوده است در آن صورت می‌توانیم بگوییم که عطار متولد ششم شعبانِ ۵۵۳ است و متوفی در دهم جمادی‌الثانیِ سالِ ۶۲۷ و بنا بر این روایت، عمرِ او عمری طبیعی در حدودِ هفتادوچهار سال خواهد بود و این امری است معقول و با اشارات او نیز قابل انطباق است و با محاسبهٔ هوشیارانهٔ شادروان استاد فروزانفر هم ـ که فقط براساسِ قراین خارجی بوده و مستندِ به هیچ روایتی نیست ـ چند سالی بیشتر تفاوت ندارد. در بابِ سالِ تولد او

احتمال این‌که ۵۵۳ را که یک سال بعد از وفات سنجر است جزء روزگار سنجر به حساب آورده باشند، به دلیل شهرت و عظمت و قدرتِ افسانه‌ای این پادشاه، آن هم چندان دور از امکان نیست.

اگر سالِ تولّدِ او ۵۵۳ به حساب آید با زنجیرهٔ مشایخِ او که به ابوسعید ابوالخیر می‌رسد نیز دقیقاً قابلِ تطبیق خواهد بود. در این باره به تفصیل در بخش‌های دیگر این یادداشت توضیح داده خواهد شد. اجمالاً باید گفت که اگر برای هر یک از مشایخ او، تا ابوسعیدِ ابوالخیر (۳۵۷ـ۴۴۰) در فاصلهٔ فوتِ ابوالفتح طاهر فرزندزادهٔ ابوسعید (۴۲۰ـ۵۰۲) بیست سال را در نظر بگیریم روزگارِ حیاتِ جمال‌الدین محمد نُغُنَدری که مُراد و مرشدِ عطّار است در فاصلهٔ ۵۰۰ـ۵۸۰ خواهد بود و بسیار طبیعی است که عطارِ بیست ساله دستِ ارادت به پیری دهد که در حدود ۵۷۰ در کمال شهرت و اعتبار است و در حدود ۵۸۰ هم وفات یافته است.

یک نکتهٔ بسیار مهم در نوشتهٔ دولتشاه وجود دارد که مسلماً ریشهٔ تاریخی و مستندِ واقعی دارد و آن این است که می‌گوید: «آورده‌اند که در آن وقت که شیخ درگذشت، در آن حین، پسرِ قاضی‌القضات یحییٰ‌بن صاعد ــ که بزرگِ نیشابور بود ــ فرمان یافت. مردم مصحلت دیدند که آن پسر را در قدمِ شیخ دفن سازند قاضی یحییٰ قبول نکرد و گفت: «پسرِ من روا نباشد که در زیرِ پایِ پیرکِ افسانه‌گوی باشد» و فرزندِ او را در جایی دیگر دفن کردند...» بعد توضیح می‌دهد که قاضی خوابی دید و به عذرخواهی نزدِ اقربای شیخ رفت و به التماس مقرر نمود که فرزندش را در قدم شیخ دفن کردند و «در سر قبر شیخ عمارت ساخت.»[1] پس نخستین عمارت و احتمالاً نخستین کتیبهٔ عطار باید مربوط به زمانی قریب به وفات او باشد.

اگر بتوانیم سال وفات چنین کسی را در کتبِ تواریخ و تراجم رجال پیدا کنیم، دلیل دیگری بر تأیید سالِ ۶۲۷ برای وفاتِ عطار را به دست

---

۱. *تذکرهٔ دولتشاه*، ص ۱۴۲.

آورده‌ایم. خاندانِ صاعدیان نیشابور از اوایل قرن پنجم، از رؤسای نیشابور بوده‌اند و در این تردیدی نیست، از قاضی ابوالعلاء صاعد (۳۴۳-۴۳۲) که در *تاریخ بیهقی*[1] و *اسرارالتوحید*[2] و دیگر کتب تاریخی[3] و رجالی نام او می‌آید تا آخرین افراد این خاندان که در قرن نهم از ایشان خبر داریم،[4] همه از قضات و رؤسای نیشابور و بعضی ولایاتِ دیگر ایران، به‌ویژه خراسان، بوده‌اند.

از آن‌جا که ضبطِ سال و ماه و روز، در دیگر موارد **تذکرهٔ دولتشاه** وجود ندارد و سه موردی که دربارهٔ عطار و کمال اسماعیل و امیر حسینی آورده است استثنایی است و باید متکی به اسنادِ خاصی باشد، بد نیست آن دو موردِ دیگر را به محک نقد بزنیم تا ببینیم چه‌قدر می‌توان به این‌گونه ضبط‌های دقیق او اعتماد کرد.

در مورد کمال اسماعیل، بر طبق تحقیقی که شادروان عباس اقبال و مرحوم دکتر حسین بحرالعلومی کرده‌اند، از میانِ رواياتِ متعدد و متشتّتی که هست، دقیق‌ترین زمان، که با موازین تاریخی انطباق کامل دارد، صرف‌نظر از ماه و روز، همان ضبطِ ۶۳۵ دولتشاه است[5] و چون ماه و روز

---

۱. *تاریخ بیهقی*، چاپ استاد فیّاض، ۴۳-۴۱، ۲۴۹ و ۶۲۸.

۲. *اسرار التوحید*، انتشارات آگاه، ۶۸/۱، ۷۰-۷۳، ۱۰۲، ۱۰۳، ۲۱۳.

۳. دربارهٔ قاضی ابوالعلاء صاعد که ظاهراً سرسلسلهٔ این خاندان بزرگ تاریخی است مراجعه شود به ***السیاق لتاریخ نیسابور***، تلخیص اول، ۸۶ و ۸۷ و تلخیص دوم ۷۴ در R. N. Frye, *The Histories of Nishabur* و ***الانساب***، سمعانی، ذیل نسبت الاستوائی ۳۱ و ترجمهٔ ***تاریخ یمینی*** ۵-۳۹۴.

۴. دربارهٔ خاندان صاعدیان مراجعه شود به استاد سعید نفیسی ***مجموعهٔ مقالات تقدیمی به هانری ماسه***، تهران دانشگاه تهران، ۱۳۴۲، صفحهٔ ۱۰۱-۸۵.

۵. مراجعه شود به مقالهٔ شادروان استاد عباس اقبال آشتیانی به عنوان **تاریخ وفات کمال‌الدین اسماعیل**، *ارمغان*، ۱۴ : ۸-۱۳ و نیز ***معجم‌الالقاب***، ابن‌فوطی، چاپ محمدکاظم، شمارهٔ ۳۵۰۸ جلد ۱۲۹/۴ و مقدمهٔ ***دیوان خلاق المعانی***، به اهتمام دکتر حسین بحرالعلومی، تهران، دهخدا، ۱۳۴۸ صفحهٔ هشتادونه-نودویک.

دیگری مطلقاً از طریقِ دیگران نقل نشده است پس فعلاً مانعی برای قبول ماه و روزِ آن هم وجود ندارد. در موردِ امیر حسینی نیز ماه و روز دقیقاً همان است که دولتشاه گفته است و با گفته‌های دیگر مورخان و سنگ مزارِ او عیناً انطباق دارد که می‌گوید: «وفات سید حسینی در شهر هرات بود در شانزدهم شهر شوال در سنهٔ تسع عشر و سبعمائه و در بیرونِ گنبدِ سیدالسادات در قهندز مصرخ مدفون است.» و این روز و ماه عیناً از کتیبهٔ قدیمی گور اوست که به صورت منظوم آمده: «ده و شش از مَهِ شوال هفتصد و هجده»[1] ماه و روز دقیق است و سال ۷۱۹ به‌جای ۷۱۸ امری است که در این‌گونه موارد قابل اغماض است همین نکته را در مورد عطار نیز می‌توان پذیرفت که دولتشاه با استناد به مرجعی کهن و دقیق این سال و ماه و روزِ تولد و وفات عطار را یادداشت کرده باشد. و به جای ۵۵۳، ۵۱۳ نقل کرده باشد و در نتیجه عمرِ عطار را به صد و چهارده سال رسانده باشد و دیگران هم این عددِ مقدس را که برابر شمارهٔ سوره‌های قرآن است نوعی اتفاقِ کرامت‌آمیز تلقی کرده باشند و آن را تکرار. و حتی شمارهٔ آثار او را نیز به صد و چهارده رسانده باشند تا این کرامت مضاعف گردد چنان‌که قاضی نورالله شوشتری گفته است:

مقابل عددِ سورهٔ کلام نوشت　　　سفینه‌های عزیز و کتاب‌های گزین

و دیگرانی هم به تبعیّتِ او این کرامت را تکرار کرده باشند.

اما آن‌چه دربارهٔ رابطهٔ تاریخی سال وفاتِ عطار و زلزلهٔ دوم نیشابور

---

۱. مرحوم علی‌اصغر حکمت، در حاشیهٔ ۱۸۸ چاپ دوم ***از سعدی تا جامی***، از یادداشت‌های مرحوم فکری سلجوقی نقل کرده‌اند که کتیبهٔ قدیمی مزار امیرحسینی همین بوده است: «ده و شش از مه شوال هفصدوهژده» ولی در ۱۳۳۶ هـ. ق که امیر حبیب‌الله‌خان امیر افغانستان مزار سید را ترمیم و گچ‌کاری کرد، لوحهٔ قدیمی قبر او را عوض کردند و به جای آن قطعهٔ غلوطی نصب شد.» استاد دکتر صفا در ***تاریخ ادبیات در ایران*** ۷۵۵/۳ همین مطلب را در حاشیه از مرحوم حکمت نقل کرده‌اند ولی در صفحهٔ ۱۲۸۱ همان جلد، در بحث از روح‌الارواحِ امیرحسینی نوشته‌اند که «آن را به سال ۷۲۱ به انجام رسانیده.»

به وسیلهٔ دولتشاه نقل شده است از ساخته‌های متأخران است. دولتشاه می‌گوید: بعد از قتل شیخ به سه سال، شهر شادیاخ خراب شد و بعد این رباعی را نقل می‌کند:

اندر سه زمان سه زلزله نازل گشت
بُد پانصد و اند آنکه شد شهر چو دشت
و آن زلزلهٔ بارِ دوم ششصد و سی
و آن زلزلهٔ بار سوم هشت‌صد و هشت

سه سال بعد از وفاتِ شیخ، همان ششصد و سی است و درست است اما این زلزله گویا در ششصد و سی اتفاق نیفتاده است و ظاهراً صورت اصلی این رباعی باید به‌گونه‌ای دیگر باشد که به وسیلهٔ مؤلفان دیگر نقل شده است.[۱]

---

۱. در باب زلزله‌های نیشابور مراجعه شود به ***تاریخ نیشابور***، الحاکم، چاپ انتشارات آگاه، شمارهٔ ۲۷۱۸ و ***مجمل فصیحی*** ۱۶۰/۳ و

Earthquakes in the *History of Nishabur*, by Charles Melville, in *Journal of Persian Studies*, Vol. XVIII, 1980, P. 103-120.

نسب‌نامهٔ معنویِ عطّار

بازگردیم به مسئلهٔ پیران و مشایخِ او که در بابِ روزگارِ ایشان، به روایتِ فصیح‌خوافی، پیش از این اشارتی رفت. در تصحیح متون کهن قاعده‌ای هست که هرچه صورتِ لفظی غیرعادی‌تر باشد درست‌تر است و این حقیقتی است که هر کس با مسئلهٔ تصحیح متون سروکار داشته باشد آن را تأیید می‌کند زیرا تجربه نشان داده است که کاتبانِ دورهٔ بعد از مؤلف در طول قرون، به علتِ تحولاتِ واژگانی و نحویِ زبان، سعی می‌کرده‌اند که هر کلمه را به آنچه نزدیک‌تر به فهم ایشان است بازگردانند و عملاً از صورتِ گفتارِ مؤلف دور کنند.

از همین قاعده، به گونه‌ای دیگر، می‌توان در موردِ نام سلسلهٔ مشایخ عطّار، استفاده کرد. آنچه در باب انتساب او به مجدالدین بغدادی و نجم‌الدین کُبریٰ نوشته‌اند، ظاهراً به علتِ شهرتِ این دو عارف است و منشأ آن هم آمدن نام یک نفر امام مجدالدین خوارزمی است در مقدمهٔ *تذکرةالاولیاء* که بعضی از مؤلفان قرن نهم، از جمله عبدالرحمن جامی، تصور کرده‌اند این مجدالدین خوارزمی همان مجدالدین بغدادی است؛ زیرا مجدالدین اهلِ بغدادکِ خوارزم بوده است. حال آن که صورتِ

درست این نام، در نسخه‌های دیگر ***تذکرةالاولیاء***، امام احمد خواریِ است و چون این امام احمد خواری گمنام بوده است[1] آن را به مجدالدین خوارزمی تصحیف کرده‌اند و مجدالدین خوارزمی را هم با مجدالدین بغدادی یکی دانسته‌اند و عطار را مرید او و طبعاً از طریقِ او مرید نجم‌الدین کُبریٰ.[2]

چنان‌که ملاحظه کردید، مجموعهٔ این اطلاعات که از رهگذر جامی و بعضی معاصران او به ما رسیده است، در تمام اجزاء، جای تردید و بحث است بنابراین تنها عاملِ نشرِ آن، شهرتِ مجدالدین بغدادی و نجم‌الدین کبریٰ است که در میان سلاسل صوفیهٔ بعد از مغول شهرت داشته‌اند. اما آن‌چه فصیح خوافی در باب سلسلهٔ مشایخ عطار نقل کرده است، روی همان قاعده‌ای که یاد کردیم، باید صحیح‌تر باشد و از آن‌جا که بعضی از افرادِ این سلسه گمنام بوده‌اند، این زنجیره شهرت نیافته است.[3]

---

۱. در باب این امام احمد خواری مراجعه شود به ***تحفةالبررة فی‌المسائل العشرة***، تألیف مجدالدین بغدادی، نسخهٔ خطی کتابخانهٔ مجلس شورای ملّی، شمارهٔ ۱۴۸ ورق ۳a که نشان می‌دهد وی از شاگردان و مریدان بسیار نزدیک مجدالدین بغدادی بوده است و نیز مقدمهٔ ***مختارنامه***، چاپ دوم صفحهٔ ۲۶.

۲. از استاد فروزانفر جای شگفتی است که به تأثیر گفتهٔ جامی، مجدالدین خوارزمیِ موردِ اشاره در مقدمهٔ ***تذکرةالاولیاء*** را مجدالدین بغدادی تلقی کرده است و چندین صفحه از کتاب گرانقدرِ شرح احوال عطار را به نقد و ردِّ انتساب عطار به مجدالدین بغدادی و نجم‌الدین کبری، صرف کرده است. رجوع شود به ***شرح احوال و نقد و تحلیل آثار عطار***، ۱۹ ـ ۳۰ استاد فروزانفر، همچنین کوشش بسیار فرموده است تا ابوالفضل‌بن ربیب را که در مقدمهٔ ***خسرونامهٔ*** منحول مراد و مرشد عطار معرفی شده است‌شناسایی‌کند و چون چنین شخصی در آن تاریخ وجود خارجی نداشته،تحقیقات استاد بی‌نتیجه مانده است. در این باره مراجعه شود به مقدمهٔ ***مختارنامه*** ص ۵.

۳. نخستین کسی که به این سلسله توجه کرده است، ظاهراً استاد سعید نفیسی است در سرچشمه‌های تصوّف، تهران، فروغی، ۱۳۴۵، صفحهٔ ۱۹۱ که چاپِ اول آن در ۱۳۴۳ انتشار یافته است. استاد بدیع‌الزمان فروزانفر، شاید به علتِ گمنامیِ چند تن از

←

صاحب **مجمل فصیحی**، نَسَبِ معنویِ عطار را به ابوسعید ابوالخیر می‌رساند، بدین‌گونه: «وفات الشهید المرحوم المبرور الشیخ فریدالحق و الملة والدین عطار به نیشابور. و او مریدِ شیخ جمال‌الدین محمدبن محمد النُغُندری الطوسی المعروف بالامام الرّبانی است و او از شیخ شرف‌الدین الرداد و او از خال خود شیخ صلاح‌الدین احمد الاستاد و او از شیخ نورالدین منوّر و او از خواجه ابوالفتح طاهر و او از جدِّ خود شیخ ابوسعید...»[1] از نوعِ افرادِ این سلسله می‌توان حدس زد که دارای اصالت است چون اگر قرار بود جعل کنند از نام شخصیت‌های معروف جعل می‌کردند. همین‌که این افراد، در فاصلهٔ عطار تا نورالدین منوّر، سه تن ناشناخته‌اند خود دلیل این است که چنین سلسله‌ای وجود داشته است و نَسَبِ معنویِ عطار، از رهگذرِ آن افراد، به ابوسعید ابوالخیر می‌رسیده است. این‌که زندگینامهٔ این سه تن، یعنی:

۱) جمال‌الدین محمدبن محمدالنُغُندری[2] الطوسی المعروف بالامام الربانی

۲) شرف‌الدین الرداد

۳) صلاح‌الدین احمد الاستاد

در کتبِ رجالی عصر دیده نمی‌شود، جای شگفتی نیست. وقتی شخصِ عطار، خود، در هیچ‌یک از کتب رجالی عصر ــ که زندگینامهٔ

← مشایخ این سلسله نخواسته است خود را درگیرِ با مسئلهٔ تعیینِ هویت تاریخی آنان کند و به همین دلیل به این سلسله توجه نکرده است و حتی اشارهٔ به چنین اطلاعی را هم در کتابِ خویش مورد نظر قرار نداده است.

۱. **مجملِ فصیحی**، احمدبن محمد فصیح خوافی، به اهتمام محمود فرخ، مشهد، باستان، ۴۱ـ۱۳۳۹، ۲۳۷/۲.

۲. نُغُندر noghondar از روستاهای قدیمی، بینِ نیشابور و طوس که هم‌اکنون به این نام باقی است و جمعی از علما و صوفیه بدان‌جا منسوب‌اند مرحوم بهار این نام را به صورت «نوغانْدَر» در شعرِ خویش آورده است، **دیوان بهار**، ۴۱۸/۱.

۷۲ زبور پارسی

هزاران تن را در خود ثبت کرده‌اند ـ نامش دیده نمی‌شود[1] این مشایخ نیز معروف‌تر از او که نبوده‌اند. با این‌همه خواهیم دید که این افراد چندان هم گمنام مطلق نبوده‌اند و ما به برکت بعضی کتاب‌های مشیخه و رجال و منشآتِ قرن ششم می‌توانیم آن‌ها را مورد تحقیق قرار دهیم:

۱) در باب جمال‌الدین محمد تُغُندری معروف به الامام الربانی، این‌قدر می‌توان گفت که اگر عنوان «الامام الرّبانی» را ملاک قرار دهیم یک تن از عرفای بزرگ در میان معاصران عطّار، از اهالی نیشابور وجود داشته است و این از تصریحِ نورالدین منشیِ کدکنی، معاصر و همشهری، یا همدهیِ عطار، به‌دست می‌آید. نورالدین در منشآتِ خویش، در ضمن اشاره به احوال خود، از این الامام الرّبانی با احترام بسیار یاد می‌کند و می‌گوید: «... اگر بندهٔ مخلص، لذّتِ اِستِرواحی که در جوارِ حضرت مولانا امام ربانی کمالُ‌الملة والدین ابقی الله ایّامه داشت، دریافتی و قدرِ راحتِ ارتیاحی که در آن منبعِ صفوت می‌دید بدانستی، ملازمتِ آن خدمت را غنیمتی بزرگ شمردی و به هیچ ضرورت سر از سُدّهٔ عصمت و عفّت برنداشتی و پیوسته بدان ارشاد و هدایت مُسْتَرشِد و مهتدی می‌بودی...»[2] و نشان می‌دهد که الامام الرّبانی از عرفایِ بزرگِ عصر بوده است که حتی مردی از نوعِ نورالدین منشی هم، که بیشتر اهل ادب و زندگیِ درباری است، به او نوعی ارادت اظهار می‌دارد.[3]

۲) در مورد «شرف‌الدین رداد» باید گفت که بدون هیچ تردیدی این

---

۱. به فصل عطارهای شعر فارسی، در همین مقدمه مراجعه شود.

۲. ***وسائل الرسائل*** (محموعهٔ منشآتِ نورالدین منشی کدکنی) از متون پایان قرن ششم و آغاز قرن هفتم، نسخهٔ کتابخانهٔ عزّت اویون اوغلو، عکس موجود درکتابخانهٔ مجتبی مینوی، شمارهٔ ۸ـ۹۷ ورق 3a.

۳. دربارهٔ عنوان «الامام الرّبانی» مراجعه شود به ***تحفة‌البررة***، نسخهٔ مجلس شورای ملی، 89b و ***انیس‌الطالبین***، بخاری، ۸۵ که در مورد اکاف و خواجه یوسف همدانی این عنوان را به‌کار برده‌اند.

همان کسی است که سمعانی در مشیخهٔ خویش[1] و نیز در کتاب **التحبیر**[2] خود و ذهبی در **تاریخ‌الاسلام**[3] خود از وی یاد کرده‌اند به عنوان ابوالفضل عبدالصمدبن علی‌بن ابی‌بکر بن ابی‌الفضل‌بی ابی‌القاسم الداذه الصوفی النیسابوری، من اهل نیسابور.» که متولد جمادی‌الآخر چهار صدو هفتاد و متوفی نهم جمادی الآخره سال پانصد و چهل و چهار است و مدفونِ در گورستان حیرهٔ نیشابور.»[4] نام او در مشیخهٔ سمعانی به همین صورت الداذه و در **التحبیر** او به صورت **الراذده** آمده و مصحح **تاریخ‌الاسلام** ذهبی آن را به **داود** تصحیف کرده است[5] سمعانی در مشیخهٔ خویش در دنبالهٔ احوال او می‌گوید: «شیخ‌صالح متمیّز یحفظُ اشعاراً کثیرة حسنة سمع ابابکر احمدبن علی‌بن عبدالله بن خلف الشیرازی و اباالسنابل هبة اللهبن ابی الصهباء القرشی و اباعمرو عثمان‌بن محمدبن عبیدالله المحمی و غیرهم. کتبت عنه بنیسابور و سألته عن ولادته فقال: «ولدت بنیسابور فی جمدی الآخرة سنة سبعین و اربعمائه» و توفی بها یوم الاربعاء التاسع من جمدی الآخرة من سنة اربع و اربعین و خمسمائه و دفن بالحیرة.[6]» بدین‌گونه معضلِ اصلی هویتِ دو تن از این مشایخ گمنام بر اساسِ اسنادِ

---

۱. **مشیخهٔ سمعانی** (کتاب **المعجم و هوالمنتخب**) معجم شیوخِ ابوسعدِ سمعانی به خط ابوبکربن عبدالکافی مراغی کتابت ۶۴۷ هـ ق از کتابخانهٔ احمد ثالث Ahm III, 2953 فیلم ۲۱۹ کتابخانهٔ مرکزی دانشگاه تهران ۱۵۴b.

۲. **التحبیر فی‌المعجم الکبیر**، عبدالکریم‌بن محمد سمعانی، تحقیق منیرة ناجی سالم، بغداد، مطبعةالارشاد ۱۹۷۵/۱۳۹۵ ج ۱/ ۶۴۰.

۳. **تاریخ‌الاسلام و وَفیاتُ المشاهیر و الأعلام**، للحافظ شمس‌الدین الذهبی، تحقیق عمر عبدالسلام تَدْمُری، بیروت دارالکتاب العربی (وقایع ۵۴۱ـ ۵۵۰) صفحهٔ ۱۹۳.

۴. **مشیخهٔ سمعانی**، ورق ۱۵۴b.

۵. عبارت ذهبی چنین است: «عبدالصمدبن علی، ابوالفضل النیسابوری **داود**...» و عجیب است که مصحح **تاریخ‌الاسلام**، ۱۹۳ (وقایع ۵۴۱ـ ۵۵۰) ارجاع به معجم شیوخ سمعانی و التحبیر داده ولی متوجه تمایز داود و الراذده / الداذه در ضبط آن‌ها بوده است نشده است و متوجه این‌که اگر نام او عبدالصمد است چه‌گونه می‌تواند داود باشد.

۶. **مشیخهٔ سمعانی** ۱۵۴b.

معاصر عطار و حتی آثار تألیف شده قبل از روزگارِ عطار پیدا می‌شود.

۳) در موردِ صلاح‌الدین احمد الاستاذ باید به کلمهٔ «الاستاذ» توجه شود که در سلاسلِ تصوف کسی را اگر با عنوان «الاستاد» بنامند عاملی خاص باید داشته باشد اگر «استاد» را ملاک قرار دهیم و «احمد» را ـ به‌ویژه که حلقهٔ پیوستن به خاندان ابوسعید ابوالخیر هم باشد ـ ذهن بی‌اختیار متوجه فردی از خاندانِ «استاد ابواحمد» یا شخصِ او می‌شود که در **اسرارالتوحید** نامش آمده است: «بعد از آن، به مدتی نظام‌الملک «رفیقان» (= دیهی در نیشابور) بخرید و بر فرزندانِ **استاد بواحمد** ـ که از طرفِ والده از فرزندان شیخِ ما (= ابوسعید)اند وقف کرد و همچنان بماند.»[1] از این عبارت **اسرار التوحید** چنین دانسته می‌شود که فرزندان ابوسعید با فرزندان استاد بواحمد مصاهرت داشته‌اند و میان ایشان خویشاوندیِ سببی بوده است. پس این استاد ابواحمد شخصی است که در قرن پنجم می‌زیسته است، قطعاً. در عبارتِ فصیح خوافی «صلاح‌الدین احمد الاستاذ» آمده و آمدنِ استاد در آخر نامِ این شخص دلیل است بر این‌که این شخص منسوب است به شخصی مشهور که در نام و عنوان او «استاذ» لحاظ می‌شده است اگر این شخص خود عنوان «استاد» می‌داشت عنوان استاد قبل از نام او قرار می‌گرفت مثل: استاذ بوعلی دقاق، استاذ ابوالقاسمِ قشیری. ولی در موردِ او برعکس است و این نشان می‌دهد که او فرزند و منسوب به شخصی است که آن شخص به عنوان «استاذ» شهرت داشته است و از آن‌جا که یک نفر «استاذ ابواحمد» از صوفیان بزرگ نیشابور و طوس در قرن پنجم داریم و از آن‌جا که معمولاً سنّتِ نام‌گذاریِ عصر برین بوده است که افراد، یکی از فرزندان، و غالباً نخستین فرزند خود را، به اعتبار کنیهٔ خویش نام‌گذاری می‌کرده‌اند[2] بسیار

---

۱. *اسرارالتوحید*، ۱۷۶/۱ و **جغرافیای حافظ ابرو**، نسخهٔ موزهٔ بریتانیا Or. 1577 ورق ۱۹۲ و تعلیقات *اسرارالتوحید* ۷۴۷/۲.

۲. کافی است به فهرست کتاب‌هایی از نوع ***تاریخ نیشابور***، الحاکم، چاپ آگاه و ***السیاق*** ←

طبیعی است که این «صلاح‌الدین احمد الاستاذ» فرزندِ «استاد ابواحمدِ طوسی»[1] صاحب خانقاهِ معروفِ دیه «رفیقان» باشد که به تصریح محمدبن منّور مصاهرتی میان خاندانِ او و خاندان بوسعید برقرار شده بوده است که از همین عبارتِ ***اسرار التوحید*** قابل استنباط است. این مقدار مطلب از عبارت مجملِ فصیحی می‌توان استنباط کرد و اگر در عبارت او جای «خال» پس و پیش شده باشد نیز احتمالی قوی است یعنی نسبتِ خال مربوط به روابطِ صلاح‌الدین احمدالاستاد و نورالدین منّور باشد که از طریقِ مصاهرتِ خاندانِ استاد ابواحمد و خاندان بوسعید به‌وجود آمده باشد که در عبارتِ ***اسرارالتوحید*** بدان تصریح شده است. حال، این سلسلهٔ نسبِ‌معنوی را در زنجیرهٔ تاریخیِ آن موردِ بحث قرار می‌دهیم و زمانِ حیاتِ هر یک از این افراد را مشخص می‌کنیم:

۱) ابوسعید ابوالخیر (۳۵۷ـ ۴۴۰)

۲) ابوطاهر[2] سعیدبن فضل‌الله (۴۰۰ـ۴۷۹)

۳) ابوالفتح[3] طاهربن سعید (۴۲۰ـ۵۰۲)

← ***لتاریخ نیسابور***، چاپ آقای محمودی و دیگر کتب رجالی مربوط به خراسان قرن پنجم و چهارم مراجعه شود و این رابطه بررسی شود.

۱. در باب هویت این استاد ابواحمد طوسی صوفی جز آن‌چه در ***اسرار التوحید*** ۱۷۶۲۵۸/۱ و ***السیاق لتاریخ نیسابور***، تلخیص دوم ۱۰۳b دیده می‌شود اطلاع دیگری به دست نیامد قدر مسلم این است که وی از معاصران ابوسعید بوده و بعدها میان فرزندان او و فرزندان بوسعید از طریق مصاهرت خویشاوندی برقرار شده است. آیا او همان ابواحمد المظفربن حمدانِ طوسی نوقانی است، قدری جای تردید است. مراجعه شود به تعلیقات ***اسرارالتوحید*** ۶۴۷/۲.

۲. سال وفاتِ ابوطاهر را صاحب ***اسرارالتوحید*** ۴۸۰ (ثمانین و اربعمایه) نوشته است ولی عبدالغافرِ فارسی که به روز و ماه ضبط کرده است ظاهراً گفتارش به حقیقت نزدیک‌تر است توفی یوم‌الاحد الثانی عشر من شعبان سنة تسع و سبعین و اربعمایة ***السیاق***، تلخیص اول ۲۴a.

۳. در باب ابوالفتح طاهربن سعید مراجعه شودبه ***التدوین***، رافعی ۱۱۹ نسخهٔ کتابخانهٔ

←

۴) نورالدین[1] منّور (۵۳۳-۴۵۶)

۵) صلاح‌الدین احمدالاستاد (۴۶۵-۵۳۵ سال‌ها تقریبی است و با محاسبهٔ افرادِ قبل و بعد)

۶) شرف‌الدین[2] الرداد (۴۷۰-۵۴۴)

۷) الامام الرّبانی (معاصر و مرادِ نورالدین منشی و نورالدین، منشیِ جلال‌الدین خوارزمشاه[3])

۸) عطّار (۵۵۳-۶۲۷)

اگر برای فاصلهٔ سنّی هر نسل در مقام ارادت و خرقه گرفتن، به‌طور متوسط، بیست سال را در نظر بگیریم صلاح‌الدین احمد الاستاذ که روزگار تولدش در فاصلهٔ ۴۵۶ و ۴۷۰ و روزگار وفاتش در فاصله ۵۳۳ و ۵۴۴ قرار می‌گیرد باید در حدود ۴۶۵ متولد شده باشد و در حدودِ ۵۳۵

← اسکندریه و ***السیاق*** تلخیص اول، ۸۱a و ***طبقات الشافعیه***، سُبکی، ۱۱۳/۷ و تعلیقات ***اسرارالتوحید*** ۱/صدوچهل و شش.

۱. وقتی در باب خاندان بوسعید جستجو می‌کردم، **نامهٔ مینوی**، زیر نظر حبیب یغمایی و ایرج افشار تهران، ۱۳۵۰ و بعدها مقدمهٔ ***اسرارالتوحید*** ۱/صدوشصت‌وچهار از روی حدس و گمان در باب سال‌های زندگی این ابوالثنا نورالدین منّور بحث کردم ولی بعد در ***تاریخ‌الاسلام*** ذهبی (جلد وقایع ۵۲۱-۵۴۰) خوشبختانه زندگینامهٔ او را یافتم. مصحح کتاب متأسفانه نام او را به‌جای منّور «مُنذِر» قرائت کرده است به این صورت: «المنذربن [ا] سعدبن سعیدبن ابی الخیر فضل‌الله بن‌احمد المیهنی ابوالثنا، الصوفی شیخ صالح عفیف لازمٌ لتربة جدّه ناهِضٌ بحقوق الواردین. وُلِدَ فی حدود سنة ۴۵۶ و حدّث عنه ابن‌السمعانی.» بدین‌گونه او را در شمار متوفیات سال ۵۳۳ آورده و تولد او را حدود ۴۵۶ تعیین کرده است توضیحاتی که در باب اخلاق و رفتار او می‌دهد دقیقاً همان است که مؤلف ***اسرار التوحید*** در باب او می‌گوید که: «هیچ کس خدمت درویشان نکرد که او کرد» و «خادم بقعهٔ شیخ» بود.

۲. **مشیخهٔ سمعانی**، ۱۵۴b.

۳. در باب نورالدین منشی کدکنی که منشی جلال‌الدین خوارزمشاه بوده است مراجعه شود به تحقیق شادْروان استاد مجتبی مینوی در مقدمهٔ **سیرت *جلال‌الدین* *مینکبرنی***، تألیف شهاب‌الدین محمد خُرَندِزی، تهران، انتشارات علمی و فرهنگی، ۱۳۶۵ (چاپ دوم) صفحات نج تا سح.

(به فرض عمری در حدود هفتاد سال) وفات کرده باشد در آن صورت برای الامام الربانی و عطار هم اگر همین بیست سال فاصله منظور شود می‌توان گفت که عطار در حدود سال ۵۷۵ مریدِ الامام الربانی شده باشد و این با سال تولد او که ۵۵۳ است قابل تطبیق است و طبیعی است که وی در حدودِ ۲۵ ـ ۲۰ سالگی دستِ ارادت به الامام الربانی داده باشد. و بسیار طبیعی خواهد بود که در حدود ششصد که عوفی در نیشابور بوده است و از او به عنوان یکی از شاعران بعد از عهد سنجر (متوفی ۵۵۲) یاد می‌کند وی عارفی «سجاده‌نشین» باشد و صاحبِ آن شعرهای عرفانی که در ***لباب الالباب*** نقل شده است.

با اطلاعاتی که در باب الامام الربانی و شرف‌الدین الرداد، و صلاح‌الدین احمد الاستاد یاد کردیم، سلسلهٔ ارادتِ عطار در شاخهٔ بوسعید پذیرفتنی و قطعی می‌شود.

بر خلاف آن‌چه تاکنون نوشته‌اند و عطار را شاعرِ پایان قرن ششم معرفی کرده‌اند، باید او را و دوران شکوفایی هنرش را در ربع اول قرن هفتم قرار دهیم و این با روایتِ ۶۲۷ در مورد سال وفات او قابل تطبیق است، حتی اگر عمری نزدیک به هفتاد و پنج و هشتاد سال هم داشته باشد. باز دورانِ اصلی شاعریش با قرن هفتم بیشتر انطباق دارد.

عوفی که در اواخر قرن ششم و اوایل قرن هفتم، یعنی در حدود ششصد، در نیشابور بوده است از عطار به گونهٔ شخصی سخن می‌گوید که زنده است ولی عوفی او را ندیده است. با این‌همه اطلاعاتی که در بابِ او در اختیار دارد، مستند است و درست. می‌توان حدس زد که وقتی عوفی در نیشابور بوده است عطار در دِهِ زادگاهِ خویش کدکن[1] در عزلت و انزوا به سر می‌برده است. و عوفی که در شهر نیشابور بوده است، توفیقِ دیدار او را در دِهِ زادگاهش نیافته است زیرا که او به تعبیرِ عوفی، در آن ایام «ساکن سجادهٔ طریقت» بوده است.

---

۱. عطار به زندگی در «دِه» تصریح دارد و از «دِهِ ما» در ***منطق‌الطیر***، ۲۰۱ یاد می‌کند.

یکی از قانونمندی‌های تاریخ فرهنگ و ادبیات ماست که همیشه با فاصلهٔ یکی دو نسل افراد به حالتِ ضرب‌المثل و نمونهٔ اعلی در کار خود درمی‌آیند. مثلاً در کتبِ رجالِ تصوف، هیچ کس از مؤلفان، افرادِ زنده در روزگار خود را ــ الّا که مُراد و مرشد و شیخِ مؤلف باشد ــ وارد در حوزهٔ نمونه‌های برجسته نمی‌کند و حتی می‌توان مدعی نوعی قانونمندیِ عکس شد به این معنی که معاصران در نظر معاصران، همیشه، مردمی «بد» و بی‌بهره از کمال‌اند و خوبی، هر چه هست، متعلق به کسانی است که سال‌هاست درگذشته‌اند و به هیچ وجه دسترسی به وجود ایشان نیست. قشیری بوسعید را نادیده می‌گیرد ولی دو نسل بعد، بوسعید مظهرِ روحانیّتِ عرفانیِ عصر می‌شود و بر همین قیاس.

در آثار عطّار نیز اشاراتی که به رجالِ تاریخی و عرفانیِ نزدیک به عصرِ شاعر دیده می‌شود، همه، مرتبطِ با نیم قرنی فاصله است. ظاهراً آخرین کسانی که در شعرِ عطار به زندگی و احوال ایشان اشارت رفته است از عُرَفا اکّافی[1] و عباسهٔ طوسی[2] و خواجه یوسف همدانی[3] است. در مثنویِ **مصیبت‌نامه** وقتی با نام شعرای بزرگ،

---

۱. ابوالقاسم اکّاف یا اکّافی، از فقها و مشایخ بزرگِ عصر و از عرفای بزرگ نیمهٔ اول قرن ششم که در فتنهٔ غُزان در نیشابور، چاشتگاهِ روز پنجشنبه یا جمعهٔ اول ذی‌قعدهٔ ۵۴۹ در زیر شکنجهٔ غُزها کشته شد. رجوع شود به ***مشیخهٔ سمعانی*** ورق ۱۴۰ و ***التحبیر فی المعجم‌الکبیر*** ۳۹۹/۱ و ***طبقات الشافعیة الکبری*** ۱۵۲/۷ و نیز ***التدوین***، رافعی، ۸۸/۳ که از کتاب اربعین او یاد می‌کند.

۲. عباسهٔ طوسی ابومحمد عباس‌بن محمد عصاری، واعظ و عارف بزرگِ نیمهٔ اول قرن ششم که عطّار داستان‌های بسیاری از او در ***مصیبت‌نامه***، ***منطق‌الطیر***، ***الاهی‌نامه***، ***اسرارنامه*** و ***تذکرة‌الاولیاء*** نقل می‌کند. وی به گفتهٔ ابن‌نقطه در کتاب ***التقیید لمعرفة الرُّواة والمسانید***، چاپ حیدرآباد دکن، ۱۹۸۳/۱۴۰۳ ج ۱۰۵۸/۱ در آتش‌سوزی مسجد مطرّز نیشابور، بر دستِ غُزان شهید شد. در قرن اخیر نخستین کسی که هویتِ تاریخی او را مورد توجه قرار داد لویی ماسینیون بود مراجعه شود به:

H. Ritter *Das Meer Der Seele* s. 672.

۳. در باب او مراجعه شود به ***سِیَرُ اَعلام النُّبَلاء***، شمس‌الدین محمد الذهبی، اشرف←

نوعی مراعات نظیر و تناسب را می‌خواهد در نظر بگیرد، از ازرقی و انوری و خاقانی و چند شاعرِ در روزگارِ ما گمنام ــ که بی‌گمان در عصرِ او در کمال شهرت بوده‌اند ــ یاد می‌کند.

و ظاهراً این یادْکردها باید سال‌ها پس از درگذشتِ این شاعران باشد و به هنگامی که آنان در میان ادیبان و شاعرانِ سراسر قلمروِ زبان فارسی از ارّان و شروان و آذربایجان تا مرز چین به کمال شهرت رسیده بوده‌اند و می‌توانسته‌اند مصادیقِ اعتبار و نامداری باشند.

درست است که خاقانی و انوری، در روزگارِ حیاتِ خویش، دارایِ کمال اهمیت و شهرت بوده‌اند، ولی ظاهراً برای آن‌که بتوانند در شعرِ عطّار و در خلالِ منظومه‌های او حالتِ اسطوره‌ای به خود بگیرند فاصله‌ای حدّاقل را در حدود یکی دو نسل لازم داشته‌اند و از آن‌جا که سالِ وفاتِ خاقانی مسلماً ۵۹۱ است[1] و سال وفاتِ انوری هم به احتمال قوی ۵۸۳ بوده است،[2] پس باید بپذیریم که عطار دستِ‌کم یک نسل بعد از وفاتِ آن‌ها، از نام آنان در شعرِ خویش، به عنوان مظاهر برجستهٔ هنرِ

← علی تحقیق الکتاب شعیب الأرنؤط، مؤسسة الرسالة، بیروت ۱۹۸۵/۱۴۰۵ ج ۶۶/۲۰ و نیز ***مسالک الأبصار***، ابن‌فضل‌الله العمری، چاپ فؤاد سزگین، السفر الثامن ۹۲.

۱. در یک ***جُنگِ خطی*** مکتوب به سال ۷۵۰ هجری متعلق به کتابخانهٔ لالا اسماعیل ترکیّه، فیلم شمارهٔ ۵۷۳ کتابخانهٔ مرکزی دانشگاه تهران ورق ۸۲ سال دیدار خاقانی با خلیفهٔ المستنجد بالله و نیز سال تولد و وفاتِ خاقانی به ماه و روز چنین تعیین شده است: «لمّا قدم الأمیر افضل‌الدین بدیلُ‌بن علی‌بن محمد الشروانی الخاقانی الحقایقی سنة ستین و خمسمأة و مدح بها الامام المستنجد بالله... [در این‌جا شعری از خاقانی را نقل می‌کند] و کان وفاته فی‌اول شوال سنة احد و تسعین و خمسمأة بمدینة تبریز و دفن فی حظیرةالشعرا بمقبرة سُرخاب و مولده بشروان سنة عشرین و خمسمأة.»

۲. سال‌های متعددی را میان ۵۴۰-۵۸۳ برای وفات انوری نوشته‌اند و بر طبق تحقیقی که شادروان استاد مدرس رضوی کرده‌اند، سال ۵۸۳ که امین احمد رازی، مؤلف ***هفت اقلیم***، نقل‌کرده‌است به صواب نزدیک‌تر است مراجعه شود به ***مفلس کیمیافروش***، ۲۹.

۸۰ زبور پارسی

شاعری، یاد کرده است. این‌ها همه دلیل بر آن است که عطّار این شعرها را ــاز جمله همان منظومهٔ مصیبت‌نامه را ــدر حدود سال‌های بعد از ششصد هجری گفته است یعنی دورهٔ کمالِ شاعری او و اوج خلاقیتِ عرفانی و هنری او در سال‌های بعد از ششصد هجری است.

یکی از مسائلی که با همهٔ وضوح، ظاهراً، از نظر ناقدان و مورخان ادبیات پنهان مانده است، توجه به این نکته است که سنتِ عوفی در *لباب‌الالباب*، نیاوردن شعر در قالبِ مثنوی است. تقریباً هیچ نمونه‌ای در قالبِ مثنوی از شعرِ این‌همه شاعران که به شرح زندگی و ارائهٔ آثارشان پرداخته است، نیاورده. حتی از نظامی و فردوسی و فخر گرگانی هم هیچ نمونه‌ای از مثنویات ایشان نقل نکرده است. اما از اشارت به نام مثنوی‌های این استادان همیشه بیشترین بهره‌ها را بُرده است چنان‌که در موردِ نظامی گنجوی نام ***مخزن‌الاسرار*** و ***مجنون و لیلی*** و ***خسرو و شیرین*** و ***قصهٔ سکندر*** او را با تلمیحاتی خاص اسلوب خود گنجانیده و سپس در ارائهٔ نمونه‌های شعرِ نظامی دو غزل و یک قطعهٔ مرثیه آورده است. در موردِ فخرالدین گرگانی نیز از ***ویس و رامینِ*** او یاد کرده ولی می‌گوید: «از اشعارِ او جز ویس و رامین دیگر مطالعه نیفتاد، جز این یک قطعه...[1]» و بعد قطعه‌ای در هجو ثقةالملکِ شهریار می‌آورد و از آن همه شعرِ خوب که در ***ویس و رامین*** بوده و در اختیار داشته حتی یک بیت نقل نمی‌کند. در مورد حکیم فردوسی نیز با این‌که به ***شاهنامه***[2] و به ***اختیاراتِ شاهنامهٔ*** مسعود سعد اشارت[3] دارد، باز از فردوسی هم به دو قطعهٔ کوتاهِ غیرمثنوی بسنده کرده است. تقریباً تمام مشاهیرِ استادان مثنوی‌سرایی را با ذکرِ نامِ شاهکارهای ایشان در مثنوی، یاد می‌کند ولی بر طبقِ تعهد یا سلیقهٔ حاکم بر کتابش از انتخاب نمونهٔ مثنوی از ایشان پرهیز دارد. از شعرای قرن ششم تنها مثنوی‌سرایی که به ظاهر از مثنویات او نامی نبرده است سنائی است و آن هم به علتِ غلط بودن نسخهٔ اساس است و من

۱. *لباب‌الالباب*، ۴۱۷   ۲. *همان‌جا*، ۲۶۹.   ۳. *همانجا*، ۲۶۹.

تردیدی ندارم که عبارتِ: «سنائی که در در دیدهٔ حکمت روشنایی بود و در حدقهٔ بینایی [سنائی]» که استاد نفیسی برای تکمیلِ افتادگیِ عبارت، کلمهٔ [سنائی] را در داخل قلاب [ ] قرار داده است باید به این صورت اصلاح شود: «سنایی که در دیدهٔ حکمت روشنایی بود و در [حدیقهٔ] حَدَقه بینایی[1]» اگر روزی نسخهٔ دیگری از *لباب‌الالباب* به‌دست آید بی‌گمان این عبارت را به همین شکل خواهد داشت. بگذریم از این‌که آوردن [سنائی] بدان‌گونه که استاد نفیسی افزوده‌اند اشکالِ تلفظِ نوعِ [ی] مصدری را دارد و قابلِ قبول نیست.

از این مقدمه قصدم این بود که یادآور شوم که وقتی عوفی در نیشابور بوده است و در باب شعرای آن نواحی کسب اطلاع می‌کرده است، ظاهراً از دیگران شنیده که شاعری عارف مشرب به نام عطار هست که اکنون «ساکنِ سجادهٔ طریقت» است و احتمالاً در این ایام هنوز عطار به نشر و شاید هم به تکمیلِ مثنوی‌های خویش نپرداخته بوده است وگرنه عوفی کسی نبوده است و سبک او در *لباب* اجازه نمی‌داده است که او از عبارت‌پردازی با نام ***منطق‌الطیر*** (یا مقامات طیور) و ***اسرارنامه*** و ***مصیبت‌نامه*** و امثالِ آن‌ها چشم‌پوشی کند، چنان‌که در موردِ هیچ مثنوی سرای دیگری از این قاعده سرباز نزده است.

پس می‌توان گفت که در آن روزگار، یعنی در حدود ششصد هجری، عطار شعرهایی ــ از نوع همان قصیده که عوفی نقل کرده و در دیوان او نیز مطرح است ــ داشته ولی مثنوی‌های ***منطق‌الطیر*** و ***اسرارنامه*** و ***مصیبت‌نامه*** را یا نسروده بوده است یا تکمیل نکرده بوده و منتشر نساخته بوده است وگرنه عوفی از بازی با کلماتِ دلپذیری مانندِ ***منطق‌الطیر*** (یا مقامات طیور) و ***اسرارنامه*** محال بود چشم‌پوشی کند.

این‌ها همه دلیل است بر این‌که سال وفاتِ عطار همان ۶۲۷ است و این ۲۷ سالی که بعد از دیدارِ عوفی از نیشابور است، دوران کمالِ

---

۱. *همان‌جا*، ۴۲۶.

خلاقیتِ عطار بوده است و اگر او را متولد حدود ۵۵۳ بدانیم و وفاتش را در ۶۲۷ حدود هفتاد و چهار سال زیسته و مثنوی‌های خویش را بعد از پنجاه سالگی به کمال رسانده است.

با این تقریر، تمامیِ تواریخی که برای پایان یافتن *منطق‌الطیر* در سنۀ ۵۸۳ و ۵۷۳ آمده است، همه، مردود شناخته خواهد شد.[1]

---

۱. یعنی تواریخی که به صورتِ منظوم در پایان بعضی از نسخه‌های بی‌اعتبار *منطق‌الطیر* نقل شده است و سال ختم آن را ۵۸۳ و ۵۷۳ تعیین می‌کند مراجعه شود به *جستجو در احوال و آثار عطار* از استاد نفیسی ۱۲۹.

نگاهی دیگر به نام و نشانِ عطار

استاد یگانه دکتر عبدالحسین زرین‌کوب، در دو نوشته‌ای که اخیراً (در ۱۳۷۵ و ۱۳۷۶) از ایشان در باب عطار انتشار یافته است[۱] به چند نکته اشاره کرده‌اند که قابل تأمل است. استاد نظر ابن فوطی را در کتاب ***لباب‌الانساب***[۲] در باب نامِ عطار و نامِ پدر او که «سعیدبن یوسف» نوشته مردود دانسته‌اند زیرا با تصریحِ عطار که خود را محمد می‌خواند در تعارض دیده‌اند ولی در باب نام پدرش که ابراهیم باشد تردید کرده‌اند و گفتهٔ دولتشاه را در تعارض با نسخهٔ قدیمی دیوان عطار مورخ ۶۸۸ دانسته‌اند که در آن‌جا نام پدرش محمود است به صورت: محمدبن محمود النیشابوری. ما در این‌جا اِصرار بر صحتِ گفتار دولتشاه و این‌که نام عطار محمدبن ابراهیم است نداریم

---

۱. ***حکایت همچنان باقی***، دکتر عبدالحسین زرین‌کوب، تهران، سخن، ۱۳۷۶، صفحات ۱۷۹ - ۱۸۷.

۲. منظور استاد از ***لباب‌الانساب***، ظاهراً همان ***مجمع‌الاداب فی مُعجم‌الألقاب*** است. که دکتر مصطفی جواد محقق عراقی آن را چاپ کرده و اخیراً توسط آقای محمدکاظم محمودی در ایران نیز به چاپ رسیده است.

ولی «محمود» بودن نام پدر او خلافِ تمام ضبط‌های گوناگونی است که کاتبان آثار عطار و مورخین از قدیم در بابِ عطار داشته‌اند و من تردیدی ندارم که کاتبِ این نسخه که خود **محمدبن محمود قزوینی** بوده است در هنگام کتابت، نام خودش را که **محمدبن محمود** بوده است به‌جای نام عطار که **محمدبن ابراهیم** بوده، آورده است و از بس‌که نام خودش را تکرار کرده بوده است به محض این‌که به نام عطار رسیده «محمد» را که نوشته «بن محمود» را هم که همواره بر قلم او جاری می‌شده است بی‌اختیار نوشته است. باید گفت ناخودآگاه محمود را که نام پدر خودش بوده به سبق‌القلم یا سبق‌الذهن به قیاسِ نام خودش دربارهٔ پدر عطار هم آورده است.

استاد زرین کوب از همین احتمال یا تصور در انتساب عطار به قریهٔ کدکن هم تردید کرده‌اند که «ذکر کدکن به عنوانِ مولدِ شیخ، در روایات قدیم، مثلِ قول عوفی در *لباب‌الالباب* و قول ابن‌الفُوطی... وجود ندارد.» باید از استاد پرسید که با همه بی‌اعتباری و خلافِ اجماعی که در ضبطِ ابن‌فُوطی هست اگر او به امری تصریح نکرده باشد عدمِ تصریح او چه اعتباری دارد؟ عوفی هم که به کدکنی بودنِ او تصریح ندارد به نیشابوری بودن او تصریح دارد اگر نامِ روستایِ دیگری را آورده بود، البته، قدمتِ تاریخیِ او سبب می‌شد که در صحتِ انتساب شیخ به قریهٔ کدکن و روایاتِ دولتشاه و دیگران تردید کنیم اما عوفی نفیاً واثباتاً، در این باب، ساکت است.

استاد در زمینهٔ انتساب شیخ به کدکن گویا نخواسته‌اند به مفهوم تاریخی و مألوف میان جغرافیانویسان قدیم توجّه کنند و این‌که «از تصریح دولتشاه بر می‌آید» که کدکن را «از نواحی زاوه می‌شمرده‌اند یعنی تربت حیدری» و همین جزء «زاوه» بودنِ کدکن را استاد زرین‌کوب معارض با نیشابوری بودن او تلقی کرده‌اند در صورتی که استاد بهتر از هر کسی دیگر بر این معنی اشراف دارند که زاوه خود از ولایات و رستاق‌های

نیشابور بوده است.[1] و ما در همین مقدمه در باب موقعیت تاریخی رَبع‌های چهارگانهٔ نیشابور و ولایاتِ دوازده‌گانهٔ آن به تفصیل صحبت کرده‌ایم و یادآور شده‌ایم که کدکن جزء جلگهٔ رُخ است و رُخ از «رَبْعِ شاماتِ» نیشابور است و یکی از ولایات دوازده‌گانهٔ آن. بنابراین عبارت استاد در کتاب دیگر ایشان هم[2] «او را که در تمام منابعِ قدیم اهلِ نیشابور خوانده شده بود منسوب به کدکن ـ از توابعِ زاوهٔ تربتِ حیدری ـ کردند.» دور از احاطه‌ای است که آن استاد بر تاریخ و جغرافیای تاریخی ایران دارند و از ایشان قدری بعید می‌نماید.

همچنین استاد، در بحث از انتساب خسرونامهٔ منحول به عطار ضمنِ قبولِ این نکته، تردید کرده‌اند که «اِلاهی نامهٔ» موجود نامِ اصلیِ آن «خسرونامه» بوده باشد و دلیل ایشان این‌که «به نظر نمی‌آید که گفت و شنودِ تعلیمی و تحقیقیِ یک خلیفه با فرزندان خویش... بتواند «خسرونامه» خوانده شود. خسرو در محیط زُهاد و صوفیه چنان نامِ مقبولی نبود که خلیفهٔ مسلمین را بتوان بدان نام خواند و موردِ طعن و اعتراضی نشد.»[3] باید از استاد پرسید که میان «خسرو» و «شاه» و «شاهنشاه» در نظر صوفیه چه تفاوتی وجود دارد؟ مولانا در مثنویِ شریف پیوسته از «خلیفه» به عنوان «شاهنشاه» و «شاه» یاد می‌کند و این کلمات را به توالی جانشین یکدیگر می‌کند[4] و بالاتر از این نمی‌شود که در مثنوی، رستگارانِ طریق را «خسرو» می‌خواند:

همچنان در مرگ یکسان می‌رویم نیم در *خُسروان* و نیمی *خسرویم*[5]

پس «خسرو» و «شاه» و «شاهنشاه» بودن هیچ تعارضی با خلیفه بودن ندارد و عطار هم در آغاز ***اِلاهی‌نامهٔ*** موجود (یعنی ***خسرونامهٔ*** حقیقی) «شاه» و «خلیفه» را در کنار هم به کار می‌برد و به یک معنی:

---

۱. ***تاریخ نیشابور***، ابوعبدالله الحاکم، انتشارات آگاه، تهران، شمارهٔ ۱۱۲۹.

۲. ***از گذشتهٔ ادبی ایران***، دکتر عبدالحسین زرین‌کوب، تهران الهُدی، ۱۳۷۵، ۳۴۴.

۳. ***همانجا***. ۴. ***مثنوی***، چاپ نیکلسون، ۱/۱۸۶. ۵. ***همانجا***، ۱/۱۸۶

جهان گر دیده‌ای، گُم کرده یاری
سراسیمه دلی، آشفته کاری

خبر داد از کسی کان کس خبر داشت
که وقتی یک *خلیفه* شش پسر داشت

پدر بنشاندشان یک روز باهم
که هریک واقفید از علمِ عالَم

خلیفه *زاده‌اید* و *پادشاهید*
شما هریک ز عالَم می چه خواهید؟[1]

در تمامِ این منظومه که حدود هفت هزار بیت است، حضورِ این پادشاه و پسرانش، به عنوان «خلیفه» و «پادشاه» در همین جا است و بعد از آن در فواصلِ «مقاله»ها جاهایی که این پدر با شاهزادگان سخن می‌گوید به صورت: «پدر گفت...» «پسر گفت...» است و هیچ بحثی دیگر از شاهی و خلیفه‌ای و خسروی نیست بحث پدر است با پسرانش. به این نمونه‌ها توجه کنید:

آغازِ مقالهٔ اول:

به نطق آورد اول یک پسر راز...

پدر گفتش: زهی شهوت‌پَرستی...

آغازِ مقالهٔ دوم:

پسر گفتش گرین شهوت نباشد...

پدر گفتش تو زنهار این میندیش...

آغازِ مقالهٔ سوم:

پسر گفتش که زن زان است مقصود...

پدر گفتش که فرزند است مطلوب...

آغازِ مقالهٔ چهارم:

پسر گفتش دلم حیران بمانده است...

---

۱. *الاهی‌نامه*، چاپ ریتر، ۳۰ ـ ۳۱.

پدر گفت این حکایت پیشِ او باز...
تا آخر کتاب که مقالهٔ بیست و دوم است:
پسر گفت ای پدر این کیمیا چیست؟
پدر در پیشِ او کرد این حکایت

تمام داستان‌ها میان این «پدر» و «پسر»ها ردّ و بدّل می‌شود و هیچ توصیفی از محیط خاصِّ «خلافت» که با نظام «پادشاهی و خسروی» تفاوتی داشته باشد و قراینی باشد که مفهومِ «خلیفه» را از «پادشاه» و «خسرو» جدا کند وجود ندارد. در مجموع حضور خلیفه یا پادشاه در این متن حضور کمرنگِ یک «راوی» است که در فواصلِ «مقالات» ظاهر می‌شود و از زبان «پدر» سخنی و از زبان «پسر» سخنی دیگر را می‌آورد و شاعر خود با تداعی‌های خویش مجموعه‌ای از قصه‌ها و حکایات را به تناسبِ موضوع، در ذیلِ گفتار «خلیفه» و «شاهزاده»ها نقل می‌کند و بسیار طبیعی است اگر به لحاظ موضوع این داستان را «شاه»-نامه یا «خسرو»-نامه یا «خلیفه»-نامه بخوانیم و طبیعی است که هیچ کدام از دو نام «**شاه**»**نامه** و «**خلیفه**»**نامه** لطفی را که «**خسرو**»نامه دارد ندارد.

در باب صحّتِ انتسابِ مقدمهٔ مختارنامه به عطار استاد نکته‌هایی را گفته‌اند که بنده در نحوهٔ تردیدهای ایشان و درجهٔ اعتبار آن نوع تردیدها ــ که در تمام بدیهیاتِ تاریخ و تاریخ ادب با مدارجی قوی‌تر و بیشتر همواره امکان‌پذیر است ــ بحثی ندارم ولی به دو استدلال ایشان در این‌جا پاسخی عرض می‌کنم: ایشان سبک نثرِ مقدمهٔ مختارنامه را متفاوت با نثرِ ***تذکرةالاولیاء*** دانسته‌اند. باید از ایشان پرسید که کجای ***تذکرةالاولیاء*** ملاک است؟ مقدمهٔ تذکره یا متنِ آن؟ اگر «مقدمه» ملاک است آن مقدمه، چه بخش عربی آن و چه بخش فارسی آن، با مقدمهٔ مختارنامه هیچ‌گونه اختلافِ سَبْکی ندارد هر دو نمونه‌های نثر مصنوع قرن هفتم‌اند. خوانندگان می‌توانند از هر دیدی مقدمهٔ ***تذکرةالاولیاء*** را با مقدمهٔ

مختارنامه مقایسه کنند[1] و اگر متنِ تذکره را با مقدمهٔ مختارنامه قیاس می‌کنند باید توجه کنند که نثرِ تذکره نثرِ اصلیِ عطار نیست بلکه نثرِ «مقامات»های مشایخ صوفیه است که عطار غالباً از اصل فارسی تلخیص و گاه از متن عربی ترجمه کرده و اسلوبِ او، تابعی است از اسلوبِ نویسندگان آن «مقامات»ها: مقاماتِ بایزید یا بوسعید یا خرقانی و دیگران و عطار در مقدمه می‌گوید: «خود در میانِ سخن ایشان آوردن، ادب ندیدم و ذوق نیافتم مگر جایی اندک اشارت کرده‌اند برای دفعِ خیال نامحرمان...»[2]

تردید دیگری که استاد در صحّتِ انتساب آن مقدمه به عطار کرده‌اند از این‌جا مایه گرفته که عطار در آن مقدمه می‌گوید: **جواهرنامه** و ***شرح‌القلب*** که هر دو منظوم بودند موردِ خرق و غسل قرار گرفتند. و استاد ***شرح‌القلب*** را اثری منثور می‌دانند. منثور بودنِ ***شرح‌القلب*** را استاد از این عبارت ***تذکرةالاولیاء*** استنباط می‌کنند که در آن‌جا گوید: «و اگر طالبی شرح کلماتِ این قوم مشبع طلب کند و در کتابِ ***شرح‌القلب*** و کتاب ***کشف‌الاسرار*** و کتاب ***معرفةالنفس و الرب*** زیر و زبر آید[3] بدان معانی محیط شود. هرکی این سه کتاب را معلوم کرد گمانِ ما آن است که هیچ سخن این طایفه، الا ماشاءالله، بروی پوشیده نمانَد...»

سؤال اصلی این است که چه ملازمه‌ای وجود دارد بینِ منثور بودنِ این کتاب و عبارتِ عطار. اگر عطار گفته بود: این سخن را در ***مقاماتِ طیور*** و ***کشف‌الاسرار*** و ***معرفةالنفس والرب*** شرح داده‌ایم آیا ضرورت داشت که هر سه منثور باشد؟

از همهٔ این‌ها که بگذریم جای پرسشی تردیدآمیز از نوعِ پرسش‌های

---

۱. کافی است اولین بند مقدمه ***مختارنامه*** و اولین بند مقدمهٔ فارسی ***تذکرةالاولیاء*** مقایسه شود هر دو نمونه‌های نثر فنی آمیخته به جمله‌های عربی‌اند و دارای مشترکاتِ نثرِ قرن هفتم. ***مختارنامه***. چاپ دوم ۷۱ و ***تذکرةالاولیاء***، ۲/۱.

۲. ***تذکرةالاولیاء***، چاپ نیکلسون، ۳/۱. ۳. ***همانجا***. ۲/۱.

ایشان، دربارهٔ انتساب ***تذکرةالاولیاء*** به عطار همچنان باقی است، به‌ویژه که در قرنِ نهم عبدالرحمن جامی با چنین عبارتی از ***تذکرةالاولیاء*** یاد می‌کند: «... در دیباچهٔ کتاب ***تذکرةالاولیاء*** که به وی منسوب است، می‌گوید ...»[1] و نشان می‌دهد که در آن عصر چنینِ تردیدی میان اهلِ تحقیق وجود داشته است.

---

۱. *نفحاتُ الانس*. تصحیح دکتر محمود عابدی. ۵۹۶.

عطارهای شعر فارسی

بی‌گمان یکی از عللِ اصلیِ عدمِ پیشرفتِ مطالعاتِ مربوط به عطّار، تعددِ کسانی است که در تاریخ شعر فارسی تخلص عطّار داشته‌اند. بعضی از این شاعران، با فاصله‌های دو سه قرن، کوشیده‌اند که در کنارِ آثارِ غالباً ناتندرستِ خویش و شعرهای سستی که با تخلص عطار سروده‌اند، خود را سرایندهٔ *منطق‌الطیر* و *اسرارنامه* نیز بدانند. مطالعه در روانشناسیِ این کار، واقعاً، کارِ جالب توجهی است که چه چیز سبب شده است مردی سیصد سال پس از مرگِ فریدالدین عطار نیشابوری، خود را عطار معرفی کند و آثارِ او را از قبیلِ *منطق‌الطیر* و *اسرارنامه* در فهرست آثار خویش بگنجاند و در کنارِ منظومه‌های بی‌سر و تهی که خود سروده است از *منطق‌الطیر* و *اسرارنامه* نیز یاد کند؟ تا آن‌جا که می‌دانم چنین اقدامی در تاریخ ادبیات فارسی بی‌سابقه است، نمی‌دانم در فرهنگ مللِ دیگر آیا نمونه‌اش دیده شده است یا نه؟

شک نیست که لقب عطار یکی از رایج‌ترین القاب در تمدن اسلامی و ایرانی بوده است. شغل عطاری و داروفروشی از لوازم ضروری زندگی شهری و روستایی بوده است و بسیار طبیعی است که از میانِ هزاران کسی

که در هر قرنی به این شغل اشتهار می‌یافته‌اند چند تنی فرزندانشان از اهل ذوق و فضل باشند و از میان این عده تنی چند به کارِ شعر و شاعری نیز بپردازند.

قبل از این‌که دربارهٔ «عطّار»هایِ شاعرِ فارسی‌زبان بحث خود را آغاز کنیم بد نیست به چند تن از «عطار»های قرن هفتم و ششم که معاصران فریدالدین عطار نیشابوری صاحب ***منطق‌الطیر*** بوده‌اند، اشاره‌ای شود.

در میان معاصران او، فقط از کسانی که در فاصلهٔ ۶۴۰-۵۸۲ وفات کرده‌اند ۲۴ نفر نسبت و شهرتِ «عطار» داشته‌اند، مانندِ:

یک) ابراهیم‌بن محمد بغدادی **عطار** از مشایخ حدیث (متوفی جمادی الاولی ۶۳۳)

دو) احمدبن ابی‌بکربن مبارک حریمی **عطار** (متوفی ۵۸۲)

سه) ابوالقاسم احمدبن عبدالله **عطار** صیدلانی (متوفی شعبان ۶۱۵)

چهار) اسماعیل‌بن عمربن‌نعمه **عطار** که از شاعران عصر بوده و صاحب تصنیفات در علوم ادب و در گیاه‌شناسی و داروشناسی نیز شهرتِ بسیار داشته است (متوفی محرم ۶۰۶)

پنج) ابوبکرترک‌بن محمد حریمی **عطار** (متوفی ربیع‌الاول ۶۱۴)

شش) ابوعلی حسن‌بن عبدالباقی **عطار** (متوفی ۵۹۸)

هفت) عبدالرحمن‌بن عبدالمؤمن **عطار** صیدلانی (متوفی جمادی‌الاولی ۶۳۸)

هشت) عبدالعزیزبن علی‌بن عبدالله **عطار** مالکی (متوفی صفر ۶۲۸)

نه) عبدالقوی‌بن اسماعیل **عطار** معروف به حکیم (متوفی ذی‌الحجهٔ ۶۲۶)

ده) ابوالحسن علی‌بن علی‌بن خلیفهٔ **عطار** (متوفی ربیع‌الاول ۶۱۸)

یازده) علی‌بن احمدبن محمد **عطار** بغدادی (متوفی جمادی‌الآخرة ۵۹۲)

دوازده) ابوطاهر مبارک‌بن ابی‌المعالی **عطار** (متوفی جمادی‌الاولی ۵۹۹)

سیزده) محمدبن برکهٔ **عطار** (متوفی ذی‌القعدهٔ ۵۸۳)

چهارده) محمدبن رشیدبن محمود **عطار** صوفی نیشابوری (متوفی ربیع‌الآخر ۶۳۵) که اگر ثبتِ محمدبن محمود را در نسخهٔ قدیمی دیوان او ملاک نامِ او قرار دهیم و [رشید] را نادیده بگیریم و به جای ۶۲۷ سال وفات او را ۶۳۵ قبول کنیم با عطارِ مورد بحثِ ما قابل تطبیق است.

پانزده) محمدبن سلامةبن نصر **عطار** (متوفی شعبان ۶۱۸)

شانزده) محمدبن محمدبن ابی‌الخیر **عطار** (متوفی ذی‌القعدهٔ ۶۳۴)

هفده) مسعودبن احمدبن محمد **عطار** (متوفی رمضان ۵۹۴)

هژده) ابوالفضل معالی‌بن سلامة **عطار** (متوفی شعبان ۶۴۰)

نوزده) ابوعمران موسی‌بن یوسف **عطار** (متوفی جمادی‌الاولی ۶۳۶)

بیست) علی‌بن ابی‌الازهر حربی **عطار** (متوفی ۶۱۸)

بیست‌ویک) ناصربن عبدالله **عطار** مصری (متوفی به سال ۶۳۴)

بیست‌ودو) محمدبن سلامة حرّانی **عطار** (متوفی ۶۴۰)

بیست‌وسه) ابوالقاسم ادریس‌بن محمد اصفهانی **عطار** (متوفی شعبان ۶۰۶)

بیست‌وچهار) محمودبن واثق ناصری **عطار** (متوفی ۶۱۷).[1]

I) قدیم‌ترین عطّارِ شعر فارسی، به روایتِ تاریخ قم، تألیف شده در قرنِ چهارم هجری یکی از معاصران رودکی است که متأسفانه شعرِ شناخته‌ای ازو، امروز، در دست نیست. شاید بعضی از ابیاتِ منقول در فرهنگ‌های قدیمی از آثار او باشد. در باب اهمیتِ مقامِ شاعری او همین بس که بعضی از سخن‌شناسان قرن چهارم او را برتر از رودکی می‌دانسته‌اند و به او همان اعتباری را می‌داده‌اند که امرؤُالقیس در ادب

---

۱. این **عطارها** را ما فقط از **معاصران عطار**، از کتاب ***التکملة لِوَفیاتِ النَقَله***، تألیف عبدالعظیمّ‌بن عبدالقوی المُنذری (۵۸۱-۶۵۶) حققه و عَلّق علیه الدکتور بشار عوّاد معروف چاپ بیروت، مؤسسة الرسالة، الطبعة الرابعة ۱۴۰۸/۱۹۸۸ نقل کردیم.

عرب دارد. شادروان علامهٔ قزوینی در یادداشت‌های خویش این سخن را از ***تاریخ قم***[1] نقل کرده است: «به‌کرّات از ابوالفضل محمدبن الحسین العمید[2] شنیدم که تعجب می‌نمود و می‌گفت: سخت عجیب است که شعری از اشعار [ابو]جعفر محمدبن علی‌العطّار نیست. و پیش او شعرِ ابی‌جعفر از بهترین شعرها بوده زیرا که او در آن معانیِ لطیفه اختراع کرده و بر نُظرای خود از رودکی و رازی[3] بدان شعر فایق شده و ابوالفضل [= بن‌العمید] در حق او فرموده که ابوجعفر در روزگارِ خود همچو امری‌ءالقیس است. پس من جمع کردم، از برای ابوالفضل، بعضی از شعرِ ابوجعفر.»

II) بعد از آن عطّارِ معاصرِ رودکی شاید قدیم‌تر عطارِ شعر فارسی شاعری باشد با شهرتِ عطّار که در اوایل قرنِ ششم می‌زیسته و از مادهٔ تاریخی که برای امام محمد غزالی (متوفی ۵۰۵) سروده است، به حدودِ زمان و مکانِ او می‌توان پی بُرد. در ***مجملِ فصیحی***[4] اشاره‌ای به این قطعه شده است ولی به نام همین عطّار صاحب ***منطق‌الطیر*** اما از آن‌جا که وفات امام غزالی دستِ‌کم نیم قرن قبل از تولّدِ عطّار بوده است، باید بپذیریم که عطّارِ سرایندهٔ این قطعه شخصی است متعلق به اوایل قرن ششم که این دو بیت را نظم کرده است گرچه در آن حدودِ زمانی، «مادهٔ تاریخ» قدری مشکوک است، به هر حال آن دو بیت این است:

وفات حجّتِ اسلام امام غزالی — که بود افضلِ دنیی و اکملِ عُقبی
صباحِ روزِ دوشنبه بسال پانصدوپنج — به روزِ شانزدهم از جمادی الأُخری

III) یکی دیگر از قدیم‌ترین این عطارها گوینده‌ای است که یک

---

۱. ***تاریخ قم***، شمارهٔ or. 3391 ورق 6b به نقل ***یادداشت های قزوینی*** ۴۲/۶.

۲. مقصود، ابوالفضل محمدبن حسین معروف به ابن‌العمید است، ادیب و شاعر و نویسندهٔ بزرگ قرن چهارم متوفی ۳۶۰ هـ. ق. وی چندی وزارت رکن‌الدولهٔ دیلمی را نیز داشت.

۳. مقصود، ظاهراً، بُندارِ رازی است از شعرای قرن چهارم.

۴. ***مجملِ فصیحی***، ۲۱۷/۲.

مثنوی در وزن هَزَج مُسَدَّسِ محذوف داشته و ابیاتی از سروده‌های او در کتاب ***تاریخ‌نامهٔ هرات*** که در فاصلهٔ ۷۲۱-۷۱۸ تألیف شده است نقل گردیده است، اینک آن ابیات:

اگر پاک است نفست پاک باشی　　ز رتبت برتر از افلاک باشی[1]

یا:

طرازِ نامه نامِ ایزدِ پاک　　که دریا آفرید و کوه و افلاک
خداوندِ جهان دانای بی‌عیب　　شناسایِ نهان دانندهٔ غیب
برافرازندهٔ نُه چرخِ گردان　　پدیدآرندهٔ خورشیدِ تابان[2]

که این ابیات، به لحاظِ موضوع، بی‌شباهتی به مثنوی‌های عطار نیست اما در هیچ کدام از مثنوی‌های اصلیِ او، یعنی ***الاهی‌نامه***، و ***اسرارنامه*** که درین وزن‌اند، این ابیات دیده نمی‌شود. و این خود سندی است قاطع که در پایان قرن هفتم یک شاعرِ مثنوی‌سرای دیگر به نامِ عطار شهرت داشته که ابیاتی از منظومه‌های او واردِ کتاب ***تاریخ‌نامهٔ هرات*** شده است. البته بیتی از ابیات ***منطق‌الطیر*** هم در آن‌جا به نام عطار نقل شده است:

زرّ و گوهر در زمین می‌ریختند　　مشک و عنبر در هوا می‌بیختند[3]

IV) یکی دیگر از این عطارها شاعری است از اهالیِ منطقهٔ اران و شروان که در بعضی از غزل‌های خویش به موقعیتِ جغرافیایی محیط زندگیِ خود اشاره می‌کند. مثلاً در این غزل:

به وادیی که دروگویِ راه، سر بینی　　به هر دمی که زنی ماتمی دگر بینی

گوید:

بباد بر زبرِ خاکِ گنجه چند کنی
که تاکه رنجه شوی خاک بر زبر بینی[4]

---

۱. ***تاریخ‌نامهٔ هرات***، ص ۱۵۳.　۲. ***همانجا***، ص ۶۷۰.
۳. ***همانجا***، ص ۶۴۲ و ***منطق‌الطیر*** ص ۱۳۹.
۴. ***دیوان عطار***: چاپ دکتر تفضلی، ۶۷۷.

و در غزلی به مطلع:

ای آفـــتاب از ورقِ رویت آیــتی   در جنبِ جام لعلِ تو کوثر حکایتی

می‌گوید:

زلف تــر است از دَرِ دربـند تـا ختن

زان دل فرو گرفت زهی خوش ولایتی[1]

که از شهرهای گنجه و در بند یادکردن، برای یک شاعرِ مقیم نیشابور، تقریباً محال است و گنجه و دربند از آن شهرهای پُر رفت و آمد قدیم ایران بزرگ از نوع مرو و بخارا و سمرقند و شیراز و اصفهان و تبریز نبوده‌اند که بگوییم شاعر اشارتی اسطوره‌وار و رمزی به آن‌ها دارد. پس باید پذیرفت که این عطّار، عطّارِ دیگری است و از شعرای ناحیهٔ گنجه و دربند، یعنی منطقهٔ اران و شروان.

۷) یکی دیگر از این عطّارها، شاعری است مدّاح‌پیشه که قصایدی در مدح پادشاهی به نامِ سلطان محمد یا شاه محمد دارد از جمله قصیده‌ای با مطلع:

مــورچهٔ خطِّ تـو، کـرد چـو مـوری مـرا

کی کند ای مشک مو! مورِ تو چندین جفا

که در ۲۴ بیت این قصیده، در تمام ابیات و مصراع‌ها، کلماتِ «مور و موی» را التـزام کـرده و آورده است و یکـی از مـضحک‌ترین نـمونه‌های صنعتِ «التزام» است و در پایان تخلص بـه مـدحِ مـمدوح کـرده است و می‌گوید:

سر چه کشی همچو موی از منِ چون مورچه

مــوی بـه مـوری سـپار پـیشِ سـلیمان بـیا:

شاه محمد کـه مـور بست نـطاقش بـه مـوی

زان کــه ازو مـور را نـیست بـه مـویی عـنا[2]

و این همان عطّاری است که قصیده‌ای هم به مطلع:

---

۱. **همانجا**، ص ۶۲۱.   ۲. **همانجا**، ص ۷۳۱.

هر که بر پستهٔ خندان تو دندان دارد
جان کَشَد پیشِ لبِ لعلِ تو جان دارد

و در تمام ابیات این قصیدهٔ ۲۶ بیتی کلمهٔ «پسته» را تا پایان التزام کرده و در پایان تخلّص به مدح پادشاه کرده و می‌گوید:

دلم از ظلمِ خطِ فستقیَت می‌خواهد   تا تظلّم ز تو بر درگهِ سلطان دارد

در این‌جا بیتی که نام سلطان در آن بوده، یا ابیاتی حذف شده و بعد می‌گوید:

تا به خشمت برسد سوخته گردد چو سپند[1]
زانکه بغضِ تو شها! نیم‌سپندان دارد
خسروا! خاطرِ عطّار به مداحیِ تو
کف موسی زدم عیسیِ عمران دارد[2]

که نه این‌گونه شعر گفتن در اسلوب شاعری عطّار به هیچ روی قابل تصور است و نه این‌که او به مدح پادشاهی شعرِ خود را آلوده باشد به‌ویژه که درین باره بارها و بارها تصریح کرده است که:

شکر ایزد را که درباری نی‌ام   بستهٔ هر ناسزاواری نی‌ام
من ز کس بر دل کجا بندی نهم   نامِ هر دون را خداوندی نهم
نه طعامِ هیچ ظالم خورده‌ام   نه کتابی را تخلّص کرده‌ام[3]

و از همین عطّارِ مداح است قصیدهٔ:

دمِ عیسی است که بویِ گُلِ تر می‌آرد
وز بهشت است نسیمی که سحر می‌آرد

تا آن‌جا که گوید:

سبزه از بهر زمین‌بوسیِ اسکندرِ عهد
روی بر خاک سویِ راهگذر می‌آرد

---

۱. نسخه منحصر است و مشکوک.   ۲. کذا، *همانجا*، ص ۵-۷۶۶.
۳. *منطق‌الطیر*، ص ۲۵۳.

خسروا! خاطرِ عطّار ز دریای سخن

نعتِ منثورِ تو در سلکِ دُرَر می‌آرد[1]

که در آن گویا به مدح محمدبن تکش خوارزمشاه (۵۹۶-۶۱۷) پرداخته بوده است و اگرچه بیتِ یا ابیاتِ مدیح، آن‌جا که تصریح به نام سلطان کرده است، در *دیوان عطار* (چاپ تفضلی و نفیسی) موجود نیست اما بنا بر ضبط *المعجم* این بیت باید ضمیمهٔ آن قصیده شود: در بحثِ از «تقدیم و تأخیرات ناخوش» شمس قیس بعد از آوردنِ چند نمونه از شاعران دیگر و انتقاد از ضعف‌های آنان می‌گوید: «و ا ز تقدیم وتأخیراتِ ناخوش معزّی گفته است... و از این زشت‌تر فریدِ عطار می‌گوید [نسخهٔ بَدَل: گفته است]:

شاهِ خوارزم تکش زاد محمد سلطان   که ز دل زهرهٔ مردان به حذر می‌آرد[2]

که از این تصریحِ شمس قیس می‌توان دانست یک تن «فرید عطّار» مدیحه‌سرای، از شعرای ناحیهٔ خوارزم و ماوراءالنهر هم داشته‌ایم که تقریباً معاصر صاحب *منطق‌الطیر* بوده است و گویا قصیدهٔ:

مکن، مدار، برای من ای پسر روزه

که کرد عارضِ سیمینِ تو چو زر روزه

نیز از همین فریدعطارِ مداح ماوراءالنهری باشد و این قصیده را با ردیف «روزه» در مدح پادشاهی، احتمالاً همان محمدبن تکش خوارزمشاه، سروده است که گویا آن پادشاه سه ماه روزه گرفته بوده است و در پایان می‌گوید:

خدایگانا شعرِ لطیف را عطّار

ردیف کرده به مدحِ تو سربه‌سر روزه[3]

و گویا قصیدهٔ بی‌مطلعِ:

---

۱. *دیوان عطار*، ۷۶۶.

۲. *المعجم*، چاپ استاد مدرس رضوی، انتشارات دانشگاه تهران، ص ۳۱۵.

۳. *دیوان عطار*، ص ۸۲۳.

اگر ز گلبنِ خُلقش گُلی به بار رسد
بحکم نیشکر آرد برون ز زهر گیا

نیز سرودهٔ همین «عطار» است و این شاعر کسی بوده است که مدتی از خدمتِ ممدوحِ خود به دور افتاده بوده و درهمین قصیده عُذرِ دوری خویش را متذکر شده است و تهمتِ مدحِ دیگران گفتن را نیز از خویشتن دور می‌کند و می‌گوید:

عُطاردِ دوم آمد به مدحِ تو عطّار
عطاردی است براو ختم، چون که برتو عطا[1]

حتی در داخل غزل‌های دیوان عطار نیز غزل‌هایی است از همین‌گونه عطارهای مدّاح که غزل را به مدحِ ممدوح تخلص کرده‌اند مانندِ غزل:

دمِ عیسی‌ست که با بادِ سحر می‌گذرد
و آبِ خضر است که بر روی خضر می‌گذرد

و در پایان غزل می‌گوید:

ابر از خجلت و تشویر دُر افشانیِ شاه
می‌دمد آتش و با دامنِ تر می‌گذرد[2]

و نیز این غزل:

چون تتق از رویِ آن شمعِ جهان برداشتند
همچو پروانه جهانی دل ز جان برداشتند

که در پایان می‌گوید:

چون تخلّص را در آمد وقت، جشنی ساختند
جام بر یادِ خداوند جهان برداشتند[3]

به احتمال قریب به یقین می‌توان گفت که گویندهٔ «متنِ» **خسرونامهٔ** موجود، و نه مقدمه و خاتمهٔ آن، هم این «فریدِ عطار» مداح محمدبن تکش خوارزمشاه است که هم به نام «فرید» و هم به نام «عطار» در آن منظومه از خود یاد می‌کند. از تأمل در منظومهٔ **گل و هرمز** (= **خسرونامه**)

---

۱. *همان‌جا*، ۷۳۳. ۲. *همان‌جا*، ۱۵۰ ۳. *همان‌جا*، ۲۳۸

می‌توان به این نتیجه رسید که شخصی در قرن هشتم یا نهم این نسخه را که احتمالاً آغاز آن افتادگی داشته است دیده و چون یکی از قهرمانان این منظومهٔ **گل و هرمز**، «خسرو» نام دارد و در مطاویِ این داستان هم گوینده چندبار با عنوان «فرید»[1] و «عطار»[2] از خود یاد می‌کند، برای او قطع حاصل شده است که این همان «**خسرونامهٔ**» عطار است و آن مقدمهٔ کذایی را برای آن ساخته و چون می‌دیده است که **خسرونامهٔ** دیگری (= همان الاهی) به نام عطار در میان مردم هست در آن مقدمه دفعِ دَخْلِ مُقَدَّر کرده و گفته است که آن **خسرونامهٔ** قبلی (= ***الاهی‌نامهٔ*** موجود) پند و امثال بود:

دگر توحید و نعت و پند و امثال　　که خسرونامه را بود اولِ حال
چو در اسرارنامه گفته‌ای باز　　دو موضع کرده‌ای یک چیز آغاز[3]

یعنی زمینهٔ ***اسرارنامه*** و ***خسرونامهٔ*** قبلی (= ***الاهی‌نامهٔ*** موجود) یک چیز است ولی این ***خسرونامه*** چیز دیگری است و... بعد برای این‌که انتساب این منظومهٔ ***گل و هرمز*** را به عطارِ نیشابوری قطعی‌تر کند فهرستی هم از کارهایی که به نام او مشهور بوده است از قبیلِ ***مقامات طیور*** و ***مصیبت‌نامه*** و ***مختارنامه*** و... را یاد می‌کند تا خواننده یقین کند که این منظومه اثری است از آثار همان گویندهٔ ***مقامات طیور*** و ***اسرارنامه*** و ***مصیبت‌نامه***.

احتمالِ این‌که متنِ داستانِ ***گل و هرمز*** سرودهٔ همین عطار مداح سلطان محمد خوارزمشاه باشد بسیار زیاد است به دلیل این‌که شاعر در توصیف‌های ضمنِ داستان اشاراتی ضمنی به بودنِ خود در ترکستان دارد به این عناوین توجه کنید: «**رفتن خسرو به روم**» / ۱۳۹ «**نامهٔ گل به خسرو و رفتن به اصفهان**» ۱۶۵ «**رفتن خسرو به روم**» / ۱۹۹ «**رفتن خسرو به دریا در طلبِ گُل**» /۲۸۲ «**آمدنِ فرخ‌زاد به ترکستان در طلبِ گل**» /۳۴۴ به کار بردنِ فعلِ آمدن در موردِ ترکستان نشانهٔ این است که گویندهٔ داستان مقیم ترکستان است وگرنه در این مورد هم فعل رفتن به کار می‌برد و از آن‌جا که آن «فریدِ عطارِ» مدّاحِ سلطان محمد خوارزمشاه خود در ترکستان

---

۱. *خسرونامه*، ۳۲۹.　۲. *همان‌جا*، ۱۰۸، ۲۵۱، ۳۶۴.　۳. *همان‌جا*، ۳۳.

می‌زیسته است بناچار فعلِ مربوط به ترکستان را آمدن به کار برده است حتی در مورد نیشابور فعلِ رفتن را دارد:

پس از ده روز راهی دور رفتند به کم مدت به نیشابور رفتند[1]

که نشان می‌دهد شاعر مقیم نیشابور نیست. البته اگر کسی بخواهد تمایز آن «رفتن»ها و این «آمدن»ها را به راویِ داستان مرتبط کند باید به او یادآور شد که هستهٔ اصلی این داستان از داستان‌های هِرْمِسیِ یونانی است و آن «خسرو»ی که قهرمان این داستان است و از او به عنوان «هرمز» غالباً یاد می‌شود «هُرمُز» به ضم ها و میم نیست بلکه «هِرمِز» است (به کسر ها و میم) زیرا در سراسر کتاب با «هرگز» قافیه می‌شود و با «عاجِز» و ربطی به «هُرمز» ایرانی که با «اُورمَزد» و «هُرمُزد» مرتبط است، ندارد[2] و از آن‌جا که داستان منشأ یونانی دارد و پدر قهرمان داستان در جزایر دریا پادشاهی دارد و اصلش «از اجدادِ اسکندر» داستان هِرمِسی است.[3]

به لحاظ سبک‌شناسی نیز آن عطارِ مداح خوارزمشاه به صنایعِ خاصی از قبیل التزام و تکرار میل بسیاری در آن قصاید، از خود نشان می‌دهد همان سبک و میل به صنایع در داخل این منظومه نیز به وضوح دیده می‌شود. اگر او در قصیدهٔ مدح محمد خوارزمشاه «مور و موی» را التزام کرده و در ۲۴ بیت موجود از این قصیده ۲۴ بار این کلمات را آورده است گویندهٔ این منظومه نیز در ۱۳۰ بیت ۲۷۰ بار کلمهٔ «موی» را پشتِ سر هم تکرار کرده است که از مصادیقِ جهانیِ الجنون فنون است[4] و از گویندهٔ ***منطق‌الطیر*** و ***اسرارنامه*** این‌گونه صنعت بارگی، آن‌هم از این نوع، بسیار بعید می‌نماید.

VI) از قرن نهم به بعد «عطار»های بیشتری وارد قلمرو شعر فارسی

---

۱. ***همان‌جا***، ۲۴۸ البته نیشابور در این داستان، علاوه بر این‌که لفظاً اصالت ندارد (یعنی نسخه‌ها مورد تردید است) با نیشابور خراسان هم قابل تطبیق نیست.

۲. ***همان‌جا***، ۵۱، ۵۳ ۳. ***همان‌جا***، ۳۴ و ۲۷۱. ۴. ***خسرونامه***، ۳۳۶_۳۴۲.

شده‌اند که فعال‌ترین آن‌ها مردِ سفیهی است از اهل تون با نظمی بسیار سست و ناتندرست که مجموعهٔ متنوعی از منظومه‌ها دارد به نام ***مظهرالعجایب*** و ***لسان‌الغیب*** و در عینِ حال خود را صاحب ***منطق‌الطیر*** و ***اسرارنامه*** نیز می‌داند و به‌گونه‌ای خود را معرفی می‌کند که حتی سال‌ها قبل از تولدِ عطار صاحب ***منطق‌الطیر*** باید متولد شده باشد.

در موردِ عطارهایی که سرایندگانِ «***اشترنامه***» و «***جوهرالذات***» و ***بلبل‌نامه*** (= ***گل و بلبل***) و ***مفتاح‌الفتوح*** و ***وصلت‌نامه*** و ***هیلاج‌نامه*** و ***پندنامه*** و ***لسان‌الغیب*** و ***مظهرالعجایب*** و ***معراج‌نامه*** و ***بیسرنامه*** و ***خیاط‌نامه*** و ***هفت وادی*** بوده‌اند باید تحقیقی جداگانه انجام شود زیرا هیچ دلیلی وجود ندارد که همهٔ این‌ها سرودهٔ یک عطار یعنی همان عطارِ تونی باشد[1]. احتمالاً این منظومه‌ها حاصل کار چند گوینده است که همه در قرن نهم و بعد از آن می‌زیسته‌اند. این‌گونه شعرها که نه به سبکِ عطار کوچک‌ترین شباهتی دارد و نه به روحیهٔ او که دشمنِ شاعرانِ درباری است و تمام افتخارش به این است که هرگز پادشاهی را مدح نگفته است، به صِرفِ داشتن تخلصِ عطّار واردِ دیوان او و مجموعهٔ آثارش شده است و کم نبوده‌اند «عطار»هایی که حتی غزلِ عرفانی و یا مثنویِ اخلاقی و عرفانی سروده‌اند و مجموعهٔ کارهای این گروه «عطار»ها نیز واردِ میراثِ ادبی و عرفانی سُرایندهٔ ***منطق‌الطیر*** شده است و حجم انبوهی از شعرهای سست و معناً متناقض را به نامِ او شهرت داده است؛ در نتیجه عطّار هم مدّاح است و کلّاش و هم دشمنِ مداحان، هم شیعه است و هم سنی، هم نیشابوری است هم تونی هم اهل گنجه و دربند هم ضدِّ صنعت کاری‌ها و آرایش‌های تندِ بدیعی mannerism است هم طرفدارِ آن و مُفرطِ در صنایع و در نتیجه دارای چندین سبک و اسلوب در شاعری.

---

۱. در باب عطّارِ تونی مراجعه شود به ***جستجو در احوالِ عطار***، از استاد سعید نفیسی، ۱۴۵ ـ ۱۶۷ و نیز ***تصوف و ادبیات تصوف***، از برتلس، ترجمهٔ سیروس ایزدی، تهران، امیرکبیر، ۴۶۱ ـ ۵۹۱.

این آمیختگی اسناد سبب شده است که زندگینامهٔ او نیز بسیار آشفته و افسانه‌آمیز باشد و هرگونه تحقیقی را در باب زندگی و اندیشه و سبک او دشوار کند. بنابراین، در حوزهٔ عطارشناسی ما هنوز اندر خم یک کوچه‌ایم و تمامِ احکامی که تاکنون صادر شده است از مقولهٔ ظنّیات است و نمی‌تواند اساس تحقیق علمی قرار گیرد. تصحیح مجدد آثارِ مُسلّمِ او به شیوهٔ علمی، مقدمهٔ واجبی است برای هرگونه تحقیقِ دیگر در باب او.

گزیدهٔ غزل‌ها

۱

چون نیست هیچ مردی در عشق یار ، ما را
سجّاده زاهدان را دُرد و قِمار ، ما را
جایی که جانِ مردان باشد چو گوی گردان
آن نیست جایِ رندان، با آن چه کار ، ما را
گر ساقیانِ معنی با زاهدان نشینند
می زاهدانِ ره را دُرد و خمار ، ما را
درمانْش مخلصان را دردش شکستگان را
شادیش مُصلِحان را غم یادگار ، ما را
ای مُدّعی! کجایی تا مُلکِ ما ببینی
کز هر چه بود در ما برداشت یار ، ما را
آمد خطابِ ذوقی از هاتفِ حقیقت
ک «ای خسته! چون بیابی اندوه آر ، ما را.»
عطّار اندرین ره، اندوهگین فرو شُد
زیرا که او تمام است اَندُه‌گسار ، ما را

۲

بار دگر شور آورید این پیرِ دُردآشام ما
صد جام بر هم نوش کرد از خونِ دل بر جام ما

چون راست کاندر کار شد و ز کعبه در خمّار شد
در کفرِ خود دین‌دار شد بیزار شد ز اسلام ما
پس گفت: تا کی زین هَوَس؟ ماییم و دردِ یك نَفَس
دایم یکی گوییم و بس تا شد دو عالم رام ما
پس، کَم زنی استاد شد بی‌خانه و بُنیاد شد
از نام و ننگ آزاد شد، نیك است این بدنام ما
پس شد چو مردان مردِ او، وز هر دو عالم فردِ او
وز دُردِ دُردِ دَردِ او شد مست هفت اندام ما
دل گشت چون دلداده‌ای، جان شد ز کار افتاده‌ای
تا ریخت بر هر باده‌ای از جام دل در جام ما
جان را چو آن می نوش شد از بی‌خودی بیهوش شد
عقل از جهان خاموش شد وز دل برفت آرام ما
عطار در دیر مغان چون می کشید اندر نهان
فریاد برخاست از جهان کای رندِ دُردْآشامِ ما

۳

بُرقَع از ماه برانداز امشب
اَبْرَشِ حُسن برون تاز امشب
دیده بر راه نهادم همه روز
تا درآیی تو باعزاز امشب
من و تو هر دو تمامیم بهم
هیچ کس را مده آواز امشب

کارم انجام نگیرد که چو دوش
سرکشی می‌کنی آغاز امشب

گرچه کارِ تو همه پرده‌دری است
پرده زین کار مکن باز امشب

تو چو شمعی و جهان از تو چو روز
من چو پروانهٔ جانباز امشب

همچو پروانه به پای افتادم
سر ازین بیش میفراز امشب

عمر من بیش شبی نیست چو شمع
عمر شد، چند کنی ناز امشب

نَفَسی در رخِ من خند چو صبح
همچو شمعم چه نهی گاز امشب

بوده‌ام بی تو به صد سوز امروز
چه کنی کشتنِ من ساز امشب

مرغِ دل در قفسِ سینه ز شوق
می‌کند قصد به پرواز امشب

دانه از مرغِ دلم باز مگیر
که شد از بانگ تو دمساز امشب

رازم از دم بمکن فاش چو صبح
که تویی همدم و همراز امشب

دل عطار نگر شیشه‌صفت
سنگ بر شیشه میانداز امشب

۴

سحرگاهی شدم سویِ خرابات
که رندان را کنم دعوت به طاعات
عصا اندر کف و سجّاده بر دوش
که هستم زاهدیِ صاحبِ کرامات
خراباتی مرا گفتا که ای شیخ
بگو تا خود چه کارست از مهمّات
بدو گفتم که کارم توبهٔ توست
اگر توبه کنی یابی مکافات
مرا گفتا : « برو ای زاهد خشك
که تر گردی ز دُردیِّ خرابات
اگر یك قطره دُردی بر تو ریزم
ز مسجد باز مانی و ز مناجات
برو ، مفروش زهد و خودنمایی
که نه زهدت خرند اینجا نه طامات
کسی را اوفتد بر رویْ این رنگ
که در کعبه کند بُت را مراعات »
بگفت این و یکی دُردی به من داد
خَرِف شد عقلم و رَست از خُرافات
چو من فانی شدم از جانِ کهنه
مرا افتاد با جانان ملاقات

چو از فرعونِ هستی باز رَستم
چو موسی می‌شدم هر دم به میقات
چو خود را یافتم بالایِ کونین،
چو دیدم خویشتن را آن مقامات؛
برآمد آفتابی از وجودم
درونِ من برون شد از سماوات
بدو گفتم که ای دانندهٔ راز
بگو تا کی رسم در قربِ آن ذات؟
مرا گفتا که ای مغرورِ غافل!
رسد هرگز کسی؟ هیهات هیهات!
بسی بازی ببینی از پس و پیش
ولی آخر فرو مانی به شبهات
همه ذراتِ عالم مست عشقند
فرو مانده میانِ نفی و اثبات
در آن موضع که تابد نورِ خورشید
نه موجود و نه معدوم است ذرّات
چه می‌گویی تو ای عطار، آخر
که داند این رموز و این اشارات

۵

آه‌های آتشینم پرده‌های شب بسوخت
بر دل آمد، وز تَفِ دل، هم زبان هم لب بسوخت

دوش، در وقت سحر، آهی بر آوردم ز دل
در زمین آتش فتاد و بر فلک کوکب بسوخت
جانِ پرخونم، که مشتی خاکْ دامنگیرِ اوست،
گاه اندر تاب ماند و گاه اندر تب بسوخت
پردهٔ پندار، کان چون سدِّ اسکندر قوی‌ست،
آهِ خون آلودِ من هر شب به یك یارب بسوخت
روز دیگر پرده‌ای دیگر برون آمد ز زیر
پردهٔ دیگر به یارب‌های دیگر شب بسوخت
هر که او خام است گو در مذهبِ ما نِه قَدَم
زانکه عودِ خام شد هرکو درین مذهب بسوخت
بازِ عشقش، چون دلِ عطار، در مِخْلَب گرفت
از دل گرمش عجب نَبْوَد اگر مِخْلَب بسوخت

٦

تا کی از صومعه، خمّار کجاست
خرقه بفکندم، زُنّار کجاست
سیرم از زَرْق‌فروشی و نفاق
عاشقی محرمِ اسرار کجاست
چون من از بادهٔ غفلت مستم
آن بُتِ دلبرِ هشیار کجاست
همه کس طالبِ یارند ولیك
مفلسی مست به دیدار، کجاست

همه در کار شدیم از پیِ خویش
کاملی در خورِ این کار کجاست
گرچه مَردُم همه در خوابِ خوش اند
زیرکی پُردل بیدار کجاست
روز روشن همگان در خواب اند
شبروی عاشق عیّار کجاست
گرگِ پیرند، همه، پرده‌دران
یوسفی بر سرِ بازار کجاست
گشت عطار در این واقعه گُم
اندرین واقعه، عطار کجاست؟

۷

این چه سوداست کز تو در سَرِ ماست؟
وین چه غوغاست کز تو در بر ماست؟
از تو در ما فتاده شور و شری
اینهمه شور و شر نه در خورِ ماست
تا تو کردی به سویِ ما نظری
مُلکِ هر دو جهان مسخّرِ ماست
پاك باز آمدیم از دو جهان
کاتشت در میانِ جوهر ماست
آتشی کز تو در نهادِ دل است
تا ابد رهنمای و رهبر ماست

دیده‌ای کو که رویِ تو بیند
دیده تیره‌ست و یار در بَرِ ماست
ما درین ره حجاب خویشتنیم
ور نه رویِ تو در برابرِ ماست

۸

راهِ عشقِ او که اکسیرِ بلاست
محو در محو و فنا اندر فناست
فانیِ مطلق شود از خویشتن
هر دلی کو طالبِ این کیمیاست
گر بقا خواهی فنا شو ، کز فنا
کمترین چیزی که می زاید بقاست
در چنین دریا که عالم ذره‌ای است
ذرّه‌ای ، هست آمدن ، یارا کراست؟
گر ازین دریا بگیری قطره‌ای
زیر او پوشیده صد دریا بلاست
بر نیاری جان و ایمان گُم کنی
گر درین دریا بری یك ذرّه خواست
از خودیِّ خود قدم برگیر زود
تا ز پیشان بانگت آید ک « انِ ماست»
دم نیارد زد ازین سِرِ شگرف
هر که را یك دم سَرِ این ماجراست

۱۱۴ زبور پارسی

زهد و علم و زیرکی بسیار هست
آن نمی‌خواهند، درویشی جداست
آنچه من گفتم زبورِ پارسی ست
فهمِ آن نه کارِ مردِ پارساست

۹

بیا که قبلهٔ ما گوشهٔ خرابات است
بیار باده که عاشق نه مردِ طامات است
پیاله‌ای دو، به من دِه، که صبح پرده درید
پیاده‌ای دو، فرو کن، که وقتِ شهمات است
در آن مقام که دلهای عاشقان خون شد
چه جایِ دُردفروشانِ دیرِ آفات است؟
ز کفر و دین و ز نیك و بد و ز علم و عمل
برون گذر که برون زین، بسی مقامات است
اگر دمی به مقاماتِ عاشقی برسی
شود یَقینْت که جز عاشقی خرافات است
چه داند آنکه نداند که چیست لذّتِ عشق
از انك لذّتِ عاشق ورایِ لذّات است
بنوش دُرد و فنا شو اگر بقا خواهی
که زادِ راهِ فنا دُردیِ خرابات است
به کویِ نفی فرو شو چنانکه بَر نایی
که گِردِ دایرهٔ نفی، عینِ اثبات است

مخند از پیِ مستی که بر زمین افتد
که آن سجودِ وی از جملهٔ مناجات است

۱۰

چون کنم، معشوق عیّار آمده‌ست
دشنه در کف، سویِ بازار آمده‌ست
دشنهٔ او تشنهٔ خون دل است
لاجَرَم خونریز و خونخوار آمده‌ست
آینه بر روی خود می داشته است
تا به خود بر، عاشق زار آمده‌ست
از وصالِ او کسی کی بر خورَد؟
کو به عشقِ خود گرفتار آمده‌ست
او ز جمله فارغ است و هر کسی
اندرین دعوی پدیدار آمده‌ست
لیک چون تو بنگری در راهِ عشق
قِسْمِ هر کس محضِ پندار آمده‌ست
عاشق، او و عشق او، معشوقه اوست
کیستی تو؟ چون همه یار آمده‌ست
جز فنایی نیست چون می بنگرم
آنچه از وی قِسْمِ عطار آمده‌ست

۱۱

مفشان سرِ زلفِ خویش سرمست
دستی برنه، که رفتم از دست
دریاب مرا که طاقتم نیست
انصاف بده که جای آن هست
تا نرگسِ مستِ تو بدیدم
از نرگسِ مستِ تو شدم مست
ای ساقیِ ماهروی برخیز!
کان آتشِ تیزِ توبه بنشست
دَر دِه مَیِ کهنه، ای مسلمان!
کین کافرِ کهنه توبه بشکست
در بُتکده رفت و دست بگشاد
زنّارِ چهار کرد بر بست
دُردی بستد، بخورد، و بفتاد
و ز ننگِ وجودِ خویشتن رست
عطار درو نظاره می کرد
تا زین قفسِ فنا برون جست

۱۲

عزمِ آن دارم که امشب نیم مست
پای‌کوبان کوزهٔ دُردی به دست
سر به بازارِ قلندر درنهم
پس به یک ساعت ببازم هر چه هست
تا کی از تزویر باشم خودنمای
تا کی از پندار باشم خودپرست؟
پردهٔ پندار می باید درید
توبهٔ زُهّاد می باید شکست
وقتِ آن آمد که دستی برزنم
چند خواهم بودن آخر پای‌بست
ساقیا در ده شرابی دلگشای
هین که دل برخاست، غم در سر نشست
تو بگردان دور، تا ما مردوار
دورِ گردون زیر پای آریم، پست
مشتری را خرقه از سر برکشیم
زُهره را تا حشر گردانیم مست
پس چو عطار از جهت بیرون شویم
بی جهت در رقص آییم از اَلَسْت

۱۳

دلی کز عشق جانان دردمند است
همو داند که دردِ عشق چند است
دلا گر عاشقی از عشق بگذر
که تا مشغولِ عشقی، عشق بند است
وگر در عشق، از عشقت خبر نیست
ترا این عشق، عشقی سودمند است؟
هران مستی که بشناسد سر از پای
ازو دعویِ مستی ناپسند است
بخند ای زاهد خشك، ار نه‌ای سنگ
چه وقتِ گریه و چه جای پند است
نگارا روز روزِ ماست امروز
که در کف باده و در کام قند است
می و معشوق و وصلِ جاودان هست
کنون تدبیر ما لختی سپند است
یقین می‌دان که اینجا مذهب عشق
ورای مذهبِ هفتاد و اند است

۱۴

رهِ عشاق راهی بی‌کنار است
ازین رَه، دورا! اگر جانت بکار است
وگر سیری ز جان درباز جان را
که یك جان را عوض آنجا هزار است
تو هر وقتی که جانی برفشانی
هزاران جانِ نو بر تو نثار است
وگر در یك قدم صد جان دهندت
نثارش کن که جانها بیشمار است
درآمد دوش در دل عشق جانان
خطابم کرد کامشب روزِ بار است
کنون بی‌خود بیا تا بار یابی
که شاخِ وصل، بی‌باران ببار است
ترا اول قدم در وادیِ عشق
بزاری کشتن است، آنگاه دار است،
وزان پس سوختن تا هم بوینی
که نور عاشقان در مغزِ نار است
چو خاکستر شوی و ذرّه گردی
برقص آیی که خورشید آشکار است
کسی سازد رَسَن از نورِ خورشید
که اندر هستیِ خود ذرّه‌وار است

۱۵

آتشِ عشقِ تو در جان خوشتر است
جان ز عشقت آتش افشان خوشتر است
هر که خورد از جام عشقت قطره‌ای
تا قیامت مست و حیران خوشتر است
تا تو پیدا آمدی پنهان شدم
زانکه با معشوق پنهان خوشتر است
دردِ عشق تو که جان می سوزدم
گر همه زهر است از جان خوشتر است
درد، بر من ریز و درمانم مکن
زانکه دردِ تو ز درمان خوشتر است
چون وصالت هیچ کس را روی نیست
روی در دیوارِ هجران خوشتر است
خشکسالِ وصلِ تو بینم مدام
لاجرم در دیده طوفان خوشتر است

۱۶

اگر تو عاشقی ، معشوق دور است
وگر تو زاهدی مطلوب حور است

رهِ عاشق، خراب اندر خراب است
رهِ زاهد، غرور اندر غرور است
دل زاهد همیشه در خیال است
دل عاشق همیشه در حضور است
جهانی کان جهانِ عاشقان است
جهانی ما ورای نار و نور است
درونِ عاشقان صحرای عشق است
که آن صحرا نه نزدیک و نه دور است
در آن صحرا نهاده تخت معشوق
بگردِ تخت، دایم جشن و سور است
همه دلها، چو گلهای شکفته‌ست
همه جانها، چو صف‌های طیور است
سراینده همه مرغان به صد لحن
که در هر لحن صد سور و سرور است
از آن کم می‌رسد هر جان برین جشن
که ره بس دور و جانان بس غیور است
طریق تو ـ اگر این جشن خواهی ـ
ز جشنِ عقل و جان و دل عبور است
خردمندا! مکن عطّار را عیب
اگر زین شوق جانش ناصبور است

۱۷

نیم‌شبی، سیمبَرَم، نیم مست
نعره‌زنان آمد و در را شکست
هوش بشد از دلِ من کاو رسید
جوش بخاست از جگرم کاو نشست
جام می آورد مرا پیش و گفت
نوش کن این جام و مشو هیچ مست
چون دلِ من بویِ میِ عشق یافت
عقل زبون گشت و خرد زیرْ دست
نعره بر آورد و به میخانه شد
خرقه به خم در زد و زُنّار بست
کم‌زن و اوباش شد و مُهره‌دزد
رهزنِ اصحاب شد و می‌پرست
نیك و بدِ خلق به یکسو نهاد
نیست شد و هست شد و نیست ـ هست
چون خودیِ خویش بکلّی بسوخت
از خودیِ خویش بکلّی برست
در برِ عطّار بلندی ندید
خاك شد و در برِ او گشت پست

۱۸

در سرم از عشقت این سودا خوش است
در دلم از شوقت این غوغا خوش است
گر نباشد هر دو عالم گو مباش
تو تمامی ، با توام تنها خوش است
ماهرویا! سیرم اینجا از وجود
بی وجودم گر بری آنجا خوش است
پرده از رخ بر فکن تا گُم شوم
کان تماشا بی وجودِ ما خوش است
چون تو پیدا آمدی چون آفتاب
گر شدم ، چون سایه ، ناپیدا خوش است
از درون چاه جسمم دل گرفت
قصدِ صحرا می کنم ، صحرا خوش است
دی اگر چون قطره‌ای بودم ضعیف
این زمان دریا شدم ، دریا خوش است
غرقِ دریا ، تشنه می میرم مُدام
این چه سودایی ست ، این سودا خوش است

۱۹

گم شدن در گم شدن دین من است
نیستی در هستی آیین من است
حالِ من خود در نمی آید به نطق
شرحِ حالم اشکِ خونین من است
کارِ من با خلق آمد پشت و روی
که آفرینِ خلق نفرینِ من است
تا پیاده می روم در کویِ دوست
سبزْ خنگِ چرخ در زین من است
از درش گردی که آرد بادِ صبح
سُرمهٔ چشمِ جهان بینِ من است
من چرا گِردِ جهان گردم؟ چو دوست
در میانِ جان شیرین من است

۲۰

عشقِ جمالِ جانان دریای آتشین است
گر عاشقی بسوزی، زیرا که راه این است
گر سِرِّ عشق خواهی، از کفر و دین گذر کُن
که آنجا که عشق آمد، چه جای کفر و دین است؟

عاشق که در ره آید اندر مقامِ اول
چون سایه‌ای بخواری افتاده در زمین است
چون مدتی بر آید سایه نماند اصلاً
کز دورْ جایگاهی خورشید در کمین است
چندین هزار رهرو ، دعویِّ عشق کردند
بر خاتمِ طریقت منصور چون نگین است
هرکس که دُرِّ معنی زین بحر باز یابد
در مُلکِ هر دو عالم جاوید نازنین است
کاری قوی‌ست ، عالی ، کاندر رهِ طریقت
بر هر هزار سالی یك مرد راه‌بین است
تو مردِ ره چه دانی زیرا که مردِ ره را
اول قدم درین ره ، بر چرخ هفتمین است
عطّار اندرین ره جایی فتاد کانجا
برتر ز جسم و جان است بیرون ز مهر و کین است

۲۱

بُتِ ترسای من ، مستِ شبانه ست
چه شور است این کزان بُت در زمانه ست
دل من صافِ دینِ در راهِ او باخت
که این دل مستِ دُردیِّ مغانه ست
درآمد دوش و گفت : ای غِرّهٔ خود
دلت غمگین و نَفْسَت شادمانه ست

به بویِ دانه مرغت مانده در دام
چه مرغی ! آنکه عرشش آشیانه ست
بدو گفتند : چون در دام ماندی
بخور دانه که غم خوردن فسانه ست
بزاری مرغ گفتا : ای عزیزان!
بدام اندر کرا پروایِ دانه ست
کزانگاهی که خوردِ آن دانه آدم
بدام افتاده سر بر آستانه ست
عزیزا! کارِ تو بس مشکل افتاد
چه گویم چون زبانم پُر زبانه ست
ببین که آیینهٔ کونین کلّی
جمالِ بی‌نشانی را نشانه ست
نگاهی می‌کند در آینه یار
که او خود عاشقِ خود جاودانه ست
به خود می‌بازَد، از خود، عشق با خود
خیالِ آب و گل در ره بهانه ست

۲۲

سخنِ عشق، جز اشارت نیست
عشق، در بندِ استعارت نیست
در عبارت همی نگنجد عشق
عشق، از عالمِ عبارت نیست

هر که را دل ز عشق گشت خراب
بعد از آن هرگزش عمارت نیست
عشق، بِستان و خویشتن بفروش
که نکوتر ازین تجارت نیست
تنِ خود را به خونِ دیده بشوی
که تنت را جزین طهارت نیست
پُر شد از دوست هر دو کون و لیك
سویِ او زَهرهٔ اشارت نیست
دلِ شوریدگان چو غارت کرد
بانگ بر زد که جایِ غارت نیست

۲۳

ای دل! ز جان درآی که جانان پدید نیست
با دردِ او بساز که درمان پدید نیست
حدِّ تو صبر کردن و خون خوردن است و بس
زیرا که حدِّ وادیِ هجران پدید نیست
ای مردِ کُندرو، چه روی بیش ازین ز پیش
چندین مرو ز پیش که پیشان پدید نیست
ای دل یقین شناس که یك ذرّه سِرِّ عشق
در ضیقِ کفر و وُسعتِ ایمان پدید نیست
فانی شو از وجود و امید از عدم بُبر
کان چیز کان همی طلبی آن پدید نیست

از اصلِ کار ، جانِ تو کی باخبر شود
که آنجاکه اَصلِ کار بُوَد، جان پدید نیست
عطار را اگر دل و جان ناپدید شد
نَبْوَد عجب، که چشمهٔ حیوان پدید نیست

۲۴

از قوّتِ مستیم ز هستیم خبر نیست
مستم ز میِ عشق و چو من مستِ دگر نیست
مستانِ می عشق درین بادیه رفتند
من ماندم و از ماندنِ من نیز اثر نیست
زین پیش دلی بود مرا عاشق و امروز
جز بی‌خبریم از دلِ خود، هیچ خبر نیست
در دامنِ تو ، دست، کسی می‌زند ای دوست!
کو در رهِ سودای تو با دامنِ تر نیست
دانی که چه خواهم منِ دلسوخته از تو؟
ـ خواهم که نخواهم! دگرم هیچ نظر نیست
عطّار چنان غرقِ غمت شد که دلش را
یك دم دلِ دل نیست زمانی سَرِ سر نیست

۲۵

در رَهِ عُشاق نام و ننگ نیست
عاشقان را آشتی و جنگ نیست
عاشقی تر دامنی گر تا اَبَد
دامنِ معشوقت اندر چنگ نیست
تنگ بادت هر دو عالم جاودان
گر دو عالم، بر تو، بی او، تنگ نیست!
پیکِ راهِ عاشقانِ دوست را
در زمین و آسمان فرسنگ نیست
مرغِ دل از آشیانی دیگر است
عقل و جان را سویِ او آهنگ نیست
ساقیا! خونِ جگر در جام ریز
تا شود پر خون دلی کز سنگ نیست
آتش عشق و محبّت بر فروز
تا بسوزد هر که او یکرنگ نیست
کارِ ما بگذشت از فرهنگ و هنگ
بیدلان عشق را فرهنگ نیست
راست ناید نام و ننگ و عاشقی
دُرد دَر دِه، جای نام و ننگ نیست
نیست منصورِ حقیقی، چون حسین،
هر که او از دارِ عشق آونگ نیست

۲۶

عشق جز بخشش خدایی نیست
این به سلطانی و گدایی نیست
هر که او برنخیزد از سَرِ سر
عشق را با وی آشنایی نیست
عشق، وقف است بر دلِ پُر درد
وقف، در شرعِ ما، بهایی نیست
هر که را بازِ عشق، صید کند
بازش از چنگِ او رهاییِ نیست
هر چه عطار گوید از سَرِ عشق
بیقین دان که جز عطایی نیست

۲۷

در عشقِ تو، عقل سرنگون گشت
جان نیز خلاصهٔ جنون گشت
خود حالِ دلم چه گونه گویم
کان کار به جان رسیده چون گشت؟
بر خاکِ درت، به زاری زار
از بس که-به خون بگشت،-خون گشت

خونِ دل ماست یا دل ماست
خونی که ز دیده‌ها برون گشت ؟
درمان چه طلب کنم ؟ که عشقت
ما را سویِ درد رهنمون گشت
آن مرغ که بود زیرَکَش نام
در دام ِبلای تو زبون گشت
لختی پر و بال زد به آخر
از پای فتاد و سرنگون گشت
تا دور شدم من از دَرِ تو
از ناله دلم چو ارغنون گشت

۲۸

ای دلم مستِ چشمهٔ نوشت
در خطم از خطِ سیه پوشت
همچو من صد هزار سرگشته
حلقه در گوشِ حلقهٔ گوشت
تو به جان و دلی جفا کوشم
من به جان و دلم وفاکوشت
یاد کُن از کسی که در همه عمر
نکند لحظه‌ای فراموشت
مست از آنم چنین که در برِ خویش
مست، در خواب دیده‌ام دوشت

بو که تعبیرِ خوابم آن باشد
که شوم امشبی هم آغوشت
دلِ عطّار، باده ناخورده،
تا قیامت بمانده مدهوشت

۲۹

ای بی‌نشان و محضِ نشان از که جویمت
گُم گشت در تو، هر دو جهان، از که جویمت
تو گُم نه‌ای و گُم شدهٔ تو منم، ولیك
نایافتْ یافت می نتوان، از که جویمت
دل در فنایِ وحدت و جان در بقایِ صِرف
من گُم شده درین دو میان، از که جویمت
پیدا بسی بجُستمت امّا نیافتم
اکنون مرا بگو که نهان، از که جویمت
چون در رهت یقین و گمانی همی رَوَد
ای برتر از یقین و گمان، از که جویمت
در بحرِ بی‌نهایتِ عشقت چو قطره‌ای
گُم شد نشان همه، به نشان از که جویمت
تا بو که بوئی از تو بیابد دلم چو جان
بیرون شد از زمان و مکان از که جویمت
عطار اگرچه یافت به عینِ یقین ترا
ای بس عیان! به عینِ عیان از که جویمت؟

۳۰

رَطْلِ گران ده صبوح، زانکه رسیده ست صبح
تا سرِ شب بشکند، تیغ کشیده ست صبح
روی نهفته ست تیر، روی نهاده ست مهر
پشت بداده ست ماه، هین که رسیده ست صبح
بر سرِ زنگیِّ شب، همچو کلاه است ماه
بر درِ قفلِ سَحَر همچو کلید است صبح
ای بُتِ بربط نواز! پردهٔ مستان بساز
کز رخِ هندویِ شب پرده دریده ست صبح
سوخته گردد شرار، کز نَفَسِ سوخته
گنبدِ فیروزه را فرق بریده ست صبح
بویِ خوشِ بادِ صبح، مُشک دمد گوئیا
کز دمِ آهویِ چین مشک مزیده ست صبح
نی، که از آن است صبح مشک فشان کز هوا
نافهٔ عطّار را بوی شنیده ست صبح

۳۱

صبح، دَم زد، ساقیا! هین الصبوح!
خفتگان را در قدح کُن قوتِ روح.

در قدح ریز آبِ خِضْر از جامِ جم
باز نتوان گشت ازین دَر، بی فُتوح
توبه بشکن تا دُرُست آیی ز کار
چند گویی: توبه‌ای دارم نصوح
مطربا! قولی بگو از راهُوی
راه، راهِ راهُوی ست اندر صبوح
دل ز مستی قولِ کس می نشنود
زانکه بشنیده ست قولِ بُلْفُتوح
چون سرانجامِ تو طوفانِ بلاست
عمرِ تو چه یك نَفَس، چه عمرِ نوح
گر ز عطّار اینِ سخن می نشنوی
بشنو از مرغِ سَحَر صُورِ صلوح

۳۲

پیرِ ما بارِ دگر روی به خمّار نهاد
خط به دین بر زد و سر بر خطِ کُفّار نهاد
خرقه آتش زد و در حلقهٔ دین بر سرِ جمع
خرقهٔ سوخته در حلقهٔ زنّار نهاد
در بُنِ دیرِ مُغان در بَرِ مُشتی اوباش
سر فرو بُرد و سر اندر پیِ این کار نهاد
دُردِ خمّار بنوشید و دل از دست بداد
می خوران، نعره زنان، روی به بازار نهاد

گفتم: «ای پیر! چه بود این که تو کردی آخر؟»
گفت که «این داغ، مرا، بر دل و جان، یار نهاد.
من چه کردم؟ چو چنین خواست، چنین باید بود
گُلم آن است که او در رَهِ من خار نهاد.»
باز گفتم که «انا الحق زده‌ای، سَر در باز!»
گفت: «آری زده‌ام.» روی سوی دار نهاد
دل چو بشناخت که عطّار درین راه بسوخت
از پیِ پیر، قدم، در پیِ عطار نهاد

۳۳

هر چه دارم در میان خواهم نهاد
بی‌خبر سر در جهان خواهم نهاد
آبِ حیوان چون به تاریکی دَرَست
جامِ جم در جَنْبِ جان خواهم نهاد
زینِ همّت در رهِ سودایِ عشق
بَر بُراقِ لامکان خواهم نهاد
گر نجنبد کاروانِ عاشقان
پای، پیشِ کاروان خواهم نهاد
سود، ممکن نیست در بازارِ عشق
پس اساسی بر زیان خواهم نهاد
گر قدم از خویش بر خواهم گرفت
از زمین بر آسمان خواهم نهاد

۱۳۶ زبور پارسی

مرغِ عرشم ، سیر گشتم از قفس
روی سویِ آشیان خواهم نهاد
تا نیاید سِرِّ جانم بر زبان
مُهر مطلق بر زبان خواهم نهاد
در زبانِ گوهر افشانِ فرید
طُرفه گنجی جاودان خواهم نهاد

۳۴

حدیثِ عشق ، در دفتر نگنجد
حسابِ عشق ، در محشر نگنجد
عجب می آیدم کاین آتش عشق
چه سودایی ست کاندر سر نگنجد
درین ره پاك دامن بایدت بود
که اینجا دامنِ تر می نگنجد
دلی کز دست شد از اندیشهٔ عشق
درو اندیشهٔ دیگر نگنجد
شرابی کان شرابِ عاشقان است
ندارد جام و در ساغر نگنجد
چو جانان و چو جان باهم نشینند
سرِ مویی میانْشان در نگنجد
رهی کان راهِ عطّار است، امروز ،
دران رَه جز دلی رهبر نگنجد

۳۵

جانا! شعاع رویت، در جسم و جان نگنجد
وآوازهٔ جمالت اندر جهان نگنجد
وصلت چه گونه جویم کاندر طلب نیاید
وصفت چه گونه گویم کاندر زبان نگنجد
هرگز نشان ندادند از کویِ تو کسی را
زیرا که راهِ کویت اندر نشان نگنجد
آنجا که عاشقانت یك دم حضور یابند
دل در حساب ناید جان در میان نگنجد
اندر ضمیرِ دلها گنجی نهان نهادی
از دل اگر بر آید در آسمان نگنجد
عطار ، وصفِ عشقت، چون در عبارت آرد؟
زیرا که وصفِ عشقت اندر بیان نگنجد

۳۶

زین درد کسی خبر ندارد
کاین درد کسی دگر ندارد
تا در سفر اوفکند دردم
می سوزم و کس خبر ندارد

کورست کسی که ذرّه‌ای را
بیند که هزار در ندارد
چه جایِ هزار و صد هزار است
یك ذره، چو پا و سر ندارد
چون نامتناهی ست ذرّه
خواجه سرِ این سفر ندارد
آنکس گوید که ذرّه خُرد است
کاو دیدهٔ دیدهْ وَر ندارد
چون دیده پدید گشت، خورشید
از ذرّه بزرگتر ندارد
از یك اصل است جمله پیدا
امّا دلِ تو نظر ندارد
در ذرّه، تو اصل بین، که ذرّه
از ذرّه شدن خبر ندارد
اصل است که فرع می نماید
زان اصل کسی گذر ندارد
عطّار اگر زبونِ فرع است
جان، چشم، ز اصل بر ندارد

۳۷

بارِ دگر پیر ما رخت به خمّار بُرد
خرقه بر آتش بسوخت، دست به زُنّار بُرد

دینِ به تزویرِ خویش کرد سیه رو چنانک
بر سرِ میدانِ کفر ، گویْ ز کُفّار بُرد
نعرهٔ رندان شنید راهِ قلندر گرفت
کیشِ مُغان تازه کرد، قیمتِ اَبرار بُرد
در برِ دیندارِ دَیر ، چُست قماری بکرد
دینِ نَود ساله را از کفِ دیندار بُرد
دُردِ خرابات خورد ذوقِ میِ عشق یافت
عشق برو غَلْبَه کرد، عقل بیکبار بُرد
چونِ میِ تحقیق خورد در حَرَم کبریا
پایِ طبیعت ببست دست به اسرار بُرد
در صفِ عُشّاق شد پیشروی پیشه کرد
پیشروی شد چنانکْ رونقِ عطّار بُرد

۳۸

آتشِ عشق، آبِ کارم بُرد
هوسِ رویِ او قرارم بُرد
روزگاری به بویِ او بودم
روی ننمود و روزگارم بُرد
عشق تا در میان کشید مرا
از بد و نیك بر کنارم بُرد
مست بودم که عشقِ کیسه شکاف
نیمشب نقدِ اختیارم بُرد

دُردیی بر کفم نهاد بزور
سویِ بازارْ دُرد خوارم بُرد
چون دلم مست شد ز دُردیِ او
همچنان مست، زیرِ دارم بُرد
من، ز من دور مانده، در پیِ دل
بارِ دیگر به کویِ یارم بُرد
نعره برداشتم به بویِ وصال
آتشِ غیرت، آبِ کارم بُرد
چون ز هستی مرا خمار گرفت
نیستی آمد و خمارم بُرد
چون شدم نیست، پیشِ آن خورشید،
همچو عطّار، ذرّه وارم بُرد

۳۹

عشقِ تو به سینه تاختن بُرد
و آرام و قرارِ من، ز من بُرد
تن چند زنم که چشمِ مستت
جانی که نداشتم ز تن بُرد
صد گونه قرار از دل من
زلفت به طلسمِ پرشکن بُرد
عشقِ تو نمود دستبُردی
مردی و زنی ز مرد و زن بُرد

با چشمِ تو عقل خویشتن را،
بی خویشتنی، ز خویشتن برد
عیسیٰ، لب روح بخشِ تو دید
در حال، خرش شد و رَسَن بُرد
خِضْر، آبِ حیات کی توانست
بی یادِ لبِ تو در دهن بُرد
جمشید، کجا جهان نمایی،
بی عکس رخت، به جام، ظَن بُرد
سیمرغ ز بیمِ دامِ زلفت
بگریخت و به قاف تاختن بُرد

۴۰

چون شراب عشق، در دل، کار کرد
دل، ز مستی، بی‌خودی بسیار کرد
شورشی اندر نهادِ دل فتاد
دل در آن شورش هوای یار کرد
جامهٔ دریُوزه بر آتش نهاد
خرقهٔ پیروزه را زُنّار کرد
هم ز فقرِ خویشتن بیزار شد
هم ز زهدِ خویش استغفار کرد
نیکوی‌هایی که در اسلام یافت
بر سرِ جمعِ مُغان ایثار کرد

از پیِ یك قطره دُردِ دَردِ دوست
روی اندر گوشهٔ خمّار کرد
چون ببست از هر دو عالم دیده را
در میانِ بی‌خودی دیدار کرد
هستیِ خود زیرِ پای آورد پست،
وز بلندی دست در اسرار کرد
آنچه یافت از همّت عطار یافت
وآنچه کرد از همّتِ عطار کرد

۴۱

ترسابچه‌ای ناگه قصدِ دل و جانم کرد
سودایِ سرِ زلفش رسوایِ جهانم کرد
زو هرکه نشان دارد دل بر سرِ جان دارد
ترسابچه آن دارد دیوانه از آنم کرد
دوش آن بُتِ شنگانه، می داد به پیمانه
وز کعبه به بتخانه، زنجیرکشانم کرد
کردم زپریشانی در بُتکده دربانی
چون رفت مسلمانی بس نوحه که جانم کرد
دل، کفر به دینداری زو کرد خریداری
دردا که به سرباری اسلام زیانم کرد
آزادِ جهان بودم بی داد و ستان بودم
انگشتْ‌زَنان بودم انگشتْ‌گزانم کرد

آخر چو فروماندم ترسابچه را خواندم
بسیار سخن راندم تا راه بیانم کرد
بنهاد ز درویشی صد تعبیه‌اندیشی
در پردهٔ بی‌خویشی از خویش نهانم کرد
چون دست ز خود شستم از بند برون جَستم
هر چیز که می‌جُستم درحال عیانم کرد
من، بی‌من و بی‌مایی، افتاده بُدم جایی
تا دربُنِ دریایی بی‌نام و نشانم کرد

۴۲

چو جان و دل، ز میِ عشق، دوشِ جوش برآوَرْد
دلم زدست درافتاد و جان خروش برآوَرْد
شراب عشق نخورده است هرکه تا به قیامت
ز ذوقِ مستیِ عشقت دمی بهوش برآوَرْد
بیار دُردیِ اندوه و صافِ عشق دلم را
که عقل، پنبهٔ پندار خود زگوش برآوَرْد
بیار دُرد که معشوق من گرفت مرا مست
میان دُرد و به بازار دُردنوش برآورد
فکند خرقه و زُنّار داد و مست و خرابم
به گردِ شهر، چو رندان می‌فروش برآورد
مرا به خلق نمود و برفت، دل زپیِ او
چنان نمود که از راهِ دیده جوش برآورد

۱۴۴ زبور پارسی

سخن چه‌گونه نیوشم براو که خاطرِ عطار
مرا به عشق، زعقلِ سخن نیوش برآورد

۴۳

دل دست به کافری برآورد
وآیینِ قلندری برآورد
قُرائی و تائبی نمی‌خواست
رندی و مُقامِری برآورد
دین و رَهِ ایزدی رها کرد
کیشِ بُتِ آزری برآورد
در کُنجِ نفاق سر فروبُرد
سالوس و سیه‌گری برآورد
از توبه و زهد توبه‌ها کرد
مؤمن شد و کافری برآورد
تا دُردیِ دَردِ بیدلان خورد
صافی شد و دلبری برآورد
عطّار، چو بحثِ حال خود کرد
تلبیس و مزوّری برآورد

۴۴

دست، در دامنِ جان خواهم زد
پای، بر فرقِ جهان خواهم زد
اسب، بر جسم و جهت خواهم تاخت
بانگ بر کون و مکان خواهم زد
وانگه، آن دم که میانِ من و اوست،
از همه خلق، نهان خواهم زد
چون مرا نام و نشان نیست پدید
دم ز بی‌نام و نشان خواهم زد
از دلم مشعله‌ای خواهم ساخت
نَفَسِ شعله‌فشان خواهم زد
چون عیان گشت مرا آنچه مپرس
لاف از عینِ عیان خواهم زد
چون سروپای روان نیست مرا
قدم از پایِ روان خواهم زد
به خرابات فرو خواهم شد
دست بر رطلِ گران خواهم زد
آن دم انگشت‌گزان می‌زده‌ام
این دم انگشت‌زنان خواهم زد

۴۵

اگر ز پیش جمالت نقاب برخیزد
ز ذرّه ذرّه هزار آفتاب برخیزد
جهان ، زفتنهٔ بیدار ، رستخیز شود
چو چشمِ نیم‌خمارش ز خواب برخیزد
به مجلسی که زند خنده لعلِ میگونش
خرد ، اگر بنشیند ، خراب برخیزد
اگر به خنده درآید لبش ، ز هرسویی ،
هزار نعره‌زنِ بی‌شراب برخیزد
نشان کراست که از بهرِ غارت دو جهان
ز آفتاب رخش کی نقاب برخیزد
اگر ادا کند از لفظ خویش شعر فرید
ز پیش چشمهٔ حیوان حجاب برخیزد

۴۶

گرچه ز تو هر روزم صد فتنه دگر خیزد
در عشق تو هر ساعت ، دل شیفته‌تر خیزد
لعلت که شکر دارد حقا که یقینم من
گر در همه خوزستان زین شیوه شکر خیزد

هرگه که چو چوگانی ، زلفِ تو به پای افتد
دل در خمِ زلفِ تو ، چون گوی بسر خیزد
گفتی : «به بر سیمین زر از تو برانگیزم . »
آخر ز چو من مفلس، دانی که چه زر خیزد.
قلبی ست مرا دربر رویی ست مرا چون زر
این قلب که برگیرد زان وَجْه چه برخیزد
تا در تو نظر کردم، رسوای جهان گشتم
آری همه رسوایی اول ز نظر خیزد
گفتی : «چو منی بگزین، تا من برهم از تو.»
آری چو تو بگزینم گر چون تو دگر خیزد
عطّار اگر روزی رخ تازه بُوَد، بی تو ،
آن تازگیِ رویش از دیدهٔ تر خیزد

۴۷

شکن زلفِ چو زنّارِ بُتم پیدا شد
پیرِ ما خرقهٔ خود چاك زد و ترسا شد
عقل، از طرهٔ او ، نعره‌زنان ، مجنون گشت
روح ، از حلقهٔ او رقص‌کنان رسوا شد
تا که آن شمع جهان پرده برافکند از روی
بس دل و جان که چو پروانهٔ ناپروا شد
هرکه امروز معایینه رخِ یار ندید
طفل راه است اگر منتظر فردا شد

ساقیا جامِ میِ عشق پیاپی در ده
که دلم از میِ عشق تو سرِ غوغا شد
نه، چه حاجت به شراب تو، که خود جان، ز اَلَسْت
مست آمد به وجود از عدم و شیدا شد
روی صحرا چو همه پرتوِ خورشید گرفت
کی تواند نَفَسی سایه بدان صحرا شد

۴۸

پیرِ ما وقتِ سحر بیدار شد
از درِ مسجد، بَرِ خمار شد
از میان حلقهٔ مردانِ دین
در میان حلقهٔ زنّار شد
کوزهٔ دُردی، بیك دم، در کشید
نعره‌ای در بست و دُردی خوار کرد،
چون شرابِ عشق، در وی کار شد،
از بد و نیكِ جهان بیزار شد
اوفتانْ خیزان چو مستانِ صبوح
جامِ می بر کف سویِ بازار شد
غلغلی در اهلِ اسلام اوفتاد
که «ای عجب! این پیر از کُفّار شد.»
خلق را رحمت همی آمد بر او
گردِ او نظّارگی بسیار شد

پیرِ رسوا گشته، مست، افتاده بود
تا از آن مستی، دمی، هشیار شد
گفت: «اگر بدمستی یی کردم رواست
جمله را می باید اندر کار شد
شاید ار در شهر بدمستی کند
هرکه او پُردل شد و عیّار شد.»
خلق گفتند: «این گدایی کشتنی ست.
دعویِ این مدّعی بسیار شد.»
پیر گفتا: «کار را باشید هین!
کاین گدایِ گَبْر، دعویْ دار شد.
صدهزاران جان نثارِ رویِ آنک
جان صدّیقان برو ایثار شد.»
این بگفت و آتشین آهی بزد
وانگهی بر نردبانِ دار شد
از غریب و شهری و از مرد و زن
سنگ، از هر سو، بر او انبار شد
پیر، در معراجِ خود چون جان بداد
در حقیقت، محرمِ اسرار شد
جاودان اندر حریمِ وصلِ دوست
از درختِ عشق برخوردار شد.
قصهٔ آن پیرِ حلاج این زمان
انشراحِ سینهٔ ابرار شد
در درون سینه و صحرای دل
قصّهٔ او، رهبرِ عطّار شد.

۴۹

چه دانستم که این دریایِ بی‌پایان چنین باشد
بخارش آسمان گردد کفِ دریا زمین باشد
لبِ دریا همه کفر است و دریا جمله دین‌داری
ولیکن گوهرِ دریا وَرایِ کفر و دین باشد
اگر آن گوهر و دریا، بهم، هر دو به دست آری
ترا آن باشد و این هم، ولی نه آن نه این باشد
درین دریا که من هستم، نه من هستم نه دریا هم
نداند هیچ‌کس این سِرّ، مگر آن کاو چنین باشد
اگر خواهی کزین دریا وزین گوهر نشان یابی
نشانی نَبْوَدَت هرگز چو نَفْسَت همنشین باشد
اگر صدسال روز و شب ریاضت می‌کشی دایم
مباش ایمن، یقین می‌دان، که نَفْسَت در کمین باشد
چو تو نَفْسی ز سر تا پای، کی دانی کمالِ دل
کمالِ دل کسی داند که مردی راه‌بین باشد
تو صاحبْ نَفْسی ای غافل میان خاك خون می‌خور!
که صاحِبْدل اگر زَهری خورَد آن انگبین باشد
نداند کرد، صاحبْ نَفْس، کارِ هیچ صاحبدل
وگر گوید: «توانم کرد.» ابلیسِ لعین باشد
اگر خواهی که بشناسی که کاری راستین هستت
قدم، در شرع، محکم کن که کارت راستین باشد

اگر از نقطهٔ تقوی بگردد یك دَمَت دیده،
سزای دیدهٔ گردیده، میلِ آتشین باشد
تو ای عطّار! محکم کُن قدم در جادهٔ معنی
که اندر خاتمِ معنی لقایِ حق نگین باشد

۵۰

در قعرِ جانِ مستم دَردی پدید آمد
کان دَرد، بندیان را دایم کلید آمد
چندان درین بیابان رفتم که گُم شدستم
هرگز کسی ندیدم کانجا پدید آمد
مردانِ این سفر را گُم بودگی ست، حاصل
وین منکرانِ ره را گفت و شنید آمد
گر مستِ این حدیثی ایمان تُراست لایق
زیرا که کافر اینجا مستِ نبید آمد
تا داده‌اند بویی عطار را ازین می
عمرش درازتر شد عیشش لذیذ آمد
[شد مست، مغزِ جانم از بوی باده، زیرا
جامِ محبّتِ او با بوسعید آمد]

۵۱

رَهِ عُشّاق بی ما و من آمد
ورایِ عالمِ جان و تن آمد
درین ره، چون روی کژ ، چون روی راست؟
که اینجا غیرِ رَه‌بین، رهزن آمد
رهی پیش من آمد، بی نهایت
که بیش از وُسعِ هر مرد و زن آمد
هزاران قرن گامی می توان رفت
چه راه است این که در پیشِ من آمد!
شود اینجا کم از طفلِ دو روزه
اگر صد رستمِ درجوشن آمد
درین ره، عرش، هر روزی، بصد بار
ز هیبت، با سَرِ یك سوزن آمد
درین راهست مرغان کاسمانْشان،
درونِ حوصله، یك ارزن آمد
رهی ست آیینه‌وار ، آنکس که در رفت
هم او ، در دیدهٔ خود، روشن آمد
کسی کاو اندرین ره دانه‌ای یافت
سپهرش خوشه‌چینِ خرمن آمد
نهان باید که داری سِرِّ این راه
که خصمت با تو در پیراهن آمد

کسی را گر شود گوی گریبانْش،
ازین سِرّ باخبر، تردامن آمد
علاجِ تو، درین ره، تا تویی تو،
چو شمعت سوختن یا مُردن آمد
بمیر از خویش تا زنده بمانی
که بی شك گِردْران با گردن آمد
دل عطّار، سِرِّ دوستی یافت
ولی وقتی که خود را دشمن آمد

۵۲

دی، پیرِ من از کوی خرابات برآمد
وز دلشدگان نعرهٔ هیهات برآمد
شوریده، به محراب فنا، سر ببر افکند
سرمست، به معراجِ مناجات برآمد
چون دُردیِ جانان ز رهِ نعره فروشُد
از مشرقِ جان، صبحِ تحیّات برآمد
چون دوست نقاب از رخِ پرنور برانداخت
با دوست فروشُد به مقامات برآمد
آن دیده کزان دیده توان دید جمالش
آن دیده پدید آمد و حاجات برآمد
مقصود بحاصل شد و مطلوب مُعَیَّن
محبوب قرین گشت و مهمّات برآمد

بدبازِ جهان بود بدان کوی فرو شد
و اقبال بدان بود که شهمات برآمد
دین داشت و کرامات و به یك جرعه میِ عشق
بی‌خود شد و از دین و کرامات برآمد
عطار بدین کوی سراسیمه همی گشت
تا نفی شد و از رهِ اثبات برآمد

۵۳

چو ترکِ سیمبرم، صبحدم، ز خواب درآمد
مرا ز خواب برانگیخت و با شراب درآمد
بصد شتاب برون رفت، عقل، جامه بدندان
چو دید دیده که آن بُت بصد شتاب درآمد
خراب گشتم و بیخود اگرچه باده نخوردم
چو ترکِ من ز سرِ بیخودی خراب درآمد
نهاد شمع و شرابی، که شیشه شعله زد از وی،
چو باد خورد و چو آتش به کار آب درآمد
شراب و شاهد و شمعِ من وز گوشهٔ مجلس
همی نسیم گل و نورِ ماهتاب درآمد
شکست توبهٔ سنگینم آبگینه چنان خوش
کزان خوشی به دلِ من صد اضطراب درآمد
بیار باده و زلفت گره مزن بستیزه
که فتنه از گرهِ زلفِ تو ز خواب درآمد

شراب نوش که از سرخیِ رخِ چو گُلِ تو
هزار زردیِ خجلت به آفتاب درآمد
که می نماید عطّار را رهی که گریزد؟
که همچو سیل، ز هرسو، نبیدِ ناب درآمد

۵۴

عاشقان زنده‌دل بنامِ تو اند
تشنهٔ جرعه‌ای ز جامِ تو اند
تا به سلطانی اندر آمده‌ای
دل و جان بندهٔ غلامِ تو اند
زیرِ بار امانتِ غمِ تو
توسنانِ زمانه رامِ تو اند
سرکشان بر امیدِ یك دانه،
دانه نادیده، صید دامِ تو اند
کاملان، وقتِ آزمایشِ تو،
در رَهِ عشق ناتمامِ تو اند
صدهزار اهل درد، وقتِ سحر،
آرزومندِ یك پیامِ تو اند
همچو عطّار بیدلان دگر
زندهٔ یادگار نام تو اند

۵۵

گِردِ رَهِ تو کعبه و خمّار نماند
یك دل ز مِیِ عشقِ تو هشیار نماندَ
ور یك سَرِ موی از رُخِ تو روی نماید
بر رویِ زمین خرقه و زُنّار نماند
وان را که دمی روی نمایی ز دو عالم
آن سوخته را جز غمِ تو کار نماندَ
جان چون بگشاید برخت دیده که جان را
با نورِ رخت دیده و دیدار نماندَ
جانا ز مِیِ عشقِ تو یك قطره به دل دِه
تا در دو جهان یك دلِ بیدار نماندَ
در خواب کُن این سوختگان را ز مِیِ عشق
تا جز تو کسی محرمِ اسرار نماندَ
از بس که ز دریای دلم موج گهر خاست
ترسم که درین واقعه عطّار نماند

۵۶

از مِیِ عشقِ نیستی هر که خروش می زند
عشقِ تو عقل و جانْش را خانه‌فروش می زند

عاشقِ عشقِ تو شدم، از دل و جان، که عشقِ تو
پَرده نهفته می درد، زخمْ خموش می زند
دل چو ز دُردِ دردِ تو مستِ خراب می شود
عمر، وداع می کند، عقل خروش می زند
گرچه دل خرابِ من از میِ عشق مست شد
لیك صبوحِ وصل را نعره بهوش می زند
تا دلِ من به مفلسی از همه کون درگذشت
از همه کینه می کشد بر همه دوش می زند
تا ز شرابِ شوقِ تو دل بچشید جرعه‌ای
جملهٔ پندِ زاهدان از پیِ گوش می زند
ای دلِ خسته! نیستی مردِ مقامِ عاشقی
سیر شدی ز خود مگر خون تو جوش می زند
جانِ فرید از بلیٰ مستِ میِ الست شد
شاید اگر به بویِ او لافِ سروش می زند

۵۷

آفتابِ رخ آشکاره کند
جگرم ز اشتیاق پاره کند
از پسِ پرده روی بنماید
مِهر و مه را دو پیشکاره کند
شوقِ رویش، چو رویِ پُر از اشك،
رویِ خورشید پُر ستاره کند

لعل دانی که چیست؟ - رَخْشِ لبش
خونِ خارا ز سنگِ خاره کند
در میان با کسی همی آید
کان کس اول ز جان کناره کند
تا کسی رویِ او نداند باز
چهرهٔ مردم آشکاره کند
نور رِویش ز هر دریچهٔ چشم
چون سیه‌پوش شد نظاره کند
عشقِ او در غلط بسی فکند
چون نداند کسی، چه چاره کند
نتوانیم توبه کرد ز عشق
توبه را صدهزار پاره کند

۵۸

سرمستیِ ما مردمِ هشیار ندانند
انکارکُنان شیوهٔ این کار ندانند
در صومعه سجّاده‌نشینانِ مجازی
سوزِ دل آلودهٔ خمّار ندانند
آنان که بماندند پسِ پَردهٔ پندار
احوالِ سراپردهٔ اسرار ندانند
یاران که شبی فرقتِ یاران نکشیدند
اندوهِ شبانِ منِ بی یار ندانند

«بی یار» چو گویم، بُوَدم روی به‌دیوار
تا مُدّعیان از پسِ دیوار ندانند
سوزِ جگرِ بلبل و دلتنگیِ غنچه،
بر طرفِ چمن، جُز گل و گلزار ندانند
جمعی که بدین درد گرفتار نگشتند
درمانِ دل خستهٔ عطّار ندانند

۵۹

عشق را پیر و جوان یکسان بُوَد
نزدِ او سود و زیان یکسان بُوَد
هم ز یکرنگی جهانِ عشق را
نوبهار و مهرگان یکسان بُوَد
زیرِ او بالا و بالا هست زیر
کِش زمین و آسمان یکسان بُوَد
بارگاهِ عشق، همچون دایره‌ست،
صدرِ او با آستان یکسان بُوَد
یار اگر سوزد و گر سازد رواست
عاشقان را این و آن یکسان بُوَد
در طریق عاشقان خون ریختن
با حیات جاودان یکسان بُوَد
سایه از کُل دان، که پیشِ آفتاب
آشکارا و نهان یکسان بُوَد

٦٠

دل به امیدِ وصلِ تو، باد به‌دست می رود
جان ز شرابِ شوق تو، باده‌پرست می رود
از مَیِ عشق، جانِ ما، یافت ز دور شمّه‌ای
زیرِ زمین، به بویِ آن، با دلِ مست می رود
از میِ عشق ریختی بر دلِ آدم اندکی
از دلِ او، به هر دلی، دست به دست می رود
رُخ بنهای، گه‌گهی، کز پیِ آرزویِ تو
بر دل و جانِ عاشقان سخت شکست می رود
در رَهِ تو رونده را، در قدمِ نخُستُمین
نیست به نیست می فتد، هست به هست می رود
بالغِ راه کی شوی چون ندهی به دوست جان
گرچه ز سالِ عمرِ تو پنجه و شصت می رود
گُم شده‌ای، فرید! تو، بازکش این زمان عنان
کاخترِ چرخ ازین سخن سرزده پست می رود

٦١

رُهبانِ دَیْر را سببِ عاشقی چه بود؟
کاو روی راز دَیْر به خَلقان نمی نمود

از نیستی دو دیده به کس می نکرد باز
وز راستی روانِ خلایق همی ربود
چون درفتاد در محنِ عشق زان سپس
در مهر دل عبادتِ عیسی همی شنود
در ملّتِ مسیح روا نیست عاشقی
او عاشق از چه بود و چرا در بلا فزود
مانا که یارِ ما به خرابات برگذشت
وز حالِ دل، به نغمه، سرودی همی سرود
می گفت: «هر که دوست کند، در بلا فتد
عاشق زیان کند دو جهان از برای سود.»
رُهبان طوافِ دَیْر همی کرد، ناگهان
کاوازِ آن نگارِ خراباتیان شنود،
بَر شد به بامِ دَیْر، چو رخسار او بدید
از آرزوش روی به خاك اندرون بسود
دیوانه شد ز عشق و برآشفت در زمان
زنجیرِ نَعتِ صورتِ عیسیٰ بُرید زود
آتش به دَیر درزد و بتخانه درشکست
وز سقفِ دَیرِ او به سما بررسید دود
باده ز دستِ دوست دمادم همی کشید
زنگِ بلا ز ساغر و مطرب همی زدود
سرمست و بیقرار همی گفت و می گریست:
«ناکردنی بکردم تا بودنی ببود!»

٦٢

یا دست به زیرِ سنگم آید
یا زلفِ تو زیرِ چنگم آید
در عشقِ تو ، خرقه درفکندم
تا خود پس ازین چه رنگم آید
هردم ز جهانِ عشق سنگی
بر شیشهٔ نام و ننگم آید
آن دم ز حساب عمر نبود
گر بی تو ، دمی ، درنگم آید
چون بندیشم ز هستیِ تو
از هستیِ خویش ننگم آید
چون زندگی ام به تست، بی تو ،
صحرایِ دو کَون تنگم آید
تامرغِ تو گشت جان عطّار
عالَم، ز حَسَد، به جنگم آید

٦٣

یك ذرّه نورِ رویت گر ز آسمان برآید
افلاك درهم افتد خورشید بر سر آید

آخر چه طاقت آرد، اندر دو کَون هرگز
تا با فروغِ رویت اندر برابر آید
یارب چه آفتابی کانجا که پرتوِ تست
هم وَهْم تیره گردد هم فهم اَبْتَر آید
چه جایِ وَهْم و فهم است کاندر حوالیِ تو
نه روح لایق افتد نه عقل در خور آید
هر کو ز ناتمامی از تو وصال جوید
در عشقِ تو بسوزد از جان و دل برآید
ور از عنایتِ تو جان را رسد نسیمی
اقبالِ جاودانی جان را ز در درآید
هر گه که شرحِ رویت عطّار پیش گیرد
کام و لبش ز معنی پُر دُرّ و گوهر آید

٦۴

دلبرم رخ گشاده می آید
تابْ در زلف داده می آید
در دلِ سنگ، لعل می بندد
کاو چنین لب گشاده می آید
شهسوارِ سپهر از پیِ او
می رود کاو پیاده می آید
زلف، بر هم فکنده، می گذرد
خلق، بر هم فتاده، می آید

ای عجب! چشمِ اوست مست و خراب
وز لبش بویِ باده می آید
ماه، سر در فکنده می گذرد
چرخ، بر سر ستاده می آید
در صفاتش ز بحرِ جانِ فرید
گهرِ پاك، زاده می آید

٦٥

واقعهٔ عشق را نیست نشانی پدید
واقعه‌ای مشکل است بسته دری، بی کلید
تا تو تویی، عاشقی از تو نیاید درست
خویش بباید فروخت، عشق بباید خرید
پی نبری ذرّه‌ای زانچه طلب می کنی
تا نشوی ذرّه‌وار زانچه تویی ناپدید
سوخته شو تا مگر در تو فتد آتشی
کاتشِ او چون بجَست سوخته را برگُزید
درد نگر! رنج بین! کانچه همی جُسته‌ام
راست که بنمود روی، عمر به پایان رسید
راست که سلطانِ عشق خیمه برون زد ز جان
یار، در اندر شکست، عقل، دم اندر کشید
هر تر و خشکم که بود پاك به یکدم بسوخت
پرده ز رخ برگرفت پردهٔ ما بر درید

تا دلِ عطار گشت بلبلِ بُستانِ دَرد،
هر دمش از عشقِ یار، تازه گُلی بشکفید

٦٦

اَلا ای زاهدانِ دین! دلی بیدار بنمایید
همه مستید در پندار، یك هُشیار بنمایید
ز دعوی هیچ نگشاید اگر مردید اندر دین
چنان کز اندرون هستید در بازار بنمایید
هزاران مردِ دعوی دار بنماییم از مسجد
شما یك مردِ دعوی دار از خمّار بنمایید
من اندر یك زمان صد مست از خمّار بنمودم
شما مستی اگر دارید از اسرار بنمایید
من این رندانِ مفلس را همه عاشق همی بینم
شما یك عاشقِ صادق چنین بیدار بنمایید
بزیر خرقهٔ تزویر، زُنّارِ مُغان تا کی
ز زیر خرقه گر مردید آن زُنّار بنمایید
ز نام و ننگ و زَرق و فَنْ نخیزد جز نگونساری
یکی بی زَرْق و فَنْ خود را قلندروار بنمایید
شما، عمری، درین وادی بتك رفتید، روز و شب
ز گردِ کویِ او آخر مرا آثار بنمایید
درین ره، با دلی پرخون، بصد حیرت فرو ماندم
درین اندیشه، یك سرگشته، چون عطّار بنمایید

٦٦ (مکرر)

ای در میانِ جانم و جان از تو بی خبر
وز تو جهان پُر است و جهان از تو بی خبر
چون پی بَرَد به تو دل و جانم که جاودان
در جان و در دلی، دل و جان از تو بی خبر
ای عقلِ پیر و بختِ جوان گَردِ راهِ تو
پیر از تو بی نشان و جوان از تو بی خبر
نقشِ تو در خیال و خیال از تو بی نصیب
نامِ تو بر زبان و زبان از تو بی خبر
از تو خبر به نام و نشان است خلق را
وآنگه همه به نام و نشان از تو بی خبر
جویندگانِ گوهرِ دریایِ کُنْهِ تو
در وادیِ یقین و گمان از تو بی خبر
شرح و بیانِ تو چه کنم، زانکه تا ابد
شرح از تو عاجز است و بیان از تو بی خبر
عطار، اگر چه نعرهٔ عشقِ تو می زند
هستند جمله نعره‌زنان، از تو بی خبر

٦٧

ای ترا با هر دلی کاری دگر
در پسِ هر پرده غمخواری دگر
چون بسی کار است با هر کس ترا
هر کسی را هست پنداری دگر
لاجَرَمْ هر کس چنان داند که نیست
با کَسَت بیرونِ او کاری دگر
چون جمالت صد هزاران روی داشت
بود در هر ذرّه دیداری دگر
لاجَرَمْ هر ذره را بنموده‌ای
از جمالِ خویش رخساری دگر
تا نماند هیچ ذرّه بی نصیب
داده‌ای هر ذرّه را یاری دگر
لاجَرَم دادی تو یکْ یك ذره را
در درونِ پرده بازاری دگر

٦٨

دوش آمد و گفت از آنِ ما باش
در بوتهٔ امتحانِ ما باش

گر خواهی بود زنده جاوید
زنده به وجودِ جان ما باش
عمری ست که تا از آنِ خویشی
گر وقت آمد از آنِ ما باش
مردانه به کویِ ما فرود آی
نعره‌زن و جان‌فشانِ ما باش
گر محرمِ پیشگه نه‌ای تو
هم صحبتِ آستانِ ما باش
پرّیده ز آشیان مایی
جویندهٔ آشیان ما باش
از ننگِ وجود خود بپرهیز
فانی شو و بی‌نشان ما باش
تا چند ز داستانِ عطّار ؟
مستغرقِ داستانِ ما باش

۶۹

گر مردِ رهی ز رهروان باش
در پردهٔ سِرِّ خون نهان باش
بنگر که چه گونه ره سپردند
گر مردِ رهی تو آن چنان باش
خواهی که وصالِ دوست یابی
با دیده در آی و بی‌زبان باش

از بندِ نصیبِ خویش برخیز!
در بندِ نصیبِ دیگران باش
در کویِ قلندری، چو سیمرغ،
می‌باش بنام و بی‌نشان باش
بگذر تو ازین جهانِ فانی
زنده به حیاتِ جاودان باش
در یک قدم [از] جهان و آن نیز
بگذار جهان و در جهان باش
عطار! ز مدّعی بپرهیز
رو گوشه‌نشین و در میان باش

۷۰

در عشقِ تو من توام، تو من باش
یک پیرهن است، گو دو تن باش
چون یک تن را هزار جان هست
گویک جان را هزار تن باش
چون جمله یکی ست، در حقیقت،
گویک تن را دو پیرهن باش
جانا! همه آنِ تو شدم من
من آنِ توام تو آنِ من باش
ای دل! به میانِ این سخن در
مانندۀ مُرده در کفن باش

چون سوسنِ ده زبان، درین سِر،
می‌دار زبان و بی سخن باش
یک رمز مگوی، لیک چون گُل
می خند خوش و همه دهن باش
گر گویندت که کافری چیست؟
گو: عاشقِ زلفِ پرشکن باش
ور پرسندت که چیست ایمان؟
گو: روی ببین و نعره‌زن باش

۷۱

ترسا بچهٔ شکرلبم دوش
صد حلقهٔ زلف در بناگوش
آمد برِ من شراب در دست
گفتا که به یادِ من کُن این نوش
در پرده اگر حریفِ مایی
چون می نوشی خموش و مخروش
زیرا که دلی نگشت گویا
تا مرد، زبان نکرد خاموش
دل چون بشنود این سخن، زود
ناخورده شراب گشت مدهوش
چون بستَدَم آن شراب و خوردم
در سینهٔ من فتاد صد جوش

دادم همه نام و ننگ بر باد
کردم همه نیك و بد فراموش
یك قطره از آن شرابِ مشکل
آورد دو عالمم در آغوش
یك ذرّهٔ سوادِ فقر در تافت
شد هر دو جهان از آن سیه‌پوش

۷۲

مست شدم تا به خرابات، دوش
نعره‌زنان، رقص‌کنان، دُردنوش
پیرِ خرابات چو بانگم شنید
گفت: درآی، ای پسرِ خرقه‌پوش
گفتمش: ای پیر! چه دانی مرا؟
گفت: ز خود هیچ مگو، شو خموش
مذهبِ رندان خرابات گیر
خرقه و سجّاده بیفکن ز دوش
کمزن و قلّاشِ قلندر بباش
در صفِ اوباش برآور خروش
صافیِ زُهّاد، بخواری، بریز
دُردیِ عُشاق، بشادی، بنوش
صورتِ تشبیه برون بر ز چشم
پنبهٔ پندار برآور ز گوش

تو، «تو» نه‌ای، چند نشینی بخود
پردهٔ «تو» بر دَر و با خود بکوش
قعرِ دلت عالمِ بی منتهاست
رخت، سویِ عالمِ دل بَر، بهوش

۷۳

دلا، در سِرِّ عشق، از سَر میندیش
بده جان و ز جان دیگر میندیش
چو عاشق را نه کفر است و نه ایمان
ز کارِ مؤمن و کافر میندیش
مُقامِرْخانهٔ رندان طلب کُن
سر اندر باز و از افسر میندیش
چو سَر در باختی دریافتی سِر
چو سِرّ بشناختی از سَر میندیش
همه بُت‌ها چو ابراهیم بشکن
هم از آذر هم از آزر میندیش
چو آن حلّاج برکش پنبه از گوش
هم از دار و هم از منبر میندیش
اگر عشقت بسوزد بر سرِ دار
دهد بر باد خاکستر میندیش
چو می با ساغرِ صافی یکی گشت
دویی گُم شد مَی و ساغر میندیش

چو مِس در زر گدازد مردِ صرّاف
مِس آنجا زر بُوَد جز زر میندیش
مشو اینجا حلولی، لیکن این رمز
جز استغراقِ در دلبر میندیش
اگر خواهی که گوهرها بیابی
درین دریا بجز گوهر میندیش
بسی کشتیِّ جان بر خشك راندی
تو کشتی ران ز خشك و تر میندیش
درین دریای پُر گرداب حیرت
کس از عطّار حیران تر میندیش

۷۴

خاصگانِ محرم سلطانِ عشق
مست می آیند از ایوان عشق
جمله مستِ مست و جامِ می بدست
می خرامند از برِ سلطانِ عشق
با دلی پُر آتش و چشمی پُر آب
غرقه اندر بحرِ بی پایانِ عشق
گوش بنهادند خلقِ هر دو کَون
منتظر تا کی رسد فرمانِ عشق
خیز ای عطّار و دَردِ عشق جوی
زانکه دردِ عشق شد درمانِ عشق

۷۵

هر که دایم نیست ناپروای عشق
او چه داند قیمتِ سودای عشق
عشق را جانی بباید بیقرار
در میانِ فتنه سَرْ غوغایِ عشق
جمله چون امروز در خود مانده‌اند
کس چه داند قیمتِ فردای عشق
دیده‌ای کو تا ببیند صد هزار
والِه و سرگشته در صحرای عشق
عاشقان دانند قدرِ عشقِ دوست
تو چه دانی ، چون نه‌ای دانای عشق
چشمِ دل آخر زمانی باز کُن
تا عجایب بینی از دریای عشق
در نشیبِ نیستی آرام گیر
تا بر آرندت به سَرْ بالای عشق

۷۶

ای عشقِ تو با وجود همتنگ
در راهِ تو کفر و دین به یك رنگ

بی رویِ تو ، کعبه‌ها ، خرابات
بی نامِ تو ، نام‌ها ، همه ننگ
در عشقِ تو هر که نیست قلّاش ،
دور است به صدهزار فرسنگ
قلّاشان را ، درین ولایت ،
از دار همی کنند آونگ
عشقت به ترازویِ قیامت
دو کَون نَسَخْت نیم جوْ سنگ
قَرّابهٔ ننگ و شیشهٔ نام
افتاد و شکست بر سرِ سنگ
زُنّارِ مُغانه بر میان بند
وانگه به کلیسیا کُن آهنگ
مردانه درآی کاندرین راه
نه بوی همی خرند و نه رنگ
راهی ست دراز و عمر کوتاه
باری‌ست گران و مرکبی لنگ
برخیز ز راه خود چو عطار
تا باز رهی ز صلح و از جنگ

۷۷

شیفتهٔ حلقهٔ گوشِ توام
سوختهٔ چشمهٔ نوشِ توام

ماهرخِ با خط و خالِ منی
دلشدهٔ بی‌تن و توشِ توام
تُرکِ منی، گوش به من دار از انك
هِندُوَكِ حلقه به گوشِ توام
خانه بیاراسته‌ام چون نگار
منتظرِ خانه فروشِ توام
چون دلم از خشم تو آید به جوش
عاشقِ خشمِ تو و جوشِ توام
خط چه کشی بر من غمکش از آنك
مستِ خطِ غالیه پوش توام
هوش، به من، باز کی آید که من
تا به اَبَد رفته ز هوش توام
گرچه به گویائی من نیست کس
یك شکَرَم دِه که خموشِ توام
چون بگریزی تو، ز عطّار؟ از آنك
با تو، بهم، دوش به دوش توام

۷۸

روی تو در حُسن چنان دیده‌ام
کاینهٔ هر دو جهان دیده‌ام
جمله، از آن آینه، پیدا نمود
واینه از جمله نهان دیده‌ام

هست در آیینه نشان صد هزار
و اینه فارغ ز نشان دیده‌ام
صورت، در آینه از آینه،
نیست خبردار، چنان دیده‌ام
صورتِ آن آینه چون جسم بود
پرتوِ آن آینه، جان دیده‌ام
جوهرِ آن آینه چون کس ندید
من چه زنم دم که عیان دیده‌ام
جملهٔ ذرّات ازو بر کنار
با همه او را به میان دیده‌ام

۷۹

تو بلندی عظیم و من پستم
چه کنم تا به تو رسد دستم
تا که سر زیرِ پای تو ننهم
نرسم بر چنان که خود هستم
گرچه وصل تو نیست یک نَفَسم
اشتیاقِ تو هست پیوستم
خود تو دانی کز اشتیاقِ تو بود
در دو عالم به هر چه پیوستم
دوش، عشقت درآمد از دَرِ دل
من ز غیرت ز پای ننشستم

گفت: «بنشین و جامِ جم در دِه
تا ز جامِ جمت کنی مستم.»
گفتمش: «جام جم به دستم بود
طفل بودم، ز جهل بشکستم.»
گفت: «اگر جامِ جم شکست ترا
دیگری بِه از آنْت بفرستم.»
آفتابی برآمد از جانم
من ز هر دو جهان برون جستم
از بلندی که جانِ من بَر شُد
عرش و کرسی بجمله شد پستم
چون شدم من ورایِ هر دو جهان
ماه و ماهی فتاد در شستم

۸۰

درآمد دوش تُرکِ می پرستم
به تُرکی بُرد دین و دل ز دستم
چو آتش شیشه‌ای می، پیشم آورد
به شیشه توبهٔ سنگین شکستم
ز مستیِ خرقه بر آتش نهادم
میانِ گَبْرکان زُنّار بستم
چو عزمِ زهد کردم، کفر دیدم
بصد مستی ز کفر و زهد جَستم

پس از مستیِّ عشقم، گشت معلوم
که نَفْسِ من بُت و من بُت‌پرستم
چه دانم؟ چون نه فانی ام نه باقی
چه گویم؟ چون نه هشیارم نه مستم
چو در لاکَوْن افتادم چو عطّار
بلندِ کَوْن بودم کرد پستم

۸۱

ساقیا توبه شکستم، جُرعه‌ای می ده به دستم
من ز می ننگی ندارم، می‌پرستم، می‌پرستم
رفتم و توبه شکستم وز همه عیبی برستم
با حریفان خوش نشستم، با رفیقان عهد بستم
من نه مردِ ننگ و نامم، فارغ از اِنکارِ عامم
می‌فروشان را غلامم، چون کنم، چون می پرستم
دین و دل بر باد دادم رختِ جان بر در نهادم
از جهان بیرون فتادم از خودیِّ خود برستم
خرقه از تن بر کشیدم جامِ صافی در کشیدم
عقل را بر سر کشیدم در صفِ رندان نشستم
خرقه را زنّار کردم خانه را خمّار کردم
گوشهٔ در باز کردم زان میان مردانه جَستم
ساقیا! باده فزون کن تا مَنَت گویم که چون کُن
خیزم از مسجد برون کُن کز میِ دوشینه مستم

گر چو عطّارم که آبم می بَرَد از دیده خوابم
بس که از باده خرابم، نیستم واقف که هستم

۸۲

دوش درون صومعه دیرِ مغانه یافتم
راهنمایِ دَیر را پیرِ یگانه یافتم
چون برِ پیر در شدم پیر ز خویش رفته بود
کز میِ عشق پیر را مست شبانه یافتم
گر چه امامِ دین بُدم تا که به دَیر در شدم
در بُنِ دیر خویش را رندِ زمانه یافتم
چون دل من به نیستی خلوه نشینِ دیر شد
دشمنِ جان خویش را در بُنِ خانه یافتم
بی سر و سروری شدم قبلهٔ کافری شدم
رندِ قلندری شدم، زُهد، فسانه یافتم
چون بنمود ناگَهَم آینهٔ وجود روی
ذرّه به ذره را در او عشق نشانه یافتم
عاشق و یار، دایماً، در دو جهان هموست بس
زانکه خیالِ آب و گِل جمله بهانه یافتم
نه اَلَمِ فراق را هیچ دوا رقم زدم
نه رَهِ دورِ عشق را هیچ کرانه یافتم

۸۳

تا رویِ تو قبلهٔ نظر کردم
از کویِ تو کعبهٔ دگر کردم
سرگشته شدم که گِردِ آن کعبه
هر لحظه طواف بیشتر کردم
روزی، نه باختیار، می‌رفتم
در دفترِ عشق تو نظر کردم
گویی که هزار سال می‌خواندم
تا جمله به یک نَفَس ز بر کردم
چون جان و جهانِ خود ترا دیدم
جان دادم و از جهان گذر کردم
بر رَوْزَنِ دل، مقیم، بنشستم
جان، پیش تو، بر میان کمر کردم
چون اصلِ همه جمالِ تو دیدم
ترکِ بد و نیک و خیر و شر کردم
آنگه که دلم چو آفتابی شد
در خود همه چون فلک سفر کردم

۸۴

گُم شدم در خود نمی‌دانم کجا پیدا شدم
شبنمی بودم ز دریا غرقه در دریا شدم
سایه‌ای بودم ز اوّل بر زمین افتاده خوار
راست کان خورشید پیدا گشت ناپیدا شدم
می‌مپرس از من سخن زیرا که چون پروانه‌ای
در فروغِ شمعِ رویِ دوست ناپروا شدم
در رَهِ عشقش چو دانش باید و بی‌دانشی
لاجَرَم در عشق هم نادان و هم دانا شدم
چون همه تن دیده می‌بایست بود و کور گشت
این عجایب بین که چون بینا و نابینا شدم
چون دلِ عطار بیرون دیدم از هر دو جهان
من ز تأثیرِ دلِ او بی‌دل و شیدا شدم

۸۵

در سفرِ عشق، چنان گم شدم
کز نظرِ هر دو جهان گم شدم
نام و نشانم ز دو عالم مجوی
کز ورقِ نام و نشان گم شدم

جامه‌دران، اشک‌فشان آمدم
رقص‌کنان، نعره‌زنان گم شدم
چون همه از گمشدگی آمدند
گُم‌شدگی جُستم، از آن گُم شدم
بارِ اَمانت چو گران بود و صعب
من سبک از بارِ گران گُم شدم
گم شدم و گم شدم و گم شدم
خود چه شناسم که چسان گم شدم
سایهٔ یک ذرّه چسان گُم شود؟
در برِ خورشید چنان گُم شدم
شد همگی هستیِ عطار نیست
تا ز میانِ همگان گم شدم

۸۶

ازین کاری که من دارم نه جان دارم نه تن دارم
چو من، «من» نیستم، آخر چرا گویم که «من» دارم
همه عالم پُر است از من ولی من در میان پنهان
مگر گنجِ همه عالم نهان با خویشتن دارم
اگر ذرّاتِ این عالم زبان من شود دایم
نیارم گفت ازو یک حرف و چندانی سخن دارم
مرا گویی که «حرفی گوی از اسرارِ گنجِ جان.»
چه گویم، چون درین مَعْرَض نه نطق و نه دهن دارم

میان خیلِ نااهلان سخن چون با میان آرم
که من اینجا به یکْ یک گام، صدْ صد راهزن دارم
نسیمی گر نمی‌یابم ز زلفِ یوسفِ قدسم
ندارم هیچ نومیدی که بویِ پیرهن دارم
فرید از یک شکن، زنّار اگر بر بست من با او
به سویِ صد شکن دیگر ز صد سو تاختن دارم

۸۷

چه سازم که سویِ تو راهی ندارم
کجایی که جز تو پناهی ندارم
چه گونه کشم بارِ هجرت چو کوهی
که من طاقتِ پرِّ کاهی ندارم
مگردان ز من روی و با راهم آور
که جز عشق، رویی و راهی ندارم
مکُش ماهرویا! منِ بی‌گنه را
که جز عشقِ رویت گناهی ندارم
مرا عفو کن زانکه نزدیکِ تو من
بجز عفوِ تو عذرخواهی ندارم
به رویم نگه کُن که بر دردِ عشقت
بجز اشک خونین گواهی ندارم

۸۸

نظری به کارِ من کُن که ز دست رفت کارم
به کَسم مکن حواله که بجز تو کسِ ندارم
اگرم به دستگیری بپذیری، اینْت مِنَّت!
و اگر نه رستخیزی ز همه جهان برآرم
چه کمی در آید آخر به شرابخانهٔ تو
اگر از شرابِ وصلت ببری ز سر خمارم
چو نیَم سزای شادی، ز خودم مدار بی غم
که در این چنین مقامی غمِ تست غمگسارم
ز توام هر آنچه هستم، که تو گر نه‌ای، نیِم من
که تویی که آفتابی و منم که ذرّه‌وارم
اگر از تو جانِ عطّار اثرِ کمال یابد
منم آنکه از دو عالم بکمالِ اختیارم

۸۹

من پای همی ز سر نمی دانم
او را دانم دگر نمی دانم
چندان میِ عشقِ یار نوشیدم
کز میکده ره به در نمی دانم

جایی که من اوفتاده‌ام آنجا
از هیچ وجود اثر نمی‌دانم
جز بی‌جهتی نشان نمی‌یابم
جز بی‌صفتی خبر نمی‌دانم
مرغی عجبم! ز بسکه پرّیدم
گم گشتم و بال و پر نمی‌دانم
بگرفت دلم ز «دانم و دانم»
تا کی دانم؟ مگر نمی‌دانم
با آنکه فرید پست گشت اینجا
زین پست، بلندتر نمی‌دانم

۹۰

چون نامِ تو بر زبان برانم
صد میل، به یک زمان، برانم
بر نامِ تو، در میانِ خشکی
کشتیِّ روان، روان برانم
زین دریاها که پیش دارم
صد سیل ز دیدگان برانم
از نامِ تو کشتی‌یی بسازم
وان کشتی را چنان برانم،
کز قوّتِ آن روش به یکدم
کامِ دل جاودان برانم

رَخْشِ فلکی بزین درآرم
پس گِردِ همه جهان برانم
اسبِ سه صفت زمان بتازم
وز شش جهتِ مکان برانم
در هر قدمی ز راه، سیلی،
از دیدهٔ خونفشان برانم
وین مُلک، که گشت مِلکِ عطّار،
در عالمِ بی نشان برانم

۹۱

گر در سرِ عشق رفت جانم
شُکرانه هزار جان فشانم
بی‌عشق اگر دمی برآرم
تاریک شود همه جهانم
عمری چو قلم بسر دویدم
گفتم مگر از رسیدگانم،
چون رویِ تو شعله‌ای برآورد
بگشاد به غیبْ دیدگانم،
معلومم شد که هر چه عمری
دانسته‌ام از تو، من خود آنم
گفتی که مرا بدان و بشناس
این می‌دانم که می ندانم

چون طاقتِ قطره‌ای ندارم
نوشیدنِ بحر چون توانم؟
عقلِ و دل و جان، چو بی نشان گشت،
از کُنهِ تو چون دهد نشانم؟

۹۲

زَهْره ندارم که سلامت کنم
چون طمعِ وصلِ مدامت کنم؟
گرچه جوابم ندهی، این بَسَم،
چون شنوی تو که سلامت کنم
مرغِ تو، حلّاج سزد، من کی ام
تا هوسِ حلقهٔ دامت کنم؟
خاك شدم تا نَفَسِ خویش را
هم نَفَسِ جرعهٔ جامت کنم
گر به حُسامم بکُشی نقدِ جان
پیشکشِ زَخمِ حُسامت کنم
نیست مرا دل و گَرَم صد بُوَد
سوختهٔ وعدهٔ خامت کنم
گرچه حلال است ترا خونِ من
گر ندهی بوسه حرامت کنم
خطبهٔ جانم چو به نامِ تو رفت
سکّهٔ تن نیز به نامت کنم

مُشكِ جهان گر همه عطّار داشت
وقفِ خط غالیه‌فامت کنم

۹۳

ما هر چه آنِ ماست ز ره برگرفته‌ایم
با پیرِ خویش راهِ قلندر گرفته‌ایم
در راهِ حق چو محرم ایمان نبوده‌ایم
ایمان خود بتازگی از سر گرفته‌ایم
از هر دو کَوْن گوشهٔ دَیْری گُزیده‌ایم
زُنّارِ چارْ کَرْد به بر در گرفته‌ایم
اندر قمارخانه چو رندان نشسته‌ایم
وز طیلسان و خرقه قلم برگرفته‌ایم
زان چشمهٔ حیات، که در کویِ دوست بود،
تا روزِ حشر، مُلکِ سکندر گرفته‌ایم
برتر ز هست و نیست، قدم بر نهاده‌ایم،
بیرون ز کفر و دین رهِ دیگر گرفته‌ایم

۹۴

ما ترکِ مقامات و کرامات گرفتیم
در دیرِ مغان راهِ خرابات گرفتیم

پی بر پیِ رندانِ خرابات نهادیم
ترکِ سخنِ عادت و طامات گرفتیم
آن رفت که خود را همه سالوس نمودیم
اکنون کمِ سالوس و مراعات گرفتیم
در چهرهٔ آن ماه چو شد دیدهٔ ما باز
یارب که به یکدم چه مقامات گرفتیم!
چون عقل شد از دست ز مستیِّ میِ عشق
با دلشدگان، راهِ مناجات گرفتیم
چون شیوهٔ عطار درین راه بدیدیم
آن شیوه ز اسرار و کرامات گرفتیم

۹۵

ما بارِ دگر گوشهٔ خمّار گرفتیم
دادیم دل از دست و پیِ یار گرفتیم
دعویِّ دو کَون از دلِ خود دور فکندیم
پس در رَهِ جانان پیِ اسرار گرفتیم
از هر دو جهان، مِهرِ یکی را بگزیدیم،
وز آرزویِ او کمِ اغیار گرفتیم
گفتند: «خودیِّ تو، درین راه، حجاب است.»
ترکِ خودیِ خویش بیکبار گرفتیم
از کعبهٔ جان چون که ندیدیم نشانی
از کعبهٔ ظاهر رَهِ خَمّار گرفتیم

زین دینِ بتزویر ، چو دل خیره فرو ماند
اندر رهِ دین شیوهٔ کفّار گرفتیم
چون هر چه جز او هست، درین راه حجاب است
پس ما به یقین مذهبِ عطار گرفتیم

۹۶

هر آن نقشی که بر صحرا نهادیم
تو زیبا بین که ما زیبا نهادیم
سرِ مویی ز زلفِ خود نمودیم
جهان را در بسی غوغا نهادیم
چو آدم را فرستادیم بیرون
جمالِ خویش بر صحرا نهادیم
جمالِ ما ببین کاین رازِ پنهان
- اگر چشمت بُوَد - پیدا نهادیم
وگر چشمت نباشد همچنان دان
که گوهر پیش نابینا نهادیم
مباش اَحوَل، مُسمیٰ جز یکی نیست
اگر چه اینهمه اسما نهادیم
مشو مغرورِ چندین نقش زیراك
بنایِ جمله بر دریا نهادیم؛
اگر موجی از آن دریا برآید
شود ناچیز ، هرچ آنجا نهادیم

دلِ عطار را، در عشقِ این راه،
چو گویی بی سر و بی پا نهادیم

۹۷

ما ز خراباتِ عشق، مستِ اَلَست آمدیم
نام ِبلیٰ چون بریم؟ چون همه مست آمدیم
پیش ز ما، جانِ ما، خورد شرابِ اَلَسْت
ما همه زان یك شراب، مستِ اَلَسْت آمدیم
خاك بُد آدم، که دوست جُرعه بدان خاك ریخت
ما همه، زان جُرعهٔ دوست، بدست آمدیم
ساقیِ جامِ اَلَست، چون «وسَقاهُم» بگفت
ما ز پیِ نیستی عاشقِ هست آمدیم
دوست، چهل بامداد، در گِلِ ما دست داشت
تا چو گُل از دستِ دوست دست بدست آمدیم
شست در افکند یار، بر سرِ دریای عشق،
ما ز پیِ چِل صباح، جمله، به شست آمدیم
خیز، دلا! مست شو، از مَیِ قدسی، از انك
ما نه بدین تیره جایْ بهرِ نشست آمدیم
گوهرِ عطار یافت قدر و بلندی ز عشق
گرچه ز تأثیرِ جسم، جوهرِ پست آمدیم

۹۸

ما مردِ کلیسیا و زنّاریم
گَبْری کهنیم و نام بُرداریم
در یوزه‌گرانِ شهرِ گبرانیم
شش پنج زنانِ کویِ خمّاریم
با جملهٔ مفسدان به تصدیقیم
با جملهٔ زاهدان به انکاریم
در فسقِ و قمار پیر و استادیم
در دیرِ مُغان، مُغی بهنجاریم
تسبیح و ردا نمی‌خریم، الحق،
سالوس و نفاق را خریداریم
در گلخنِ تیره سر فرو بُرده
گاهی مستیم و گاه هشیاریم
با وسوسه‌های نَفْسِ شیطانی
در حضرتِ حق، چه مردِ اسراریم؟
اندر صفِ دین حضور چون یابیم
کاندر کفِ نفسِ خود گرفتاریم
دیری ست که اوست آرزویِ ما
بی او به بهشت سر فرو ناریم
بی‌یار دمی چو زنده نتوان بود
در دوزخ و در بهشت با یاریم

۹۹

ساقیا خیز که تا رخت به خمّار کشیم
تائبان را به شرابی ، دو سه ، در کار کشیم
زاهدِ خانه‌نشین را ، به یکی کوزهٔ دُرد ،
اوفتانْ خیزان ، از خانه به بازار کشیم
هَوَست هست که صافی دل و صوفی گردی؟
خیز تا پیشِ مُغان دُردیِ خمّار کشیم
هرکه را در رَهِ اسلام قدم ثابت نیست
به یکی جرعه می اش در صفِ کُفّار کشیم
هر که دعویِّ انا الحق کند و حق گوید
«انا» گویانِ خودی را همه بر دار کشیم
چند داریم نهان زیرِ مُرَقَّع ، زُنّار ؟
وقت نامد که خط اندر خطِ زُنّار کشیم؟
هیچ کس را ندهد دُنیی و دین دست بهم
هر که گوید که دهد ، خنجرِ انکار کشیم
گر ازین شاخ ، گُلِ وَصل طمع می داریم
اندرین راه ، غم ِعشق ، چو عطار کشیم

۱۰۰

ما ره ز قبله سویِ خرابات می کنیم
پس در قمارخانه مناجات می کنیم
گاهی ز دُردِ دَرد هیاهوی می زنیم
گاهی ز صافِ میکده هیهات می کنیم
چون یك نَفَس به صومعه هشیار نیستیم
مست و خرابِ کارِ خرابات می کنیم
طاماتیان ز دُردیِ ما توبه می کنند
ما بی نفاق، توبه ز طامات می کنیم
نه لاف پاکبازی و مردی همی زنیم
نه دعویِ مقام و مقامات می کنیم
دُردی کشیم و تا بنباشیم مردِ دین
بر اهلِ دین به کفر مباهات می کنیم
گو بد کنید در حق ما، خلق، زانکه ما
با کس نه داوری نه مکافات می کنیم
ای ساقی! اهلِ درد، درین حلقه، حاضرند
می دِه که کارِ می به مهمّات می کنیم
ما شبروانِ بادیهٔ کعبهٔ دلیم
با شاهدانِ روح ملاقات می کنیم

۱۰۱

عاشقی چیست؟ ـ ترکِ جان گفتن
سِرِّ کونین، بی زبان، گفتن
عشق پی بُردن، از خودی رَستن
عِلْمِ پی کردن، از عیان گفتن
به زبانی که اشکِ خونین راست
قصّهٔ خود یکان یکان گفتن
همچو پروانه، پیشِ آتشِ عشق،
حالِ پیدایِ خود نهان گفتن
عاشق آن است کاو چو پروانه
می تواند بترکِ جان گفتن
جان به جانانِ خود ده ای عطّار
چند از افسانهٔ جهان گفتن

۱۰۲

گر مردِ نام و ننگی از کویِ ما گذر کن
ما ننگِ خاص و عامیم از ننگِ ما حذر کن
سرگشتگانِ عشقیم، نه دل نه دین نه دنیا،
گر راهْبینِ راهی، در حال ما نظر کن

تا کی نهفته داری، در زیرِ دلق، زُنّار
تا کیِ ز زَرْق و دعوی؟ شو خلق را خبر کن
ای مُدّعیِّ زاهد! غِرّه به طاعتِ خود
گر سِرِّ عشق خواهی دعوی ز سر بدر کن
جوهرشناس دین شو، مردِ رَهِ یقین شو
بنیادِ جان و دل را از عشق معتبر کن
از رهبرِ الاهی عطّار یافت شاهی
پس گر تو مردِ راهی، تدبیرِ راهبر کن

۱۰۳

خیز و از می آتشی در ما فکن
نعره‌ای مستانه در بالا فکن
خونِ رَز، بر چهرهٔ گُل، نوش کن
پس ز راهِ دیده بر صحرا فکن
چون هزار آوا نمی‌خُفتَد ز عشق
خرقهٔ جان بر هزار آوا فکن
گر ترا مستی و شورِ بلبل است
شب مخسب و شورشی در ما فکن
عمرِ امشب رفت، اگر دستیت هست،
عمرِ مستان را پیِ فردا فکن
تا کی ای عطار! از خارا دلی؟
شیشهٔ می خواه و بر خارا فکن

۱۰۴

ای دلِ مبتلای من شیفتهٔ هوای تو
دیده دلم بسی بلا، آنهمه، از برای تو
رایِ مرا، به یك زمان، جمله به رایِ خود مران،
چون ز برای خود کنم، چند کشم بلای تو
نی، ز برای تو، به جان، بارِ بلای تو کشم
عشق تو و بلای جان، جانِ من و وفای تو
پرده ز روی برفکن، زانکه بماْند تا ابد
جملهٔ جان عاشقان مستِ میِ لِقای تو
جان و دلی‌ست بنده را بر تو فشانم این که هست
نی، که محقّری‌ست خود، کی بُوَد این سزای تو
هست ز مالِ این جهان، نقدِ فرید نیم جان
می نپذیری این ازو، پس چه کند برای تو؟

۱۰۵

چون نیست کسی مرا بجای تو
ترکِ همه گفتم از برای تو
نورِ دل من ز عکسِ روی تست
تاج سَرِ من ز خاكِ پای تو

خوش خوش بربود جانِ شیرینم
شیرینیِ لعلِ جانفزای تو
بُرد از سرِ دلبری، دلِ مستم،
مخموریِ چشمِ دلربای تو
خونِ دلِ من بریختی، یعنی:
یك بوسه بس است خونبهای تو!
نی نی که مرا دریغ می آید
آن بوسه ترا به ناسزای تو
از جورِ چو من کسی، چه برخیزد؟
عطّار ندید کس بجای تو

۱۰۶

ای مُرَقّع پوش! در خمّار شو
با مغان، مردانه، اندر کار شو
چند ازین ناموس و تزویر و نفاق؟
توبه کن زین هر سه و دیندار شو!
یا برو از حلقهٔ مردانِ دین،
در میانِ حلقهٔ کُفّار شو؛
یا مُنادی کُن «انا الحق»، در جهان
چون «انا الحق» گفته شد، بر دار شو
چون نه‌ای در کفر و در ایمان تمام
گیر زُنّاری و در خمّار شو

چون حضورت نیست در مسجد دمی
بی مُرَقَّع گَرد و با زُنّار شو
عاجزی در دین و زهدِ خویشتن
خیز و زین دینِ تهی بیزار شو
چند باشی در حجابِ خویش، تو
عالمِ تجرید را عطّار شو

۱۰۷

ساقیا، گر پخته‌ای، مَی خام ده
جانِ بی آرام را آرام ده
خیز و بزمی در صبوحی راست کُن
یك صراحی باده ما را وام ده
صبح، پیدا گشت و شب اندر شکست
خفتگانِ مست را دشنام ده
چون بخواهی ریخت، همچون گُل ز بار،
بار کم کش بادهٔ گلفام ده
همچو گُل شو بادهٔ گلفام نوش
همچو بلبل، سویِ گل، پیغام ده
دادِ خود بستان که ایّام گُل است
یا نه، خوش خوش، دادِ این ایّام ده
خاطرِ عطّار سودا می پزد
سوخت از غم، هین شرابِ خام ده

۱۰۸

ای دل اندر عشق، دل در یار ده
کارِ او کن، جان و دل در کار ده
چند باشی در حجابِ خود نهان
دلبرت صد بار آمده بار ده
یا برو، گر مؤمنی، اسلام آر
یا بیا گر کافری اقرار ده
آرزوهای تو، بُت‌های تو اند
جملهٔ بُت‌هات بر دیوار ده!
پس در آتش، چون خلیلِ بُت‌شکن،
جانْت را شایستگیِّ یار ده
ساقیا خمخانه را بگشای در
عاشقان را بادهٔ ابرار ده
زاهدان را، از وجودِ خویشتن،
وارهان و دُردیِ خمّار ده
چند پوشی دلق، دامِ زَرْق را،
دلق پوشان را کنون زنّار ده
چون شود شایستهٔ ره، جانِ تو
اهلِ دل را تحفه چون عطار ده

۱۰۹

ای اشتیاقِ رویت از چشمْ خواب بُرده
یك بَرقِ عشق جَسته، صد بَرقْ آب بُرده
بر نطعِ کامرانی، نورِ رُخت، به یکدم،
دستِ هزار عذرا از آفتاب بُرده
چندین هزار عاشق، بر رویِ تو، درین ره
در خاك و خون فتاده، سر در نقاب بُرده
ای در غرور داده دل را شرابِ غفلت!
پس دل بده که او را مستِ خراب بُرده
شرمت همی نیاید، کاندر چنین مقامی
مردان، به سر دویده، تو سر به خواب بُرده
عطار را درین ره اندر حجاب ره نیست
گر چه دلیست او را پی با حجاب بُرده

۱۱۰

در راهِ تو مردان اند از خویش نهان مانده
بی جسم و جهت گشته بی نام و نشان مانده
در قُبّهٔ مُتْواری «لا یَعْرِفُهُمْ غَیْری»
محبوبِ اَزَل بوده، محجوبِ جهان مانده

در کسوتِ «کادِ الفَقْر» از کفر زده خیمه
در زیرِ «سوادُ الوَجْه» از خلق نهان مانده
قومی ، نه نکو نه بد ، نه با خود و نه بی خود
نه بوده ، نه نابوده ، نی مانده ، عیان مانده
در عالمِ ما و من نی ما شده و نی من
در کون و مکان با تو ، بی کون و مکان مانده
چون دایره سرگردان ، چون نقطه قدم محکم
صد دایره عرش آسا ، در نقطهٔ جان مانده
چون عین بقا دیده ، از خویش فنا گشته
در بحرِ یقین غرقه ، در تیهِ گمان مانده
فاش ، از سرِ هر مویی ، صد گونه سخن گفته
امّا همه ، از گنگی ، بی کام و زبان مانده
تا راهِ چنین قومی ، عطار بیان کرده
جانش به لب افتاده ، دل در خفقان مانده

۱۱۱

ای جانِ ما شرابی از جامِ تو کشیده
سرمست اوفتاده دل از جهان بریده
وآنجا که عرضه داده عشقت امانتِ خود
هم کوه پست گشته ، هم چرخ در رمیده
گردونِ سالخورده بویی شنیده از تو
در جستجویت ، از جان ، چندان به سر دویده

عشقت، به لا اُبالی، بر چار سویِ عالم
پیرانِ راه‌بین را بر دارها کشیده
الحق شگرْفْ مرغی، کز تو دو کَون پُر شد،
نه بال باز کرده نه زاشیان پریده!
ای در حجابِ عزّت پنهان شده ز غیرت
نادیده گِردِ کویت مردانِ کاردیده
تو همچو آفتابی، در پرده‌ها نشسته
یك آهِ عاشقانت صد پرده بر دریده
جمله تویی ولیکن کس دیده‌ای ندارد
زیرا که پرده بینم بر دیده‌ها کشیده

۱۱۲

جهان، جمله تویی، تو در جهان نه
همه عالم تویی، تو در میان نه
چه دریایی است این دریای پُر موج
همه در وی گُم و از وی نشان نه
چه راه است این نه سر پیدا و نه پای
ولیکن راه محو و کاروان نه
عجب کاری است کارِ سِرِّ معشوق
جهان از وی پُر و او در جهان نه
همه دل پُر ازو و دل در او محو
نشسته در میانِ جان و جان نه

دلی دارم در او صد عالَم اسرار
ولیکن شرحِ یك سِرّ را زبان نه
چنین جایی فرید آخر چه گوید
زبانْ گنگ و سخن قطع و بیان نه

۱۱۳

گر تو نسیمی ز زلفِ یار نیابی
تا به اَبَد رَد شوی و بار نیابی
یکدم اگر بوی زلفِ او به تو آید
گنج حقیقت کم از هزار نیابی
هر دو جهان پرده‌ای ست، پیش رخِ تو
لیك درین پرده پود و تار نیابی
یافتنِ یار چیست؟ ـ گمشدنِ تو
تا نشوی گُم ز خویش، یار نیابی
غارِ غرور است در نهادِ تو پنهان
غَوْرِ چنین غار، آشکار نیابی
سر چه فرازی؟ پیاده شو ز وجودت
زانکه درین راه یك سوار نیابی
تو نتوانی که راهِ عشق کنی قطع
کاین رَهِ جانسوز را کنار نیابی

۱۱۴

پروانه، شبی ز بیقراری
بیرون آمد به خواستاری
از شمع سؤال کرد ک «اخر
تا کی سوزی مرا به خواری؟»
در حال، جواب داد شمعش
ک «ای بی سر و بُن خبر نداری
تو در نَفَسی بسوختی زود
رستی ز غم و ز غمگساری
من مانده‌ام ز شام تا صبح
در گریه و سوختن به زاری
گه می‌خندم ولیک، بر خویش
گه می‌گریم ز سوگواری
می‌گویندم: بسوز خوش خوش
تا بیخ ز انگبین برآری
هر لحظه سَرَم نهند در پیش
گویند: چرا چنین نزاری؟
شمعی دگر است لیک در غیب
ــ شمعی است نه روشن و نه تاری ــ
پروانهٔ او منم چنین گرم
زان یافته‌ام مزاج زاری

من می‌سوزم ازو، تو از من
این است نشانِ دوستداری
چه طعن زنی مرا که من نیز
در سوختنم به بیقراری.»

۱۱۵

گر یک شکر، از لعلت، در کار کُنی، حالی
صد کافرِ منکر را دیندار کنی، حالی
ور زلفِ پریشان را درهم فکنی حلقه
تسبیحِ همه مردان زُنّار کنی، حالی
صد گونه جفا داری چون روی مرا بینی
بر من به جوانمردی ایثار کنی، حالی
صد بُلْعَجَبی دانی کابلیس نداند آن
ما را چو زبون بینی در کار کنی، حالی
بُردی دلم از من جان، چون با تو کنم دعوی،
خود را عَجَمی سازی اِنکار کنی، حالی
چون صبح، صبا زان رو در خاكِ كَفَت مالد
کز بویِ سر زلفش عطار کنی، حالی

۱۱۶

مابیم ز عالمِ معالی
رندی دو سه اندرین حوالی
در عشق دلی و نیمه جانی
بر داده به بادِ لا اُبالی
در صُفّهٔ عاشقانِ حضرت
از بُرْهَنگی فکنده قالی
پس یافته برترین مقامی
احسنت! زهی مقامِ عالی!
ای زاهدِ کهنه دُرد نقد است
برخیز که گوشه‌ای است خالی
تا نالهٔ عاشقان نیوشی
بر خلق ز زهد چند نالی؟
آن می که تو می خوری حرام است
ما می نخوریم جز حلالی

۱۱۷

ای جانِ جانِ جانم، تو جانِ جانِ جانی
بیرون ز جانِ جان چیست؟ آنی و بیش از آنی

پی می بَرَد به چیزی جانم ولی نه چیزی
تو آنی و نه آنی یا جانی و نه جانی
بس کز همه جهانَت جُستم به قدرِ طاقت
اکنون نگاه کردم تو خود همه جهانی
گنجِ نهانی امّا چندین طلسم داری
هرگز کسی ندانست گنجی بدین نهانی
نی نی که عقل و جانم حیران شدند و والِه
تا چون نهفته مانَد چیزی بدین عیانی
در چار میخ دنیا، مضطر بمانده‌ام من
گر وارهانی از خود دانم که می‌توانی
عطار، بی‌نشان شد از خویشتن بکلّی
بویی فرست او را از کُنهِ بی‌نشانی

۱۱۸

ای در میانِ جانم وز جانِ من نهانی
از جان، نهان چرایی چون در میانِ جانی؟
هرگز دلم نیارد یاد از جهان و از جان
زیرا که تو دلم را هم جان و هم جهانی
با چون تو کس، چو من خَس، هرگز چه سنجد آخر
از هیچْ هیچ ناید، ای جمله تو! تو دانی
در خویش مانده‌ام من، جان می‌دهم به خواهش
تا بو که یک زمانم از خود فرا ستانی

گفتی : «ز خود فنا شو ، تا محرمِ من آیی .»
بندی ست سخت محکم ، اینِ هم تو می توانی
عطّار را ز عالم گُم شد نشان بکلّی
تا چند جویم آخر از بی نشان ، نشانی

۱۱۹

ز سگان کویت ، ای جان! که دهد مرا نشانی
که ندیدم از تو بویی و گذشت زندگانی
دلِ من نشانِ کویت ، ز جهان بجُست ، عمری
که خبر نبود دل را که تو در میانِ جانی
بعتاب گفته بودی که «بر آتشت نشانم .»
چو مرا بسوخت عشقت ، چه بر آتشم نشانی؟
همه بندها گشادی بطریقِ دلفریبی
همه دست‌ها ببستی ، به کمالِ دلستانی
تو چه گنجی ، آخر ای جان! که به کَون در نگنجی
تو چه گوهری که در دل شده‌ای بدین نهانی
دو جهان پُر از گهر شد ز فروغِ تو ولیکن
به تو کی توان رسیدن که تو گنجِ بیکرانی
چو به سرکشی درآیی همه سرورانِ دین را
ز سرِ نیازمندی چو قلم به سر دوانی

۱۲۰

عشقِ تو درد است و درمانش تویی
هست عاشق صورت و جانش تویی
آنچه در درمان نیاید دردِ من
چیست آن دردی که درمانش تویی
سالکِ راهِ تو، زاوّل، واصِل است
کاین رَه، از سر تا به پایانش تویی
عاشقت کی گنجد اندر پیرهن
کز گریبان تا به دامانش تویی
کِشتِ هستی، خوشه خوشه، جو به جو
زرعِ بی آبست و بارانش تویی
منطقُ الطیرِ سخنهایِ مرا
کَس نمی‌داند، سلیمانش تویی
این غزل شطح است و قوّالش منم
وین سخن حق است و بُرهانش تویی

۱۲۱

ای غمت روز و شب به تنهایی
مونسِ عاشقانِ سودایی !

عشق، با نام و ننگ ناید راست
ندهد دست، عشق و رعنایی
عشق را سر برهنه باید کرد
بر سرِ چار سویِ رسوایی
تا ز ما ذرّه‌ای همی ماند
تو ز غیرت جمال ننمایی
در حجابیم ما ز هستیِ خویش
ما نهانیم و تو هویدایی
هستیِ ما و هستیِ تو، دویی است
راست ناید دویی و یکتایی
نیست عطّار را، درین تك و پوی،
هیچ راهی بجز شکیبایی

۱۲۲

ترسابچه‌ایم افکند از زهد بترسایی
اکنون من و زنّاری در دَیْر بتنهایی
دی زاهدِ دین بودم، سجّاده‌نشین بودم
ز ارباب یقین بودم، سر دفترِ دانایی
امروز، دگر هستم دُردی کَشَم و مستم
در بُتکده بنشستم، دین داده به ترسایی
نه محرم ایمانم نه کفر همی دانم
نه اینم و نه آنم تن داده به رسوایی

دوش از غمِ کفر و دین، یعنی که نه آن نه این،
بنشسته بُدم غمگین شوریده و سودایی؛
ناگه ز درونِ جان در داد ندا جانان
ک « ای عاشقِ سرگردان! تا چند ز رعنایی؟
روزی دو سه گر از ما گشتی تو چنین تنها
باز آی سویِ دریا تو گوهرِ دریایی. »

گزیدهٔ رباعی‌ها

۱

در وصفِ تو عقل، طبعِ دیوانه گرفت
جان تن زد و با عجز بهم خانه گرفت
چون شمعِ تجلّیِ تو آمد به ظهور
طاووسِ مَلك مذهبِ پروانه گرفت

۲

ای هشت بهشت، یك نثارِ دَرِ تو
وی هفت سپهر، پرده‌دارِ درِ تو
رُخ زرد و کبود جامه خورشید منیر
سرگشتهٔ ذرهٔ غبار دَرِ تو

۳

ای در دلِ من نشسته، جانی یا نه؟
از پیدایی چنین نهانی یا نه؟
آن چیز که هرگز بنخواهم دانست
با بنده بگو که تا تو آنی یا نه؟

۴

هر قطره به کُنهِ دُرِّ دریا نرسد
هر ذرّه به آفتابِ والا نرسد
در راهِ تو جملهٔ قدمها برسید
تا هیچ کسی در تو رسد، یا نرسد

۵

جان از طلبِ روی تو آبی گردد
بیداریِ دل پیش تو خوابی گردد
گر رویِ تو از حجاب آید بیرون
هر ذرّه، بقطع، آفتابی گردد

٦

چیزی که دمی نه تو در آنی و نه من
کیفیّتِ آن نه تو بدانی و نه من
گر برخیزد پردهٔ پندار از پیش
او ماند و او، نه تو بمانی و نه من

۷

در بند، گره‌گشای می باید بود
گُمره شده، رهنمای می باید بود
یك لحظه هزار سال می باید زیست
یك لحظه هزار جای می باید بود

۸

چون چهرهٔ خورشیدوَشش روشن تافت
آن تاب به جان رسید و پس بر تن تافت
گفتند: «ترا چه بود؟» ـ دانی که چه بود؟
چون نیست شدم هستیِ او بر من تافت

۹

در دریایی که نه سر و نه پا داشت
هر قطره ازو تشنگی‌یی پیدا داشت
هر قطره اگر چه جای در دریا داشت
امّا هر یک هزار استسقا داشت

۱۰

آن سیل که از قوّتِ خود جوشان بود
با هرچه که پیش آمدش کوشان بود
چون عاقبتِ کار به دریا برسید
گویی که همه عمر ز خاموشان بود

۱۱

یارب! چه نهان، چه آشکارا که تویی
نه عقل رسد، نه علم، آنجا که تویی
آخر بگشای بر دلِ بسته دری
تا غرقه شوم در آن تماشا که تویی

۱۲

این سودایی که می‌دواند ما را
هرگز نتوان نشاند این سودا را
گویند که «خویش را فرود آر.» آخر
دربند چه گونه آورم دریا را؟

۱۳

هر دم که دلم بفکر در کار آید
هر ذرّهٔ دل منبع اسرار آید
هر قطره که از بحرِ دلم بردارم
بحری دگر از میان پدیدار آید

۱۴

با هستی و نیستیم بیگانگی است
کز هر دو شدن برون ز مردانگی است
گر من ز عجایبی که در جان دارم
دیوانه نمی‌شوم ز دیوانگی است

۱۵

هر روز، حجابِ بیقراران بیش است
زان دردِ من از قطرهٔ باران بیش است
زاینجا که منم تا که بدانجا که منم
دو کَون چه باشد که هزاران بیش است

۱۶

مردان، مَیِ معرفت به اقبال کشند
نی همچو زنان دُردیِ اِشکال کشند
هرچ آن به دلیل بایدت روشن کرد
آبی ست که از چاه به غربال کشند

۱۷

هیچم من و در گفت و شنید آمده‌ام
در نیست پدید و بی کلید آمده‌ام
این نیست عجب که گُم بخواهم بودن
این است عجب که چون پدید آمده‌ام

۱۸

ای دل! دیدی که هر چه دیدی هیچ است
هر قصه که گفتی و شنیدی هیچ است
چندین که ز هر سوی دویدی هیچ است
وامروز که گوشه‌ای گُزیدی هیچ است

۱۹

آن را که درین دایره جانی عجب است
در نقطهٔ فقر، بی‌نشانی عجب است
هستیِّ تو ظلمتْ آشیانی عجب است
وآنجا که تو نیستی جهانی عجب است

۲۰

عاشق شدنِ مرد، زبون آمدن است
سر باختن است و سرنگون آمدن است
بر خویش برون آمدنت چیزی نیست
تدبیرِ تو از خویش برون آمدن است

۲۱

گفتم: «ز فنایِ خود چنانم که مپرس!»
گفتا: «به بقائیت رسانم که مپرس.»
یعنی چو به نیستی بدیدی خود را
چندان هستی بر تو فشانم که مپرس

۲۲

ای مرغِ عجب! ستارگان چینهٔ تست
از روزِ اَلَسْت عهدِ دیرینهٔ تست
گر جامِ جهان‌نمای می‌جویی تو
در صندوقی نهاده در سینهٔ تست

۲۳

سِرّی که به تو رسد، ز خود پنهان دار
امّید همه به دردِ بی درمان دار
وانگاه ز جاَن آینه‌ای ساز مدام
وان آینه در برابرِ جانان دار

۲۴

جان گرچه درین بادیه بسیار شتافت
مویی بندانست و بسی موی شکافت
گرچه ز دلم هزار خورشید بتافت
امّا به کمالِ ذرّه‌ای راه نیافت

۲۵

جانی که به رمز ، قصّهٔ جانان گفت
ببرید زبان و بی‌زبان پنهان گفت
تا کی گویی : «واقعهٔ عشق بگوی!»
چیزی که چشیدنی بُوَد، نتوان گفت

۲۶

آنها که مُدام از پسِ این کار شوند
در کشتنِ این نفسِ ستمکار شوند
در پوست، هزار اژدها خفته تُراست
چون مرگ در آید همه بیدار شوند

۲۷

یك عاشقِ پاك و یك دلِ زنده کجاست؟
یك سوخته بی فکرِ پراکنده کجاست؟
چون بندهٔ اندیشهٔ خویش‌اند همه
پس در دو جهان خدای را بنده کجاست؟

۲۸

هر جان که بدان سِرِّ معمّا نرسید
در شیب فرو رفت و به بالا نرسید
بیچاره دلِ کسی که از شومیِ نَفْس
در قطرگی افتاد و به دریا نرسید

۲۹

ای در طلبِ گره‌گشایی مُرده!
در وصل بزاده، در جدایی مُرده!
ای بر لبِ بحر، تشنه، با خاك شده!
وی بر سرِ گنج در گدایی مُرده!

۳۰

با اهل، توان قصدِ معانی کردن
با نااهلان خود چه توانی کردن؟
آهنگِ عذابِ جاوِدانی کردن
با نااهلی‌ست زندگانی کردن

۳۱

مردی چه بود؟ - رند و مقامِر بودن
آزاد ز اوّل و ز آخر بودن
یك رنگ به باطن و به ظاهر بودن
نظّارگی و خموش و صابر بودن

۳۲

گر دریایی ز شور بنشانندت
ور تیزتکی چو مور بنشانندت
بنشین که ز خاستن نخیزد چیزی
ور ننشینی به زور بنشانندت

۳۳

در عشقِ تو از بسکه خروش آوردیم
دریایِ سپهر را به جوش آوردیم
چون با تو خروش و جوش ما در نگرفت
رفتیم و دل و زبان خموش آوردیم

۳۴

دل، در پیِ رازِ عشق، پویان می دار
جان می کَن و رازِ عشق در جان می دار
سِرّی که سَر اندر سَرِ آن باخته‌ای
چون پیدا شد، ز خویش پنهان می دار

۳۵

اجزای تو جمله گوش می باید و بس
جانِ تو سخن نیوش می باید و بس
گفتی تو که: «مردِ راه چون می باید؟»
ـ نظّارگی و خموش می باید و بس

۳۶

ای مردِ رونده! مردِ بیچاره مباش
از خویش مرو برون و آواره مباش
در باطنِ خویش کن سفر، چون مردان،
اهلِ نظری تو، اهلِ نظّاره مباش

۳۷

گر مردِ رهی، راه نهان باید رفت
صد بادیه را، به یک زمان، باید رفت
گر می‌خواهی که راهت انجام دهد
منزل همه در درونِ جان باید رفت

۳۸

گر مردِ رهی میان خون باید رفت
از پای فتاده سرنگون باید رفت
تو پای به راه در نِه و هیچ مگوی
خود راه بگویدت که چون باید رفت

۳۹

بنشسته‌ای و بسی سفر داری تو
هر ذرّه که هست رهگذر داری تو
صد قافله در هر نَفَسی می‌گذرد
ای بی‌خبر! آخر چه خبر داری تو؟

۴۰

دل، بستهٔ رویِ چون نگارِ او کُن
جان، بر کفِ دست نِه، نثارِ او کُن
بنگر سرِ کار و زود کار از سر گیر
پس کار و سر اندر سرِ کارِ او کُن

۴۱

گر هست، درین راه، سَرِ بهبودت
بر باید خاست از سرِ هستی زودت
در عشق بمیر از آنکه سرمایهٔ عمر
تا تو نکنی زیان ندارد سودت!

۴۲

گه پیشروِ نبرد می باید بود
گه پسروِ اهلِ درد می باید بود
این کار به سرسری بسر می نشود
کاری است عظیم، مرد می باید بود!

۴۳

تا هیچ پراکنده توانی بودن
حقّا که اگر بنده توانی بودن
از یکْ یکْ چیز می بباید مُردن
تا بوکْ بدو زنده توانی بودن

۴۴

چون نیست کسی را سرِ مویی غم تو
جز تو که کند در دو جهان ماتمِ تو؟
ای مانده ز راه! یك دم آگاه نه‌ای
تا فوت چه می‌شود ز تو هر دمِ تو!

۴۵

گر مردِ رهی، روی به فریادرس آر
پشت از سَرِ صدق در هوا و هوس آر
چون نیست بجز یك نَفَست هر دو جهان
پس هر دو جهانِ خویش با یك نَفَس آر

۴۶

گر خاصه نه‌یی تو، عام می‌باید بود
ور پخته نه‌یی تو، خام می‌باید بود
در کفر نه‌یی تمام و در ایمان هم
در هر چه دری، تمام می‌باید بود

۴۷

کارت چو همه ز خوردن و خفتن بود
میلت همه در شنودن و گفتن بود
بنشین که من و ترا، درین دارِ غرور،
مقصود زآمدن همه رفتن بود

۴۸

امروز، منم نشسته، نه نیست نه هست
در پردهٔ «نیست ـ هست» شوریده و مست
چه چاره کنم چو شیشه افتاد و شکست
هم دست ز کار رفت و هم کار از دست

۴۹

چون رفت ز جسم، جوهرِ روشنِ ما
از خارِ دریغ پُر شود گلشنِ ما
بر ما بروند و هیچ کس نشناسد
تا زیرِ زمین چه می‌رود بر تنِ ما

۵۰

خلقی که درین جهان پدیدار شدند
در خاک بعاقبت گرفتار شدند
چندین غمِ خود مخور که همچون من و تو
بسیار دَر آمدند و بسیار شدند

۵۱

هر ذره که در زمین و در کهساری ست
از پیکر هر گذشته‌ای، آثاری ست
وین صورتها که بر در و دیواری ست
از رویِ خرد چو صورتِ دلداری ست

۵۲

اجزایِ زمین تنِ خردمندان است
ذرّات هوا جمله لب و دندان است
بِندیش که خاکی که برو می گذری
گیسویِ بُتان و رویِ دلبندان است

۵۳

لاله ز رُخی چو ماه می بینم من
سبزه ز خطی سیاه می بینم من
وان کاسهٔ سر ، که بود پُر بادِ غرور ،
پیمانهٔ خاکِ راه می بینم من

۵۴

پیش از من و تو ، پیر و جوانی بوده ست
اندوهگِنی و شادمانی بوده ست
جرعه مفکن بر دهنِ خاک ، که خاک
خاکِ دهنی چو نُقل‌دانی بوده ست

۵۵

بر بسترِ خاک خفتگان می بینم
در زیرِ زمین نهفتگان می بینم
چندان که به صحرای عدم می نگرم
ناآمدگان و رفتگان می بینم

۵۶

کس بر سرِ جیحون رقمی جوید باز؟
وز کیسهٔ قارون درمی جوید باز؟
گر مُرد کسیت، چند جوییِ بازش
از دریائی که شبنمی جوید باز؟

۵۷

دردا که گُلم میان گلزار بریخت
وز بادِ اجل بزاری زار بریخت
این دردِ دلم با که بگویم که بهار
بشکفت گل و گُلِ من از بار بریخت

۵۸

ای ماهِ زمین به برجِ افلاك شدی
یارب که چه پاك آمدی و پاك شدی!
ناخورده در آتش جوانی آبی،
چون باد درآمدی و بر خاك شدی

۵۹

دردا که دلم به هیچ درمان نرسید
جانش به لب آمد و به جانان نرسید
در بی‌خبری عمر به پایان آمد
وافسانهٔ عشقِ او به پایان نرسید

۶۰

گر دست دهد به زندگانم مُردن
آسان باشد به یک زمانم مُردن
یک لحظه همی ـ چنانکه می باید زیست ـ
گر زیسته آید، بتوانم مُردن

۶۱

کو پای که از دستِ تو بگریختمی
کو دست که در پای تو آویختمی
ای کاش هزار جانمی! تا هر دم
در خاکِ قدمهای تو می ریختمی!

۶۲

کو کوی تو تا بفرق بشتافتمی
پس روی ز هر چه هست برتافتمی
دستم نرسد به جان که بشکافتمی
تا بو که ترا میان جان یافتمی

۶۳

گر دل خواهی بیا و بپذیر و بگیر
دل شیفته شد بیار زنجیر و بگیر
ور در خورِ حضرتِ تو جان می شاید
گیرم که نبود، پرده برگیر و بگیر

۶۴

چون نعره‌زنان قصد به کویِ تو کنیم
جان در سرِ کار آرزوی تو کنیم
در هر نَفَسم هزار جان می باید
تا رقص‌کنان نثارِ روی تو کنیم

۶۵

در عشق تو ، عقل با جنون خواهم کرد
دیوانگیِ عشق کنون خواهم کرد
شوریده به خاکْ سر فرو خواهم بُرد
شوریده ز خاکْ سر برون خواهم کرد

۶۶

گه نعره‌زنِ قلندرت خواهم بود
گه در مسجد مجاورت خواهم بود
گر جان و دلم به باد برخواهی داد
من از دل و جان خاکِ درت خواهم بود

۶۷

عمری دل من غرقهٔ خون ، بی تو بزیست
وز پای فتاده سرنگون ، بی تو بزیست
وامروز که در معرکهٔ مرگ افتاد
در حسرتِ آن مُرد که چون بی تو بزیست!

۶۸

در عشقِ تو ، در جهان ، عَلَم خواهم شد
وز شوق به فرق چون قلم خواهم شد
از عشق تو مست در وجود آمده‌ام
وز عشق تو مست با عدم خواهم شد

۶۹

گفتم : «دل و جان در سرِ کارت کردم
هر چیز که داشتم نثارت کردم . »
گفتا : «تو که باشی که کنی یا نکنی
آن من بودم که بیقرارت کردم !»

۷۰

تشنه بکُشد مرا و آبم ندهد
مخمورِ خودم کند شرابم ندهد
چندان که بگویمش یکی ننیوشد
چندان که بخوانمش جوابم ندهد

۷۱

اندر طلبِ حضرتِ جاوید آخر
ماندی تو میانِ بیم و امّید آخر
یك ذرّه وجودِ تست ، در یك ذرّه ،
چندی تابد فروغِ خورشید آخر؟

۷۲

این خود چه عجایب است کامیخته‌ای
هر حظه هزار شور انگیخته‌ای
دیدارِ تو چون به چشمِ ما بود دریغ
صد پرده ز هر ذرّه درآویخته‌ای

۷۳

دوش آمد و گفت: «در بلا پیوستی
آن لحظه که در چون و چرا پیوستی.»
گفتم: «چه کَنم تا به تو در پیوندم؟»
گفتا که: «ز خود ببُر به ما پیوستی.»

۷۴

گاهی ز سرِ زلفِ سیاهت ترسم
گاهی ز کمین‌گاه کلاهت ترسم
گفتی: «بنهان برِ تو آیم، یك شب.»
از روشنیِ رویِ چو ماهت ترسم

۷۵

خواهی که ز شغلِ دو جهان فرد شوی
با اهلِ صفا همدم و همدرد شوی
غایب مشو از دردِ دل خویش دمی
مستحضرِ درد باش تا مرد شوی

۷۶

کم گوی که ترکِ حرف می باید کرد
وآهنگِ رهی شگرف می باید کرد
جانی که ازو عزیزتر چیزی نیست
در درد و دریغ صرف می باید کرد

۷۷

در عشق، خلاصهٔ جنون از من خواه
جان رفته و عقلِ سرنگون از من خواه
صد واقعهٔ روز فزون از من خواه
صد بادیه پر آتش و خون از من خواه

۷۸

ما رندان را حلقه به گوش آمده‌ایم
ناخورده شراب در خروش آمده‌ایم
دست از بد و نیکْ و کفر و اسلام بدار
دُردی دَر دِه که دُردنوش آمده‌ایم

۷۹

ما خرقهٔ رسم از سَر انداخته‌ایم
سر را، بَدَلِ خرقه، در انداخته‌ایم
هر چیز که سَدِّ راهِ ما خواهد بود
ـ گر خود همه جان است ـ برانداخته‌ایم

۸۰

در عشقِ تو دینِ خویش نو خواهم کرد
در ترسایی گفت و شنو خواهم کرد
زنّار چهارْ کردْ برخواهم بست
دستار به میخانه گرو خواهم کرد

۸۱

ترسا بچه‌ای که توبه بشکست مرا
دوش آمد و زلف داد در دست مرا
در رقص چهارْ کردْ برگشت و برفت
زنّارِ چهارْ کردْ بربست مرا

۸۲

تا چند ز زاهدِ ریائی آخر
دُردی دَرکش که مردِ مائی آخر
ما را جگر از زهدِ ریائی خون شد
ای رندِ قلندری! کجائی آخر؟

۸۳

زین درد که جز غصّهٔ جان می‌ندهد
جز دُردِ قلندری امان می‌ندهد
آن آه بصدق کز قلندر خیزد
در صومعه هیچ کس نشان می‌ندهد

۸۴

گر زهد کنی سوز و گدازت ببرد
عُجْب آورد و شوق نیازت ببرد
زنهار به گِرِد من مگرد ای زاهد!
کاین رندِ قلندر از نمازت ببرد

۸۵

خون شد جگرم بیار جام ای ساقی!
کاین کارِ جهان دَم است و دام ای ساقی!
می ده که گذشت عمر و بگذاشته گیر
روزی دو سه نیز ـ والسلام ای ساقی!

۸۶

شمع است و شراب و ماهتاب ای ساقی!
شاهد، ز شراب، نیم خواب ای ساقی!
از خاک مگو، وین دلِ پُر آتش را
بر باد مده بیار آب ای ساقی

۸۷

هم سبزهٔ سرمست برُست ای ساقی!
هم گل به گلاب روی شُست ای ساقی!
چون یاسمنِ لطیف را شاخ شکست
کی توبهٔ ما بُوَد دُرُست ای ساقی!

۸۸

چون گل بشکفت در بهار ، ای ساقی !
تا کی نَهَدم زمانه خار ، ای ساقی !
در پیش بنه صراحی و بر کف، جام
با سبزه خطی به سبزه‌زار ای ساقی !

۸۹

وقت است که در بر آشنایی بزنیم
تا بر گل و سبزه تکیه جایی بزنیم
زان پیش که دست و پا فرو بندد مرگ
آخر کم از آن که دست و پایی بزنیم؟

۹۰

بر چهرهٔ گل شبنمِ نوروز خوش است
در باغ و چمن رویِ دل افروز خوش است
از دی که گذشت هر چه گویی خوش نیست
خوش باش و ز دی مگو که امروز خوش است

۹۱

چون گل بِشکفت، ساعتی برخیزیم
بر شادیِ مَی ز دستِ غم بگریزیم
باشد که بهارِ دیگر ، ای همنفسان!
گل می ریزد ز باد و ما می ریزیم

۹۲

بر آبِ روان و سبزه، ای شمعِ طراز!
می در دِه و توبه بشکن و چنگ بساز
خوش باش که نعره می‌زند آبِ روان
می‌گوید: «رفتم که دگر نایم باز!»

۹۳

مهتاب، به نور، دامنِ شب بشکافت
می خور که دمی خوشتر ازین نتوان یافت
خوش باش و بیندیش که مهتاب بسی
خوش بر سرِ خاکِ یك بیك خواهد تافت

۹۴

چون عُهده نمی‌کند کسی فردا را
یك امشب خوش کن دلِ پُر سودا را
می نوش به نورِ ماه، ای ماه! که ماه،
بسیار بتابد و نیابد ما را

۹۵

ای دل چو درین راهِ خطرناك شوی
از کارِ زمین و آسمان پاك شوی
مهتاب بتافت، آسمان سیر ببین!
زان پیش که در زیرِ زمین خاك شوی

۹۶

بر رویِ گل از ابر ، نقاب است هنوز
در طبعِ دلم میلِ شراب است هنوز
در خواب مشو چه جای خواب است هنوز
جانا! می ده که ماهتاب است هنوز!

۹۷

روزی که بُوَد روزِ هلاکِ من و تو
از تن برهد روان پاکِ من و تو
ای بس که نباشیم ، وزین طاقِ کبود
مَه می‌تابد بر سرِ خاکِ من و تو

۹۸

ساقی به صبوحی میِ ناب اندر ده
مستانِ شبانه را شراب اندر ده
مستیم و خراب ، در خراباتِ فنا
آوازه به عالم خراب اندر ده!

۹۹

بشکفت گُلِ تازه به بستان ، ای دوست
بر زمزمهٔ هزاردستان ، ای دوست
می دان بیقین که تو بدین دَم که دری ،
گر جهد کنی ، رسید نتوان ای دوست

۱۰۰

هر روز بر آنم که کنم شب توبه
وز جامِ پیاپی ِ لبالب توبه
واکنون که شکُفت برگ گل، برگم نیست
در موسمِ گُل ز توبه، یارب! توبه!

۱۰۱

می خور که فلك بهرِ هلاكِ من و تو
قصدی دارد به جانِ پاكِ من و تو
بر سبزه نشین که عمر بسیار نماند
تا سبزه برون دَمَد ز خاكِ من و تو

۱۰۲

مهتاب فتاد در گلستان امشب
گل روی نمود سویِ بستان امشب
در دِه مَیِ گلرنگ که می‌نتوان خفت
از مَشْغَلهٔ هزاردستان امشب

۱۰۳

دل در غم همدمی بفرسود و نیافت
می‌جُست مراد و می‌نیاسود و نیافت
فرمان بَر و باده خور که عمری‌ست که دل
در آرزویِ چنین دمی بود و نیافت

۱۰۴

جانا مِی خور که چون گُلِ تازه شکفت
بلبل رَهِ خارکش کنون خواهد گفت
تنها منشین و شمع منشان که بسی
تنهات بزیر خاك می باید خفت

۱۰۵

چون جلوهٔ گُل ز گلستان پیدا شد
بلبل به سخن در آمد و شیدا شد
در جامِ **بلور** کُن مَیِ **لعل** که باغ
از **مرواریدِ** ابر چون **مینا** شد

۱۰۶

ای تُرکِ قلندری شرابی در ده
جامی دو ، مَی از بهرِ خرابی در ده
وین تشنهٔ حرصِ عالمِ فانی را
زان پیش که خاك گردد آبی در ده

۱۰۷

چندان که نگاه می کنم هر سویی
از سبزه بهشت است و ز کوثر جویی
صحرا چو بهشت شد ، ز دوزخ کم گوی!
بنشین به بهشت ، با بهشتی رویی

۱۰۸

بنگر ز صبا دامَنِ گُل چاك شده
بلبل ز جمالِ گل طربناك شده
در سایهٔ گل نشین كه بس گل كه ز باد
بر خاك فرو ریزد و ما خاك شده

۱۰۹

ابری كه رُخِ باغ كنون خواهد شست
گل را به گلاب بین كه چون خواهد شست
گل می آید با قدحی خون در دست
از عمر مگر دست به خون خواهد شست

۱۱۰

با گل گفتم كه «یوسفِ كنعانی
در مصرِ چمن ترا سزد سلطانی .»
گل گفت كه «من صد وَرَقم ، در هر باب ،
خود یك وَرَق است این كه تو بر می خوانی !»

۱۱۱

بلبل كه به عشق یك هماواز نیافت
همچون تو گُلی شكفته در ناز نیافت
گل گر چه به حُسن صد وَرَق داشت ولیك
در هیچ وَرَق شرحِ رُخَت باز نیافت

۱۱۲

بلبل، همه شب، شرحَ وصالت می خواند
مه طلعتِ خورشید کمالت می خواند
گل پیشِ رخِ تو صد وَرَق باز گشاد
وز هر وَرَق آیتِ جمالت می خواند

۱۱۳

گل بین که بر اطرافِ چمن می نازد
وز سویِ دگر، سرو و سمن می نازد
هر گُل که به ناز باز خندید چو صبح
از حُسنِ تو یا ز شعرِ من می نازد!

۱۱۴

گل گفت: ز رخ نقاب باید انداخت
جان در خطر عذاب باید انداخت
چون در آتش گلاب می باید شد
ناکام، سپر بر آب باید انداخت

۱۱۵

تا گل ز گریبانِ چمن سر بر کرد
بلبل هر دم مشغله‌ای دیگر کرد
چون خندهٔ گل ز غنچه بس زیبا بود
در تاخت صبا و دهنش پُر زر کرد

۱۱۶

امشب ز دمیدنِ تو ترسم ای صبح!
وز تیغ کشیدنِ تو ترسم ای صبح!
چون در پسِ پرده، یار با ما بهم است
از پرده دریدنِ تو ترسم ای صبح!

۱۱۷

ای صبح، مخند امشب و لب بر لب باش
با عاشقِ دلسوخته هم مذهب باش
چون یار برِ من است تا روز امشب
یك روز مَدَم گو همه عالم شب باش

۱۱۸

امشب که بُوَد وصالِ جان افروزم
مَن، جملهٔ شب، حیله‌گری آموزم
از هر مژه سوزنی کنم تا شب را
بر صبحدمِ روزِ قیامت دوزم

۱۱۹

گر زلفِ بتم نه‌یی، تو ای شب! به سَر آی!
تا کی ز درازیِ تو، کوتاه‌تر، آی!
وی صبح! اگر از دِلِ کُه می نَدَمی
ـ یعنی که ز سنگ ـ آخر از پرده برآی!

۱۲۰

شمع آمد و گفت: کُشتهٔ ایّامم
سرگشتهٔ روزگارِ نافرجامم
با آنکه بریده‌اند صد بار سَرَم
شیرینیِ انگبین نرفت از کامم

۱۲۱

پروانه به شمع گفت: عیدِ تو خوش است
قربانم کُن که «مَنْ یَزیدِ» تو خوش است
هم وعدهٔ تو خوش و وَعیدِ تو خوش است
تو شاهدِ ما و ما شهیدِ تو خوش است

۱۲۲

رفتیم و ز ما زمانه آشفته بماند
با آنکه ز صد گُهر یکی سُفته بماند
افسوس که صد هزار معنیِّ لطیف
از نا اهلیِّ خلق ناگفته بماند

۱۲۳

موجِ سخنم ز اوجِ پروین بگذشت
وین گوهرِ من ز طشتِ زرّین بگذشت
نتوان کردن چنین سخن را تحسین
کان شیوه سخن ز حدِّ تحسین بگذشت

تعليقات

توضیح برخی واژه‌ها

(غزل‌ها)

۱/۱ **دُرد**: یا دُردی، ته‌نشین شراب، آنچه در تهِ ظرف شراب بماند و ته‌نشین شود. خوردن دُرد، کارِ مستان تهیدست بوده است.

۲/۱ **رند**: در اینجا بمعنیِ آدمِ بی‌سر و پا و بی ارزش به‌کار رفته، بهمان گونه‌ای که در زبان فارسی دوره‌های نخستین (از قبیل تاریخ بیهقی: ۲۳۴) به‌کار می‌رفته است. در دوره‌های بعد و پس از گسترش ادبیات صوفیانه و بویژه شعر قلندرانهٔ عطار و سنائی اندك اندك این کلمه معنایی بلند یافته و بر نوعی از انسان متعالی و شخص مجرّد از تعیّنات مادی، و در مواردی بر انسان کامل و ولی اطلاق شده است.

۴/۱ **مخلص**: بکسر لام آنکه خالص شده و پالوده گشته، بهره‌مند از خلوص. به فتح لام آنکه او را خالص و ناب کرده‌اند دومی نیز اصطلاح قرآنی است در مورد بندگان برگزیدهٔ حق (۱۵/۴۰).

۵/۱ **مصراع دوم**: یعنی ما را، یار، از هر تعلقی که داشتیم رهایی بخشید.

۶/۱ **اندوه آر ما را**: یعنی هدیه برای ما، اگر یافتی، اندوه بیاور. در متن چاپی دیوان: اندوه زار بود که بلحاظِ نحوی ایجاد اشکال می کند، گرچه ترکیبِ «اندوه زار» از همین بیت عطار موردِ توجه بعضی از شعرای معاصر قرار گرفته است.

۷/۱ **فرو شدن در راه**: تعبیری رایج بوده است که در موردِ راه، کوچه، شهر، و محله و امثال آن فعل فرو شدن را بکار می برده‌اند، بی آنکه به مفهوم

لغوی فرو شدن که از بالا به پایین آمدن است، توجهی داشته باشند. (اسرارالتوحید ۲ / ۵۰۰ و نیز فهرست ۹۴۳).

۱/۲ **برهم**: پشتِ سر هم، پی در پی. یعنی بر جامِ ما، صد جامِ پی در پی نوش کرد.

۳/۲ **یکی گویی**: توحید، یکتاپرستی (گزیدهٔ غزلیات شمس: ۲۴۷):

هر جا یکی گویی بود چوگانِ وحدت وی بَرَد
گویی که میدان نسپرد در زخم چوگان بشکنم

۴/۲ **کم‌زن**: قمارباز، شخصی که در قمار نقش کم بیاورد. مجازاً پاکباز.

۵/۲ **هفت اندام**: تمام بدن از سر تا پا، در اصل بمعنیِ دست‌ها و پاها و سر و سینه و شکم.

۱/۳ **اَبرَش**: دارای خال‌ها و نقطه‌هایی، برنگی جز رنگِ اصلی. اسبی که دارای چنین خالهایی باشد.

۲/۳ **بهم**: باهم.

۹/۳ **در چیزی خندیدن**: بمعنی لبخند به روی کسی یا چیزی زدن است برخلافِ بر چیزی خندیدن که بمعنی مسخره کردن است.در جای دیگر گوید (منطق الطیر ۴۳):

خندهٔ گل گرچه در کارت کشد
روز و شب در نالهٔ زارت کشد
در گذر از گُل که گُل هر نوبهار
بر تو می خندد، نه در تو، شرم دار!

و سنائی به گونهٔ شگفت آوری، این هر دو تعبیر را در یك تصویر هنری فشرده کرده است (دیوان ۱۰۱۰ با اصلاحِ ما):

ای من مه نو به روی تو دیده!
وندر تو به ماهِ نو بخندیده!

۹/۳ **گاز** : مقراض یا وسیله‌ای که سرِ شمع را بدان می بریده‌اند تا بهتر روشنی دهد.

۱/۴ **خرابات**: مرکز تجمعِ اوباش و مردم بدکار، بهمین معنی هم اکنون در بخشهایی از افغانستان بکار می رود: قمارخانه و مرکز فواحش. ظاهراً جمع خرابه بمعنیِ ویرانه است چون این‌گونه افراد درین‌گونه خرابه‌ها تجمع می کرده‌اند. بعدها، از طریق همین گونه شعرهای قلندریِ امثال سنائی و عطار، این کلمه مفهومی عرفانی یافته و درمعنیِ مقامِ اهل سلوك یا کاملان و واصلان به حق استعمال شده است. ← قس رند در غزل ۲/۱.

۲/۴ **عصا**: عصا و ابریق از لوازم سفرِ زاهدان و اهل تصوف بوده است، عصا یکی از نشانه‌های زهد و تقوی بشمار می رفته است.

۲/۴ **سجّاده بر دوش افکندن**: رسمِ زاهدان و اهل تقوی بوده است و نشانهٔ صوفیان، چنانکه درین بیت حافظ می خوانیم:

خود گرفتم کافکنم سجّاده چون سوسن به دوش
همچو گل بر خرقه رنگِ می، مسلمانی بود؟

برای فهم بیشتر این اصطلاح و سوابق آن در ادبیات عرفانی ایران مراجعه شود به تعلیقات اسرارالتوحید ۲/۵۰۳ نیز ← ۴/۷۲.

۲/۴ **کرامات**: جمعِ کرامت، عملِ خارق‌العاده‌ای که بر دستِ اولیاء الله روی دهد و این نشانه‌ای است از آن که ایشان موردِ عنایت حق تعالی‌اند. اگر این عملِ خارقِ عادت بر دست پیامبر انجام شود، آن را معجزه می‌خوانند. در مذهب شیعه کرامات ائمه را نیز معجزه می‌خوانند.

۳/۴ **خراباتی**: مردِ منسوب به خرابات، شخص اهل خرابات.

۴/۴ **مکافات**: پاداش بمعنی مطلقِ پاداش که شامل نیك و بد هر دو است.

۵/۴ **دردی** ← درد ۱/۱.

۷/۴ **طامات**: سخنان آمیخته به ادعاهای گزاف و عبارات فریبنده که هیچ اصل و بنیادی ندارد. بعضی ریشهٔ این کلمه را از طامّهٔ عربی بمعنی حادثهٔ عظیم گرفته‌اند و آن را عربی دانسته‌اند ولی توجیه قابل قبولی بنظر نمی‌رسد. احتمالاً کلمه غیرعربی است، و معنی مرکزی و اصلی آن مبهم بودن و رمزآمیز بودن است چنانکه ازین عبارت (تاریخ الوزراء قمی ۷۶) دانسته می‌شود: «در مناشیر و امثله، بر طریق اهل خراسان، رموز و طامات می‌نوشت».

۸/۴ **مراعات**: احترام و بزرگداشت.

۹/۴ **خرافات**: جمع خرافه، قصه‌های باورنکردنی، گفتارِ بیکار. در اصل خُرافه نام مردی از قبیلهٔ بنی عذره بوده است که در گفتن این‌گونه داستانها و سخنان شهرت یافته بوده است. در افسانه‌های عرب جاهلی، چنین آمده است که خرافه را یك چند پریان، سرگردان کرده و به سرزمینِ خویش بُرده‌اند و او در میان ایشان بوده است (ربیع الابرار ۱/۳۸۲) مردمان دورهٔ جاهلیّتِ عرب، بعد ازو، هرگونه داستان غیرقابل قبول و غیرقابل تعقّلی را سخنِ خرافه یا حدیث خرافه می‌گفته‌اند چنانکه درین بیت منسوب به ابوالعلاء مَعَرّی یا یکی دیگر از مُلحِدان می‌خوانیم (نامه‌های عین‌القضات ۲/۳۷):

حیاةٌ ثُمَّ مَوْتٌ ثُمَّ نَشْرٌ
حَدیثُ خُرافةٍ یا اُمَّ عَمْرو!
زندگی و آنگاه مرگ و آنگاه رستاخیز
سخنِ خرافه‌ای است، ای اُمِّ عمرو!

۱۰/۴ **فرعونِ هستی**: اضافهٔ تشبیهی است، وجود و هستی و انّیّتِ بنده را به فرعون تشبیه کرده است که دَمْ از دعویِ هستی یا دعوی الوهیّت می‌زند وَ اَنا رَبُّکُمُ الأعلیٰ (منم شمایان را پروردگار برتر ۷۹/۲۴) می‌گوید.

۱۰/۴ **میقات**: زمان تعیین شده برای دیدار با حق، این تعبیر در قرآن کریم

(۷/۱۴۲) دربارهٔ موسی بکار رفته است. تناسبِ موسی و فرعون نیز آشکار است.

۱۱/۴ **کَوْنَیْن**: دو وجود، دو هستی، دو عالمِ غیب و شهادت یا دنیا و آخرت.

۱۴/۴ **هیهات**: اسم فعل است در عربی که معنیِ آن «دور است» می باشد.

۱۵/۴ **شهمات**: اصطلاح بازی شطرنج است، مات شدنِ حریف.

۱/۵ **تف**: تاب و گرمی، حرارت.

۴/۵ **سدِّ اسکندر**: سدّی که اسکندر ذوالقرنین در برابر قبایل یأجوج و مأجوج بنا کرد و مانع از هجوم ایشان شد. این سدِّ اساطیری در زبان فارسی رمزِ استواری و استحکام است.

۵/۵ **دیگر شب**: شبِ دیگر، شب بعدی.

۶/۵ **عودِ خام**: عودِ خالص، عودِ تازه.

۷/۵ **مِخلَب**: چنگال در مورد حیوانات و پرندگان شکاری.

۱/۶ **صومعه**: عبادتگاه، محل پرستش خدای، جای اعتکاف و خلوت‌گزینی اهل زهد و تقوی.

۱/۶ **خمّار**: در اصل بمعنی میفروش است؛ ولی در شعرهای عطار و بسیاری از شعرا بمعنیِ دکّه و محل مردِ میفروش است. خمّار درین‌گونه موارد برابر است با میخانه.

۱/۶ **خرقه**: جامه‌ای که صوفیان دورهٔ نخستین از پاره‌های مختلف برهم می‌دوخته‌اند و نشانهٔ کمال بی‌اعتنایی به لباس ظاهر بوده است و در دوره‌های بعد، جزء نشانه‌های صوفیان بشمار می‌رفته است. لباسِ رسمی تصوف.

۱/۶ **زنّار**: ریسمان مانندی که مسیحیان آن را بر کمر (= میان) می‌بسته‌اند

و با اینکه ویژهٔ نصارا بوده است، اندك اندك در ادبیات عرفانیِ فارسی در موردِ دیگر ادیان نیز به کار رفته است.مثلاً زنّارِ مُغان (= زردشتیان) و زنّار بستن کنایه از خروج از اسلام و وارد شدن به قلمروِ کفر است.

۲/۶ زَرْق: فریب و ظاهرآرائی و دروغ و شاید ریشهٔ این کلمه از زَرَك باشد یعنی آراسته به پولك و ذرّاتِ طلا، برای فریب و طلا نمودن و بعدها بر اثرِ کثرتِ استعمال، راء آن ساکن شده است. در قدیمترین شواهد شعر دری (دقیقی و فردوسی) این کلمه دیده می شود. و از شعرِ سنائی می توان دریافت که زَرْق بمعنیِ پولكِ زرین استعمال داشته است و او ستارگان را به پولك های زرین (زَرْق) تشبیه کرده است (دیوان سنائی ۲۸):

در زیرِ لگد بکوب چون مردان
این طارمِ زَرْق پوشِ ازرق را

یعنی آسمان کبودِ پر از پولكِ ستاره‌ها.

۲/۶ نفاق: دورویی، تظاهر به چیزی کردن بی آنکه در دل بدان اعتقاد و ایمانی وجود داشته باشد.

۴/۶ مست بدیدار: آنکه از مشاهدهٔ حق مست است. در اصل پدیدار بود که تغییر دادیم.

۵/۶ در کار شدن: اقدام به کاری کردن، واردِ عمل شدن.

۷/۶ شَبْرو: عیّار، و عیّاران گروهی بوده‌اند، در تاریخ، که پیشهٔ آنها راهزنی بوده است ولی هر نوعِ راهزنی را عیّار و شبرو نمی گفته‌اند. عیّاران حاصلِ راهزنیِ خویش را غالباً صرفِ محرومان جامعه می کرده‌اند و درحقیقت با مصادرهٔ اموال ثروتمندان بزرگ، حقِ محرومان را از ایشان باز پس می گرفته‌اند. نام دیگر ایشان در تاریخ جوانمردان است و فتیان. عیّاران در طول تاریخ، هم در اصول و مبادی اخلاقی شان و هم در رفتارهای اجتماعی شان، تحولات بسیار دیده‌اند. آخرین بازمانده‌های اخلاق اصحاب فتوّت یا عیّاری همان چیزی است که در میان بعضی از پهلوانان زورخانه‌های قدیمی تا این اواخر باقی مانده بود. اصلِ کلمهٔ عیّار، بنا بر حدسِ صائب شادروان ملك الشعراء بهار، اَیارِ پهلوی است که صورت

کوتاه شدهٔ آن در زبان فارسی دری یار است. کلمهٔ عیّار ـ که در دوره‌های بعد از مغول همیشه مشدّد (بر وزن فعّال) استعمال می‌شود ـ در آغاز به صورت مخفف و بدون تشدید به‌کار می‌رفته است؛ یعنی عَیار.

۷/۶ **عیّار**: ← شبرو ۷/۶.

۹/۶ **واقعه**: هر نوع مشکل، بویژه مشکلاتِ روحی صوفی که حلِّ آن بر او دشوار است و غالباً برای رهائی از آن، از هدایت و همّتِ پیر باید بهره‌مند شود. (تعلیقات اسرارالتوحید ۲/۴۸۲).

۱/۷ **سودا**: جنون و شور و شیدائی، در اصلِ لغت بمعنی سیاه است و چون در طبِ جالینوسی قدیم عقیده داشته‌اند که وجود انسان از چهار نوع خلط ترکیب یافته و یکی از آن اخلاط که برنگ سیاه است، اگر در وجود کسی غالب شود، آن کس به جنون مبتلا می‌شود، این کلمه را بمعنی جنون به کار بُرده‌اند.

۷/۷ **ما درین ره حجابِ خویشتنیم**: یعنی انانیّت و خویشتن‌پرستیِ ماست که سبب میشود از دیدارِ حق محروم شویم و اگر بتوانیم خویشتنِ خویش را در میان نادیده انگاریم، حجاب رؤیتِ حق از برابرِ چشم ما برداشته می‌شود. اصل این اندیشه، یکی از قدیمترین مسائل تاریخ تصوف است که از قرن دوم هجری به صورتهای گوناگون بیان شده است و آخرین بیان آن که شاید زیباترین صورت آن نیز باشد، همان است که در شعر حافظ می‌خوانیم (دیوان ۱۸۱):

میان عاشق و معشوق، هیچ حایل نیست
تو خود حجابِ خودی، حافظ! از میان برخیز

و یکی از قدیمترین صورت‌های بیان این اندیشه سخن بایزید بسطامی است که‌گفته است: مَنْ کانَ هُوَ حجابُهُ اَیُّ شَیءٍ یحجبهُ (حلیة الاولیاء، حافظ ابونعیم اصفهانی ۱۰/۳۸) آن کس که خود حجاب خویشتن است، چه چیزی حجابِ او تواند بود؟ و محمّدبن عبدالجبّار نفری (از

صوفیان قرن چهارم هجری). گفته است: «حجابُكَ نَفْسُكَ وهو حجابُ الحُجُب: حجابِ تو نَفْسِ تست که حجابِ حجاب‌هاست (نصوص صوفیة غیر منشوره، چاپ نویا ۳۰۶) عطار در جای دیگر (اسرارنامه ۱۵۲) گوید:

حجابِ خود تویی، از راه برخیز

و ابوسعید ابوالخیر گفته است (اسرارالتوحید: ۱/۲۸۷): «حجابِ میان بنده و خدای، آسمان و زمین نیست، عرش و کرسی نیست. پنداشت و منیِ تو حجاب است، از میان برگیر و به خدای رسیدی.»

۱/۸ **اکسیر**: کیمیا، دانشی که از رهگذرِ آن بتوان ماهیّت اشیاء را دگرگون کرد، مثلاً سنگ را به زر بَدَل کرد.

۱/۸ **محو در محو**: محو، در لغت بمعنی زدودن و پاك کردن است و در اصطلاح صوفیه، زدودگیِ عارف است از خویشتنِ خویش و صفاتِ خود. محوِ در محو، مرحله‌ای است که سالك از محو بودنِ خویش نیز آگاهی نداشته باشد.

۱/۸ **فنا اندر فنا**: فنای محض، فانی شدن سالك است در حق، بگونه‌ای که هیچ اثری از ذات و صفاتِ عبد باقی نماند (مصیبت‌نامه ۳۵۹):

لاجَرَم یك ذرّه پندارت نماند
جز فنای در فنا کارت نماند

۳/۸ **بقا**: منظور بقای عبد است، به بقای حق، از پسِ فانی شدنِ آثارِ وجودی او.

۴/۸ **یارا کراست**: چه کسی را یارائی و توانائی آن هست که باندازهٔ ذرّه‌ای از خود وجود بنماید.

۶/۸ **یك ذرّه خواست**: باندازهٔ یك ذرّه جستجوی مُرادهای نفس اگر با تو همراه باشد، جان و ایمان خویش را از دست خواهی داد.

۷/۸ **خودیِ خود**: خویشتنِ خویش، نفسانیّت، انّیّت.

۷/۸ **قدم برگرفتن**: بیرون آمدن، خارج شدن.

۷/۸ **پیشـان**: منتهـا الیهِ هر مکان، انتها. این لغت هم اکنون در زادگاه عطّار، به همین معنی رایج است.

۹/۸ **آن نمی‌خواهند**: زهد و علم و زیرکی مطلوبِ حق نیست، و درویشی چیزی است جدا از اینها.

۱۰/۸ **زبورِ پارسی**: زبور، یا مزامیر داود، یکی از کتابهای عهد عتیق (تورات) که در اصل شعرهایی بوده است در تمجید ذات الاهی که به آوازِ نی و مزمار (نـوعی از نی) می‌خوانـده‌انـد. بعضی از این سرودهـا به داود پیامـبر بنی اسرائیل منسـوب است و به‌همین دلیل، مجمـوعـهٔ آن را مزامیر داود می‌خوانند در صورتی که بخش عظیمی از این سرودها، متعلق به دیگران است (قاموس کتاب مقدس ۸۰۰ - ۷۹۶) عطار شعرِ خویش را «زبور پارسی» خوانده است باعتبار جنبـهٔ روحانی و ملکوتیِ آن.

۲/۹ **پیاده‌ای دو**: دو عدد پیادهٔ شطرنج، سرباز در بازی شطرنج.

۲/۹ **فرو کردن**: گستردن، جلو آوردنِ مهره‌ها در بازی شطرنج.

۳/۹ **دیرِ آفات**: کنایه از دنیاست.

۸/۹ **گردِ دایرهٔ نفی**: یعنی نفیِ ماسوا، اثباتِ ذات حق است.

۳/۱۰ **آینه بر روی خود می‌داشته**: یعنی جهان تجلّیِ ذات حق است و او خود را در آینـهٔ جهـان نمایان کرده است. این اندیشه نیز یکی از زمینه‌های اساسی تفکر صوفیه است و از بنیادی‌ترین مسائل عرفان اسلامیِ و ایرانی است. همین فکر را مولوی بدین‌گونه بیان فرموده است (گزیدهٔ غزلیات شمس ۹۴):

خالق ارواح، ز آب و ز گِل
آینه‌ای کرد و برابر گرفت

۴/۱۰ **به عشق خود گرفتار آمده است**: یعنی هستی که تجلّی حق است، تجلّی اوست بر خودش زیرا، دیگری در وجود، قابل تصور نیست تا او خود را بر او متجلی کند. او از ازل عاشق خویش بوده و با خویشتن عشق باخته است. چنانکه حافظ فرموده است:

که بندد طَرفِ وَصْل از حُسنِ شاهی
که با خود عشق بازد جاودانه

← غزل ۲۱ ابیات ۹ و ۱۰ و ۱۱.

۵/۱۰ **اندرین دعوی پدیدار آمده**: یعنی درین ادّعا خودش را نشان داده، نظیر پدید آمدن درین عبارت: «[آن مدعی] با خود اندیشه کرده بود که شیخ را به گرسنگی بهالم و در پیشِ خلق فضیحت کنم و من پدید آیم» (اسرارالتوحید ۱۲۵).

۶/۱۰ **محض پندار**: پندارِ محض، توهّم خالص.

۱/۱۱ **دستی بر نِه**: مساعدتی و یاریی کُن، به همین صورتِ فعل امر، در متون صوفیه رواج دارد، سنائی گوید (دیوان ۱۸۱):

ای حریفان ما نه زین دستیم دستی برنهید
باده‌مان کمتر دهید و نقل‌مان خوشتر نهید

احتمالاً شکل تغییر یافتهٔ همین تعبیر است که می‌گویند: «دستی برسان»، یعنی کمك و مساعدتی کن.

۲/۱۱ **جای آن هست**: رواست، بجاست.

۶/۱۱ **زنّارِ چهارکَرد**: زنّاری که چهار بار بر گردِ خویش بندند و کنایه از استواری در کفر است و این تعبیر در ادب فارسی، شواهد بسیار دارد؛ هم به صورت چهار کرد و هم به صورت چهار گوشه و چهارگانه. سنائی گوید (دیوان، چاپ استاد مدرس رضوی ۸۹):

هیچ اَبدال ندیدی که درو در نگریست
که در آن ساعت زنّارِ چهل کرد، نبست

البته متنِ دیوان سنائی : «زنّارِ چهل گردن بست» است که ما آن را بقرینه، اصلاح کردیم و انوری گفته است (دیوان انوری ۲ / ۸۷۰) :

چون نوبَتِ حُسن پنج کرد آن بُت

زنّارِ چهارگانه بر بستم

و عطار در دیگر آثار خودش این تعبیر را بسیار دارد (مختارنامه ۲۰۷، ۲۰۸، منطق الطیر ۸۲، دیوان ۴۱ متن و حاشیه و ۵۲ و ۷۰۵) و گویا شکل اغراق آمیز همین «چهارکرد» است که در تعبیرات احمد جام ژنده‌پیل بصورتِ زنّارِ دَه کرد دیده میشود (روضة المذنبین، چاپ استاد علی فاضل ۸۰) : «نخست ما را زندیق نام کند، پس آنگه زنّارِ ده کرد برما بندد» گویا هر کدام از حلقه‌ها یا شکن‌های زنّار را یك «کرد» می خوانده‌اند. در متون پهلوی کُستیِ دو کرد (در گزیده‌های زاد اسپرم) و زرهِ چهار کرد (در یادگارِ زریران) استعمال دارد و بعضی محققان زبانهای باستانیِ ایران، «کرد» را در آن به معنیِ «تکّه» حدس زده‌اند(پژوهشی در اساطیر ایران، از استاد مهرداد بهار ۲۲۵، ۲۱۶، ۲۰۰ دیده شود، یادآوری آقای سید مصطفی موسوی) کردك در پهلوی بمعنی بُریده است. (پژوهشی در اساطیر ۱۶۰).

۲/۱۲ **بازارِ قلندر**: یعنی بازاری که منتهی به محلِ قلندر می شود و قلندر اسم مکانی است که رنود و اوباش و قلندریان در آن جمع می آمده‌اند. (در مختارنامه گوید: ۲۰۸) :

یك لحظه به بازارِ قلندر بگذر

تا از بد و نیكِ دو جهان باز رهی

← قلندر و قلندری و رند قلندری و رند قلندر ۷/۶۶، ۱/۴۱، ۲۵/۸۲، ۴/۸۴ (ر)

۵/۱۲ **دستی بر زدن**: کنایه از رقص و پایکوبی و کف زدن است، جای دیگر گوید (منطق الطیر ۲۲۷) :

از خوشی این جایگه بر سر زنید
پای برکوبید و دستی برزنید

۶/۱۲ **دل برخاستن**: حالت اشتیاق و هیجان که در شخص پدید آید (حافظ گوید و احتمالاً منسوب به اوست، گرچه در نسخهٔ قزوینی آمده است ۱۶):

روزه یکسو شد و عید آمد و دلها برخاست
می ز خمخانه به جوش آمد و می باید خواست

۸/۱۲ **مشتری**: اورمزد، که ستارهٔ خوشبختی است.

۸/۱۲ **خرقه از سر برکشیدن**: یعنی خرقهٔ تصوف را از تنِ کسی بدرآوردن و این کار در میانِ صوفیان، نشانهٔ آن بوده است که تو لایقِ این جامه نیستی و عملاً نشانهٔ اخراج صوفی از خانقاه بوده است (برای تفصیل، درین باب مراجعه شود به تعلیقات اسرارالتوحید ۵۱۴ و ۴۶۴) تعبیر از سر برکشیدن مرتبط با ساختمان خرقه است که آن را از سر می‌پوشیده‌اند و از سر بیرون می‌آورده‌اند. در اینجا در مورد ستارهٔ مشتری، کنایه ازین است که او را به عشرت فراخوانیم و از زهد دور کنیم.

۷/۱۳ **لختی سپند**: مقداری دانهٔ اسپند که بر آتش نهیم برای دفع چشم زخم.

۸/۱۳ **مذهبِ هفتاد و اند**: یعنی عشق راه و رسمی است ویژهٔ خویش و کاری به هیچ مذهبی ندارد. برطبق حدیثی که از پیامبر(ص) نقل کرده‌اند، آن حضرت فرموده است که بنی اسرائیل پس از موسی به هفتاد فرقه تقسیم شدند و اُمّتِ من نیز به هفتاد و دو (یا به روایتی هفتاد و سه و بروایتی هفتاد و چند) گروه تقسیم خواهند شد که همگان در آتش دوزخ خواهند بود، مگر یک فرقه. این حدیث که متنِ آن چنین است: ستفرق امتی نیفاً و سبعین فرقة الناجی منها واحد و الباقی منهم فی النار، یکی از بحث‌انگیزترین احادیث است و بعضی از قدما کتابِ مُفْرَد (monograph) در باب آن

نوشته‌اند. مراجعه شود به تعلیقات اسرارالتوحید ۲/ ۷۶۹ و مراجع منقول در آنجا.

۱/۱۴ رهِ عُشّاق: علاوه بر معنی اصلی، نام یکی از مقام‌های موسیقی قدیم ایران است.

۱/۱۴ ازین ره دور: فعلِ امری است که جزء اصلی آن بقرینه حذف شده است، یعنی ازین ره دور باش.

۸/۱۴ بوینی: ببینی، تبدیلِ آوائی [و/ب] در قدیم بسیار رایج بوده است.

۹/۱۴ رَسَن از نور خورشید: درین بیت می‌خواهد بگوید کسی به وصل خورشید [ذات حق] می‌رسد که وجودِ خویش را ناچیز و ذرّه‌ای انگارد و چنگ در ریسمانِ نور خورشید زند. درونمایهٔ ذرّه یکی از متداول‌ترین درونمایه‌های اندیشهٔ وحدت در شعر عطار است.برای نمونه مراجعه شود به غزلهای ۱۹۲ و ۲۵۴ دیوان و نیز مقدمهٔ این کتاب. این غزل در مجموع، و بویژه در چهار بیت آخر، ناظر است به سرگذشت حسین‌بن منصور حلاج که عطار هم در تذکرة‌الاولیاء و هم در مثنوی‌های خویش و هم در دیوان پیوسته به ستایشِ او می‌پردازد و به کنایه از او بعنوان پیر خویش یاد می‌کند ← غزل شمارهٔ ۸/۳۲ و ۱۹/۴۸.

۶/۱۵ روی نیست: امکان ندارد، وجهی ندارد، مُوَجّه نیست. روی بودن، بمعنی امکان داشتن، در متون قدیم رواج بسیار دارد. جای دیگر گوید (مختارنامه ۱۵۰):

چون نیست رهی به هیچ سویی کس را

جز خوردنِ خون نماند رویی کس را

۶/۱۵ روی دردیوار: گویا بمعنی کمالِ درماندگی و شرمساری است: «آن جهود، عزّتِ شیخ و ذُلِّ خویش بدید. از پیش شیخ بگریخت از

خجالت. . . تا به پایانِ کوی رسید و راه نیافت که بشود. بضرورت بایستاد و روی در دیوار کرد تا شیخ او را نبیند و او شیخ را» (اسرارالتوحید ۱/ ۱۳۰).

۱/۱۶ حور: جمعِ حوراء، زنِ سیاه‌چشمِ بهشتی. درین بیت می‌خواهد بگوید: زاهدان از حق تعالی بهشت و حور می‌طلبند نه لقای حق و اگر تو عاشقِ ذات حقی بدان که راهی بسیار دور، در برابر تست حافظ گفته است (دیوان ۲۳۰):

صحبتِ حور نخواهم که بُوَد عینِ قصور
با خیالِ تو اگر با دگری پردازم

۸/۱۶ سراینده: خوانندۀ به آواز، و برطبق مقام‌های موسیقی. این کلمه به همین معنی هنوز در ماوراءالنهر (ازبکستان و تاجیکستان) رایج است و خوانندگان را سُراینده و کار ایشان را سراییدن می‌نامند.

۸/۱۶ لحن: آهنگ و نوای موسیقی.

۹/۱۶ غیور: اشاره است به حدیث: اِنَّ سَعْداً لَغَیورٌ و اَنا اَغْیَرُ مِنْ سَعْدٍ واللهُ اَغْیَرُ مِنّا (که به صورتهای مختلف نقل شده است: مناقب العارفین افلاکی ۱۴۷ و احادیث مثنوی ۱۸) یعنی سعد غیور است و من ازو غیورترم و خدای از ما هردوان غیورتر است، چنانکه مولانا فرموده است (مثنوی ۱/ ۱۰۸):

جمله عالم زان غیور آمد که حق
بُرد در غیرت برین عالم سَبَق

۵/۱۷ خرقه بخم در زد: یعنی خرقۀ خویش را شراب‌آلود کرد. خرقه ← ۱/۶ و ۸/۱۲ که لباس ویژۀ زهاد و صوفیان است باید از هر جهت پاکیزه و طاهر باشد و خرقه در خم زدن، حرکتی است خلافِ این قاعده.

۲۶۴ زبور پارسی

۶/۱۷ **کم‌زن**: قمارباز، بطور مطلق، و قماربازی که نقش کم زند. قمارباز حرفه‌ای و استاد، سنایی گوید (دیوان سنایی ۴۸۲):

ای یارِ مقامرِ دل پیش آی و دمی کم‌زن
زخمی که زنی بر ما، مردانه و محکم زن

۶/۱۷ **اوباش**: جَمْعِ وَبْش و وَبَش، مردمان فرومایه. در فارسی بمعنیِ مفرد به کار می رود.

۶/۱۷ **مُهره‌دزد**: قمارباز قهّار و چیره‌دست، آنکه مُهرهٔ حریف را بدزدد. جای دیگر گوید (منطق الطیر ۱۹۱):

جمله کم زن، مُهره دزد و پاك بر
در پلیدی هر یك از هم پاك تر

۷/۱۷ **نیست ـ هست**: ترکیبی است متناقض و پارادوکسی که در تعبیراتِ صوفیه بسیار شیوع دارد. ایشان این جهان را جهانِ «هست ـ نیست» یا «هست و نیست» می خوانند. چنانکه مولانا فرموده است (گزیدهٔ غزلیات شمس ۱۷۰):

اندك اندك، زین جهان هست و نیست
نیستان رفتند و هستان میرسند

۱/۱۹ **نیستی در هستی**: فانی از خویش به بقای حق بودن.

۳/۱۹ **پشت و روی**: برعکس، مخالف، متضاد، بگونه‌ای که دو شخص پشت‌هاشان متصل بهم باشد و رویِ آنها در دو سوی کاملاً مختلف، نظیرِ پشتاپشت و هم‌پشت (که عطار عین این تعبیرات را نیز دارد) در جای دیگر (مختارنامه ۱۴۷) گوید:

من در طلبِ تو و تو از من فارغ
این کار، عظیم، پشت و رو افتاده‌ست

۴/۱۹ **سبز خنگ**: اسبی که رنگِ آن مایل به سبزی باشد، حافظ گوید (دیوان ۲۶۵):

مَه جلوه می نماید بر سبز خنگ گردون
تا او به سر درآید بر رخش پا بگردان

۴/۲۰ **دور جایگاهی**: جایگاهی دور، محلی دور.
۵/۲۰ **خاتم**: انگشتری
۵/۲۰ **طریقت**: راهی که سالك آن را طی می کند، مراحل و مقامات تصوف. در مقابل آن شریعت قرار دارد و بعضی از صوفیه شق ثالثی هم بنام حقیقت در برابر آن قرار داده‌اند. تعلیقات اسرارالتوحید ۲/۵۱۳ دیده شود.
۵/۲۰ **منصور**: حسین‌بن منصور حلّاج صوفیِ نامدار ایرانی که در بغداد به سال ۳۰۹ او را شهید کردند و به دار آویختند.

۲/۲۱ **دُردیِ مغانه**: شرابی که مُغان (زردشتیان) سازند. (برای معنی دُردی ← ۱/۱) از آنجا که در اسلام شرب خمر حرام بوده است، مسلمانانی که می خواسته‌اند شراب بنوشند، آن را از غیراهل اسلام، مسیحیان یا زردشتیان و یا یهودیان بدست می آورده‌اند، در ادب فارسی بیشتر مُغان پرورش دهندگان شراب بوده‌اند. بهمین دلیل واژهٔ مغ و ترکیبات آن در ادبِ خمری فارسی مقامی بسیار والا دارد.
۳/۲۱ **غِرّه**: مغرور، فریفته.
۳/۲۱ **دل و نَفس**: دِل، جانبِ الاهی و زلالِ وجود انسان است و نَفْس جانبِ شیطانی و تاریك آن.
۹/۲۱ **کَونین**: دو کَون، دو وجود، دو عالم، دنیا و آخرت.
۹/۲۱ **جمال بی‌نشانی**: جمال حضرت حق که از او نشان نتوان داد. سه بیت آخر این غزل در تبیینِ همان نظریهٔ تجلی حق در کاینات است که در غزل ۱۰ مورد بحث قرار گرفت و دو بیت آخر آن با تصرفی عیناً در غزل حافظ

۲۶۶ زبور پارسی

دیده می شود (دیوان حافظ ۲۹۷) :

که بندد طرفِ وصل از حُسنِ شاهی
که با خود عشق بازد جاودانه
ندیم و مطرب و ساقی همه اوست
خیال آب و گل در ره بهانه

و شعر عطار مسلماً مورد نظر حافظ بوده است و مصراع آخر عیناً از عطار گرفته شده است. مگر اینکه بگوییم دیگران آن را واردِ دیوان حافظ کرده‌اند، بخصوص که در نسخه‌های قدیمیِ بیت: که بندد طرف . . . گویا وجود ندارد. مراجعه شود به حاشیهٔ علامهٔ قزوینی بر دیوان حافظ ۲۹۷ و دیوان حافظ چاپ استاد خانلری (۸۵۲/۱) که بیت «که بندد طرف . . .» را از دو نسخه نقل کرده است ولی بیت «ندیم و مطرب . . .» را در متن آورده است.

۱/۲۲ گویا این غزل را عطار، با توجه به یکی از غزلهای سنائی سروده است (دیوان سنائی ۷ ـ ۸۲۶) :

عشق، بازیچه و حکایت نیست
در رهِ عاشقی شکایت نیست

سنائی درین وزن و قافیه سه غزل دارد.

۱/۲۲ **اشارت**: صوفیه معارف خود را از طریق اشارت بیان می داشته‌اند و جنید گفته است: کلامُنا اِشارَة (زُبدة الحقایق، عین‌القضات ۷۸ و سوانح، احمد غزالی چاپ دکتر مجاهد ۵۶) سخن ما اشارت است. یعنی از طریق مدرسه و کتاب قابل یاد گرفتن نیست، زبانِ آن زبان اشاره و رمز است، هر که اهلیّت آن را داشته باشد، آن را فرا می گیرد. نقطهٔ مقابل اشارت، عبارت است که در بیت بعد به آن می پردازد.

۱/۲۲ **استعارت**: در اینجا هر نوع بیانِ هنری یا غیرمستقیم است و خاصةً استعاره، در معنیِ بلاغیِ آن، مورد نظر نیست.

۶/۲۲ **زَهْرَه**: جرأت، دل و جگر کاری را داشتن، عقیده داشته‌اند که چون کسی بترسد، زَهره‌اش می‌ترکد یا به زبان عامهٔ امروز: زَهره‌اش آب می‌شود.

۲/۲۳ **حدّ**: در مصراع اول بمعنیِ مرتبه و وظیفه است و در مصراع دوم بمعنی مرز.

۷/۲۳ **چشمهٔ حیوان**: چشمهٔ آب زندگی که خضر از آن نوشیده و عمر ابد یافت. و از آنجا که آن چشمه در ظلمات و دل تاریکی است، عطار می‌گوید: ناپیداست.

۴/۲۴ **دامنِ تر**: دامنِ آلوده.

۵/۲۴ **خواهم که نخواهم**: سخنِ بایزید بسطامی است که خداوند مرا گفت: «اَتُریدُ؟» فَقُلْتُ: «اُریدُ اَنْ لا اُرید». (کتاب النور ۱۱۳) «حق تعالی با بایزید گفت که «یا بایزید! چه خواهی؟» گفت: «خواهم که نخواهم، اُریدُ اَن لا اُرید!» (فیه مافیه، چاپ استاد فروزانفر ۱۲۸) و شبلی گفته‌است: «آن خواهم که نخواهم» و [خرقانی] گفته که «این هم خواست است» (نفحات الانس ۲۰۷) و مراجعه شود به تعلیقاتِ اسرارالتوحید ۲/۶۰۹.

۱/۲۵ **نام و ننگ**: شهرت و اعتبار. در فارسی کلماتِ متضادی که با یکدیگر جمع می‌شوند، اولی دومی را به مفهوم خود داخل می‌کند. در اینجا ننگ، دیگر معنیِ منفی ندارد بلکه به همان معنی نام و شهرت است مانند سود و زیان که فقط بمعنی سود است.

۸/۲۵ **فرهنگ و هنگ**: دانائی و وقار.

۱/۲۶ **بخشش خدایی**: موهبت الاهی. اشاعره، که عطار نیز در حوزهٔ اندیشگیِ ایشان قرار دارد، حتی بهشت رفتن را اثر تفضّل الاهی می دانند نه نتیجهٔ حُسن عمل. شاعر در اینجا می گوید: عشق را نمی توان با کوشش بدست آورد، عشق تفضلِ الاهی است که به هرکس بخواهد می دهد و هر که را بخواهد محروم از آن می کند.

۲/۲۶ **هر که او برنخیزد از...**: کسی که از سرِ خویش صرف نظر نکند.

۳/۲۶ **بهایی**: فروشی، قابل فروش، یعنی در شریعت ما، مالِ وقف قابل فروش نیست. «استران بار آورده بودند، بهائی، تا بفروشند» (حالات و سخنان ابوسعید ۱۰۴) «وی گفت: مرا گاو بهائی نیست. ایشان گفتند: لامحاله بباید فروخت...» (قصص سورآبادی ۱۴).

۵/۲۶ **عطایی**: آنچه که از تفضّل الاهی به بنده می رسد، در مقابل آنچه از راهِ کوششِ بدست می آید. ← ۱/۲۶.

۱/۲۷ **خلاصهٔ جنون**: کمالِ دیوانگی یا جنونِ خالص. این تعبیر را عطار جای دیگر (مختارنامه ۲۰۵) نیز دارد:

در عشق، خلاصهٔ جنون از من خواه.

یعنی شکل خالصِ جنون، چنانکه درین بیت حافظ می خوانیم (دیوان ۲۵):

به تن مقصّرم از دولتِ ملازمتت
ولی خلاصهٔ جان خاکِ آستانهٔ تست

۶/۲۷ **مرغِ زیرك**: اگر ظاهرِ این کلمه را ملاك قرار دهیم باید بگوییم مرغی که زیرك و هوشیار است توضیحات فرهنگ های فارسی نیز در باب هویتِ مرغ زیرك قانع کننده نیست. از مجموع شواهد چنین دانسته می شود که این پرنده مرغی است که از فرطِ زیرکی بدام می‌افتد، امّا چه مرغی است و چه‌گونه بدام می‌افتد، روشن نیست.

۸/۲۷ **ارغنون**: از آلاتِ موسیقیِ بادی است که دارای انواع گوناگون بوده

است و ریشهٔ کلمه از یونانی است organon .

۱/۲۸ **در خط بودن**: کنایه از دلگیر بودن و مکدّر بودن است، خاقانی گوید (دیوان ۴۶۸):

لیك از آن در خطم که از خطِ تو
نافه‌ها رایگان همی ریزد

و جای دیگر گوید (دیوان ۵۹۸):

با او سخن از کنار گفتم
در خط شد و کار برنیامد

۶/۲۸ **بو که**: باشد که، به امید این که.

۱/۲۹ مولانا، این مصراعِ عطار را در غِزلی تضمین کرده و گفته است (دیوان شمس ۲۳۵/۶):

ای بی نشانِ محض نشان از که جویمت
هم تو مرا بجوی و به احسانِ خویش جوی

۲/۲۹ **نایافت**: نایاب، چیزی که یافتنی نیست جای دیگر (مختارنامه ۶۶) گوید:

ای بس که دلم دست به خونابه بشست
در حسرتِ نایافت و نیافت آنچه بجست

۳/۲۹ **فنای وحدت**: یعنی فنایی که نتیجهٔ احساس وحدت است.

۳/۲۹ **بقایِ صِرف**: بقای خالص، بقای جاودانه.

۵/۲۹ **ای برتر از یقین و گمان**: یادآور این بیت سعدی است (گلستان ۵۱):

ای برتر از خیال و قیاس و گمان و وهم !
وز هر چه گفته‌اند و شنیدیم و خوانده‌ایم

۸/۲۹ **عینِ یقین**: عین الیقین، درجه‌ای بسیار متعالی از معرفت، فراتر از علم الیقین، مشاهدهٔ مستقیم حقایق به نورِ هدایت الاهی.

۸/۲۹ **عینِ عیان**: چشمی که بدان اشیاء ظاهر را می‌توان دید، حسِّ باصره. در مقابل چشمی که غیب‌بین است یعنی بر عالم غیب اشراف دارد. مقایسه شود با ۶/۴۴.

۱/۳۰ **رَطلِ گران**: جام یا ساغرِ بسیار بزرگ. ظرفِ کلان که در آن شراب‌خورند. اصلِ کلمهٔ رَطل، واحدی بوده است برای سنجش وزن و مقدار که در نقاط مختلف عالم اسلامی اندازهٔ آن متفاوت بوده است و به نامهای اماکن مختلف از قبیل رطل بغدادی، رطلِ تورانی، رطلِ افریقی، رطل حلبی، رطل خوارزمی، رطل شامی و رطل مصری نامیده می‌شده است (صبح الاعشی ۳۰۴/۳ و تعلیقات اسرارالتوحید ۵۰۷/۲).

۱/۳۰ **صبوح**: شرابی که در صبح نوشند.

۲/۳۰ **روی نهفته‌ست تیر**: یعنی ستارهٔ عطارد پنهان شده است.

۲/۳۰ **پشت دادن**: پشت کردن، پنهان شدن.

۴/۳۰ **بربط‌نواز**: خنیاگر، نوازندهٔ بربط. بربط سازی است از سازهای ذواتِ اوتار شبیه طنبور، عود.

۴/۳۰ **پردهٔ مستان**: پرده: راه، نوا، لحن و پردهٔ مستان، حدس می‌زنم که یکی از گوشه‌های موسیقیِ ایرانی بوده است، اینک شاهدی دیگر از امیر معزّی (دیوان، چاپ عباس اقبال ۷۶۸):

ای صنمِ چنگ‌زن! چنگ سبکتر بزن
پردهٔ مستان بدر، راهِ قلندر بزن

۵/۳۰ **سوخته**: حراقه، چیزی از جنس پنبه یا پارچه که استعدادِ احتراق و

سوخته شدن در آن بسیار است و برای روشن کردن آتش،نخست آن را آتش می زنند.

۵/۳۰ **نَفَسِ سوخته**: نفسی که آن را در سینه نگه داشته باشند.

۶/۳۰ **مشك دَمَد**: فعل دمیدن را بمعنی متعدی به کار بُرده است، یعنی می دماند.

۶/۳۰ **آهـوی چین**: آهـوی ناحیهٔ هندوچین، آهوی ختا و ختن که مشكِ حاصل از نافِ آن در خوشبویـی ضربِ المثل بوده است.

۷/۳۰ **نافه**: واحدِ سنجش مشك. مشك مادهٔ معطری است که نوع خوب آن از نافِ آهویـی در هند و چین بدست می آید.

۱/۳۱ **دم‌زدن صبح**: کنایه‌از روشن‌شدن هوا است که آن را دم زدن یا نفسِ صبح می نامیده‌اند. نفس صبح تعبیری قرآنی است.

۱/۳۱ **الصبـوح**: هان بشتابید به شرابِ صبحگاهی (← صبوح ۱/۳۰) الصبوح، مفعول یك نوعِ فعل محذوف است برابر بشتابید به، و این یك ساختار عربی است. حافظ گوید (دیوان ۱۰):

می دمد صبح و کِلّه بست سحاب
الصبوح الصبوح یا اصحاب

۲/۳۱ **آب خِضر**: آب زندگی، کنایه از شراب است.

۲/۳۱ **جام جم**: جام افسانه‌ای جمشید که در آن همه چیز را می توانست ببیند.

۲/۳۱ **فتوح**: آنچه نذرِ خانقاه کنند، بطور کلی هرچیز که به درویشان دهند. می گوید از درِ این سرای، بی فتوح، نمی توان گذشت باید چیزی بدست آورد.

۳/۳۱ **توبهٔ نصوح**: توبهٔ استوار، در افسانه‌ها می گویند نصوح مردی بوده است که این نوع توبه منسوب به اوست، تعبیر قرآنی است (۸/۶۶) و مفسران آن را بمعنی توبه‌ای که همراه با پشیمانی و با عزمِ استوار باشد

گرفته‌اند (تفسیر کشاف ۳/ ۵۶۹).

۴/۳۱ **مطرب**: نوازنده و خنیاگر.

۴/۳۱ **قول**: ترانه یا شعری که به آواز خوانند، در اصل شعری بوده است به زبان عربی در وزنِ ترانه‌های فارسی (وزنِ: لاحول ولا قوة الاّ بالله) و اگر به زبان فارسی بود آن را غزل می نامیدند. تعبیر قول و غزل که در ادبیات فارسی رواج یافته از همین جاست. در دوره‌های بعد مفهوم این کلمه گسترش یافته است. قوّال کسی است که «قول» را به آواز می خواند.

۴/۳۱ **بگو** (= گفتن): برابر است با «قول» مصدرِ فارسیِ آن که عمل قوّال را نشان می دهد. و گفتن بهمین معنی در ادبیات فارسی رواج بسیار دارد و به همین اعتبار «قول» را گاهی «گفته» نیز می نامیده‌اند چنانکه درین بیت حافظ (دیوان ۱۸) می خوانیم:

زبانِ کلكِ تو حافظ چه شکر آن گوید
که گفتهٔ سخنت می برند، دست بدست

یعنی گفته (= قولی) که از سخن و شعر تو است.

۴/۳۱ **راهوی**: یا رهاوی یکی از مقام‌های دوازده‌گانه یا هشت‌گانه در موسیقی ایرانی. قدما عقیده داشته‌اند که هریك از مقام‌های موسیقی مناسب زمانی خاص از شبانه‌روز است «و از صبح صادق تا طلوع آفتاب رهاوی» (بحورالالحان، فرصت شیرازی، ۱۵).

۴/۳۱ **راه**: مقام، نوا، دستگاه در اصطلاح موسیقی.

۵/۳۱ **قولِ بلفتوح**: تصنیف یا قولی که آهنگ آن را بلفتوح ساخته باشد. این بلفتوح که در فرهنگ‌ها، از رویِ بعضی شواهد شعری، فقط نوشته‌اند: نامِ موسیقی دانی است، کاملاً دارای هویّت تاریخی است: ابوالفتوح نصربن حسین غضایری از مشاهیر قُرّاء خراسان و از موسیقیدانان برجستهٔ قرن پنجم هجری است که به تصریح ابوسعد سمعانی در کتاب الانساب خویش، در «وضع الحان» (= آهنگسازی) دستی توانا داشته و اکثر سُرایندگانِ (= خوانندگان و قُراء و مقریانِ) خراسان شاگردان اویند. همانگونه که در ادبیات دورهٔ ساسانی باربد و

نکیسا مظهر موسیقی دانی بوده‌اند، در میان چهره‌های دورهٔ اسلامی، این ابوالفتوح، مظهر آهنگسازی است و در شعر شاعران فارسی زبان از قرن پنجم تا قرن هفتم اشاراتی به موسیقی دانی او می‌توان یافت. سنائی گوید (دیوان ۴۰۸):

حال با شعرِ فرّخی آریم
رقص بر قولِ بلفتوح کنیم

و خاقانی گفته است (دیوان ۶۹۹):

سخنها تازه کن خاقانی ایرا
کهن شد قول‌های بلفتوحی

و مجدالدین عیوق یکی از شعرای قرن ششم مذکور در لباب‌الالباب (چاپ نفیسی ۴۹۵) گفته است:

نِه چنگ بر کنار و بده باده بی‌شمار
طرفی بگوی زار ز گفتار بلفتوح

و بروایتی دیگر گفته است (در وزنی دیگر):

بنه چنگ در کنار، بده باده بیشمار
به لحن حزین بیار ز گفتار بلفتوح

۷/۳۱ صورِ صلوح: بضم صاد، مصدر است بمعنی صلاح و به فتح آن بمعنی صالح است و هر دو درین بیت قابل توجیه است. صور صلاح کنایه از ندای صلاح و بسامانی است.

۱/۳۲ خط به ـ در ـ زدن: بمعنی باطل کردن و نادیده انگاشتن.

۱/۳۲ سر بر خط ـ نهادن: تسلیم ـ شدن.

۲/۳۲ خرقه آتش زدن: کنایه از تغییرِ حالت ناگهانی و رها کردن تمام قیودِ گذشته است، از آنجا که خرقه نشانهٔ زهد و پرهیزگاری بوده است، آتش به خرقه در زدن، بمنزلهٔ رها کردن زهد و تقوی است و نیز نشانهٔ خروج از مبانی و اصول خانقاه (برای اطلاعات بیشتر مراجعه شود به تعلیقات

اسرارالتوحید ۲ / ۴۶۹) در منطق‌الطیر (۷۷) گوید:

شیخ چون در حلقهٔ زنار شد
خرقه آتش در زد و در کار شد

۲/۳۲ بر سرِ جمع: در برابرِ جمع، در میانِ جمع، علی رؤوس‌الاشهاد.

۲/۳۲ حلقهٔ زُنّار: کنایه از همان دایرهٔ زنار است که برمیان می بسته‌اند و گاه چهار بار یا ده بار آن را بر میان می گردانده‌اند (زنّار چارکرد و ده‌کرد ← ۶/۱۱) حافظ گوید (دیوان ۵۴):

وقتِ آن شیرین قلندر خوش که در اطوار سیر
ذِکرِ تسبیحِ ملک در حلقهٔ زنّار داشت

۳/۳۲ بُنِ دَیر: در درون، در انتهای دیر. شبیه بُنِ خانقاه درین عبارت (اسرارالتوحید ۱ / ۲۱۰) «از دَرِ خانقاه تا به بُنِ خانقاه گوهر است ریخته، چرا برنچینید؟»

۳/۳۲ دَیرِ مغان: دَیر اصطلاحی است ویژهٔ معابد مسیحیان (← ۱/۶۱) و مُغان بمعنی زردشتیان است، بنابراین این تعبیر نمی تواند ارزش تاریخی داشته باشد، امّا حاصل تخیّل و تصرّف شاعران بزرگی از نوع سنائی و عطار است و مانند زنّارِ مغان ←۶/۶۶ و۱/۶ تعبیری است که نمی تواند از لحاظ تاریخی درست باشد زیرا زنار ویژهٔ مسیحیان بوده است و ربطی به مغان ندارد.

۳/۳۲ سر در پیِ ـ نهادن: برای کاری مصمم شدن.

۶/۳۲ گُلم آنست که. . .: یعنی، تسلیم ارادهٔ اویم، آنچه او خواست همان باید تحقق یابد. خاری که او در راه من نهاد، بمنزلهٔ گُل است برای من. این غزل، و بسیاری از غزلهای دیگر عطار، غیرمستقیم دفاع است از جبرِ اشعری و در آن سویِ تمام این اندیشه نوعی دفاع است از ابلیس و عشق او به حضرتِ حق که «لعنت» را بر هر خلعتِ دیگری ترجیح داد. برای فهم این نکته مراجعه شود به تصوف اسلامی و رابطهٔ انسان و خدا، یادداشت مترجم دربارهٔ ابلیس ۱۷۲ـ۲۰۱.

۷/۳۲ انا الحق: شطحِ معروفِ حسین‌بن منصور حلّاج، که به عنوان

مشهورترین سخن و بحث انگیزترین گفتار، در تاریخ عرفان ایرانی، دربارهٔ آن سخنها گفته‌اند. صورتِ ظاهرِ آن مفهومی نامعقول دارد که: منم حق.

۷/۳۲ **سر در باختن**: زندگی را بر سرِ کاری نهادن.

۸/۳۲ **پیر**: در بسیاری از این غزلها، پیر کنایه‌ای است از حلّاج یا تصویری است از اسطورهٔ او در تصوف ایرانی.

۱/۳۳ **درمیان نهادن**: عرضه‌کردن و به دیگران دادن و غالباً با حرف اضافهٔ «با» بکار می رود: «آنچه آورده‌ای با جمع در میان باید نهاد و ایشان را فایده داد» (اسرارالتوحید ۱/۱۵۲).

۱/۳۳ **سر در جهان نهادن**: آوارهٔ جهان شدن.

۲/۳۳ **به تاریکی در**: در تاریکی، آوردن دو حرف اضافهٔ «به» و «در» در آغاز و پایان مفعول بواسطه از ویژگیهای سبك قدماست.

۳/۳۳ **بُراقِ لامکان**: بُراق، مرکبی بوده است که در شبِ معراج، بنا بر حکایات، برای حضرت رسول(ص) آورده‌اند و پیامبر بر آن سوار شده و آسمانها را پیموده است تعبیرِ براقِ لامکان، تعبیری است نقیضی و پارادوکسی، چون لامکان یعنی آنجا که دیگر جسم و جهت وجود ندارد.

۸/۳۳ **مطلق**: قید است برای فعل «برزبان خواهم نهاد»، یعنی مطلقاً سخنی نخواهم گفت، کاملاً خاموش خواهم ماند.

۳/۳۵ **هرگز نشان ندادند**: یعنی هیچ کس از واصلانِ به حق، از آنچه دریافت کرده است، دَم نمی تواند بزند. چنان است که گویی هیچ کس از آن جا باز نمی گردد، چنانکه درین بیت حافظ می خوانیم (دیوان ۱۴۲):

هم عفاالله صبا کز تو پیامی می داد
ور نه در کس نرسیدیم که از کوی تو بود

۳/۳۶ : این غزل، در حقیقت سفری است به درون ذرّه، و از درون ذره به سراسرِ هستی و توضیح این نکته که ما در دو سوی بی‌نهایت، ایستاده‌ایم: در یك سویِ ذرّه که تا بی‌نهایت قابل تقسیم است و در یك سوی دیگر، جهان بی‌نهایت. می‌گوید: چشمی که در ذرّه‌ای هزار دریچه به معرفت حق، یا شناختِ جهان، نبیند آن چشم کور است. و می‌گوید از آنجا که ذره نامتناهی است، هیچ کس را امکان سفر در این نامتناهی وجود ندارد. اگر چشم بینایی در کار باشد ذره و خورشید یکی است. مولانا همین اندیشهٔ عطار را در نظر داشته آنجا که می‌گوید (مثنوی ۲۳۱/۱):

هر هوا و ذرّه‌ای خود منظری است
ناگشاده کی گُوَد آنجا دری است
تا بنگشاید دری را دیدبان
در درون هرگز نجنبد این گمان

و در غزلیات شمس گوید (گزیدهٔ غزلیات شمس ۶۲):

در دل هر ذره ترا درگهی است
تا نگشایی بُوَد آن در خفا

شکل نظری این اندیشه از درون مباحث متکلمین اسلامی بویژه اشاعره بیرون آمده است که در مبحثِ جوهر فرد یا جزء لایتجزی به این نکات توجه بسیار عمیق کرده‌اند. مراجعه شود به مذاهب الاسلامیین، عبدالرحمن بدوی ۲۲۳/۱.

۱/۳۷ رخت به ـ بُردن: انتقال یافتن، تغییر مکان دادن به ــ .

۱/۳۷ خرقه بر آتش سوختن: ← ۲/۳۲.

۲/۳۷ دینِ بتزویر: دینی که از سَرِ ریاکاری و نفاق بود.

۳/۳۷ راهِ قلندر ← ۲/۱۲ و راه قلندر علاوه بر معنیِ مذکور گویا یکی از گوشه‌های موسیقی قدیم ایران نیز بوده است. به این شواهد توجه شود از

امیر معزّی (دیوان معِزّی چاپ عباس اقبال ۷۶۸ و ۷۴۳):

ای صنم ِچنگ زن! چنگ سبکتر بزن!
پردهٔ مستان بدر راهِ قلندر بزن
بر سیرت قلندریانم ز بیم ِآنك
مستم زعشق و راهِ قلندر همی زنم

۳/۳۷ **کیش مغان**: آیین زردشت.

۳/۳۷ **تازه کردن**: تجدید کردن، احیاء کردن.

۳/۳۷ **ابرار**: نیکان و بسامانان، تعبیر قرآنی است.

۵/۳۷ **غلْبه**: غَلَبَه، بمعنی سر و صدا و داد و بیداد. قابل یادآوری است که عطار و مولوی و دیگر شاعران، کلمات عربیِ بر وزنِ غَلَبَه، صَدَقَه، نَفَقَه، عظمت، عَقَبَه، سَحَرَه (جمع ساحِر) و امثالِ آن را در تمامِ موارد بی‌هیچ استثنائی به سکونِ حرفِ دوم یعنی به صورتِ: غَلْبه، صَدْقه، نَفْقَه، عَظْمَت، عَقْبَه، سَحْرَه در شعر خویش به کار برده‌اند و این گویا یکی از ویژگیهای صوتی Phonetic زبان فارسی در آن ادوار است و چنان نیست که در مواردی خاص باشد و حمل بر ضرورتِ شعری شود. گویا ایرانیان، این کلمات را، به صورتِ اصلی که در زبان عربی رواج داشته است نمی‌توانسته‌اند تلفظ کنند. اینك به این شواهد از عطار توجه فرمائید:

در رَهِ او هر چه هست تا دل و جان نَفْقَه کن
تو به یکی زنده‌ای از همه بیزار باش (دیوان ۳۴۵)
دُردِ خراباتِ خورد، ذوقِ می عشق یافت
عشق بر او غَلْبه کرد، عقل به یکبار بُرد (دیوان ۱۴۷)
آن عصا کان سَحْرَهٔ فرعون خورد
نی عصایِ موسیِ عمران بُوَد (دیوان ۲۶۴)
عرشی که دو کَون پرتوِ عَظْمَتِ اوست
موری چه عجب اگر بدانجا نرسد (مختارنامه ۹)

گر تو شکری دهی به عطار
این صَدْقه فتد به جایگاهت (دیوان ۱۱۲)
ای ماه! به صَدْقه، یك شکر بخش مرا
کاین صَدْقه به جایگاه خواهد افتاد (مختارنامه ۲۷۱)
نیست یك تن بر همه رویِ زمین
کاو ندارد عَقْبه‌ای در ره چنین
گر کند آن عَقْبه قطع این جایگاه
راه، روشن گرددش تا پیشگاه
ور بماند در پسِ آن عَقْبه باز
در عقوبت ره شود بر وی دراز (منطق الطیر ۶۸)

و در مثنوی معنوی می‌خوانیم:

رویِ سُرخ، از غَلْبهٔ خونها بُوَد
رویِ زرد، از جنبش صفرا بُوَد (مثنوی ۲۰۳/۲)
هین که معکوس است در امر این گِرِه
صَدْقه بخشِ خویش را صَدْقه بده (همانجا ۳۹۲/۳)
یا منافق‌وار، عُذر آری که من
مانده‌ام در نَفْقَهٔ فرزند و زن (همانجا ۴۱۸/۱)
عَقْبه‌ای زین صعب‌تر در راه نیست
ای خنك آن کِش حَسَد همراه نیست (همانجا ۲۷/۱)

۶/۳۷ میِ تحقیق: شرابِ درکِ حقیقت.

۱/۳۸ آبِ ـ را بُردن: آبرویِ ـــ را بُردن.

۴/۳۸ کیسه شکاف: جیب‌بُر، طرّار، دزد چالاك.

۴/۳۸ نقدِ اختیار: نقدِ سره، مالی که از گرانبهاترین و برگزیده‌ترین انواعِ پول فراهم شده باشد. نقد بمعنی پول است و اختیار بمعنی برگزیده.

۱۰/۳۸ چون شدم نیست ← غزل ذره ۳/۳۶ .

۲/۳۹ **تن زدن**: انتـــظار کشیدن و صبر کردن، معنیِ تجاهُـل کردن و به اصطلاحِ امروز به روی خود نیاوردن نیز دارد.

۴/۳۹ **دستبرد نمودن**: تطاول.

۵/۳۹ **بی‌خویشتنی**: از سرِ بی‌خویشی، ناآگاه.

۶/۳۹ **خر شد و رسن بُرد**: ضرب‌المثلی است بسیار قدیمی، یعنی کار از کار گذشت (امثال و حکم دهخدا ۷۳۱).

۹/۳۹ **سیمرغ**: پرندهٔ اساطیری که در ادبیات باستانی ایران خداوند چاره‌گریهاست (در داستان رستم و اسفندیار) و در ادبیات دورهٔ اسلامی رمزِ ذاتِ احدیّت است و مقام وحدتِ باری‌تعالی (منطق‌الطیر عطار).

۹/۳۹ **قاف**: کوهِ افسانه‌ای در اساطیر که می‌گویند همان البرز است و عقیده داشته‌اند که بر گرد جهان کشیده شده است و مقام سیمرغ آنجاست.

۹/۳۹ **بگریخت و بقاف**: بخوانید بگریخ و [ت]در بگریخت تلفظ نمی‌شده است این خصوصیت در موسیقی شعر عطار از ویژگیهای سبکی اوست ولی در میان معاصران او و بعضیِ از پیشینیانش از عیوب شعر شمرده می‌شده‌است و در شعراستادان دورهٔ بعد از مغول بندرت دیده شده‌است. ← مقدمه.

۳/۴۰ **جامهٔ دریوزه**: لباس فقر و درویشی، خرقه ← خرقه بر آتش نهادن ← ۲/۳۲ دریوزه، گدایی ولی به طور خاص پرسه‌زدنِ درویشان را در شهر برای جمع‌آوری مخارج خانقاه در یوزه و درویزه می‌گفته‌اند. گویا کلمهٔ درویش با این واژه از یك ریشه است. در یوزه کردن، در نظام خانقاه، در شرایط خاصی مباح بوده است وگرنه به طور عادی مجاز نبوده است. (صفـوةالتصـوف، ابن طاهـر مقدسی ۹۳ و تلبیس ابلیس ابن‌جوزی

۲۸۲) و درویشی که به ضرورت به دریوزه می پرداخته است، زنبیلی برمی گرفته و در شهر می گشته است (اوراد الاحباب ۲۷۴ و ۱۶۲ نیز تعلیقات اسرارالتوحید ۲/۶۳۱).

۳/۴۰ **خرقهٔ پیروزه**: خرقهٔ کبود، پیروزه را بمعنیِ پیروزه رنگ، آورده و رنگ پیروزه را بجای رنگ کبود گرفته است که رنگ رسمیِ خرقهٔ صوفیان بوده است و ایشان را کبودپوشان می خوانده‌اند و در شعر حافظ نیز ازیشان بعنوان ازرق‌پوشان یاد می شود. انتخاب رنگِ کبود گویا به تقلید از جامهٔ راهبان مسیحی بوجود آمده است. حافظ گفته است (دیوان ۱۳۸، ۱۳۷):

پیر گلرنگِ من اندر حق ازرقِ‌پوشان
رخصت خبث نداد، ار نه حکایت‌ها بود
غلامِ همّتِ دُردی‌کشانِ یکرنگم
نه آن گروه که ازرق لباس و دل سیهند

۴/۴۰ **زهد و فقر**: شکل آغازی پیدایش تصوف، زُهد است که بمعنی کناره‌گیری از خلق است. این کناره‌گیری غالباً با نوعی بی اعتنایی به دنیا همراه شده که ضرورتاً فقر را بهمراه خویش آورده است، بنابراین زهد و فقر، ضمن این که از مقامات ارباب سلوك بحساب می آیند و از اصطلاحات مهم تاریخ تصوف‌اند، یادآور شکل ابتدائی سلوك عرفای دورهٔ نخستین نیز هست.

۷/۴۰ **چون ببست**: نوعی بیانِ پارادوکسی است (← مقدمه) که از خصایص ادبیات صوفیه‌است. می گوید وقتی چشم از دو عالم فرو بست، رؤیتِ حق برای او حاصل شد. در بیت بعد نیز همین شیوهٔ بیان، بزیبائی تمام مورد نظر شاعر قرار گرفته است که می گوید: وقتی هستیِ خویش را در زیر پای نهاد و پست کرد، آنگاه آن بلندی را یافت که دست در اسرار حق بزند.

۹/۴۰ **آنچه یافت** ← ۹/۳۹ و مقدمه.

۱/۴۱ **قصدِ ـ کردن**: بمعنی قصد کشتن و نابود کردن آن است و مطلق توجه و قصد از آن فهمیده نمی شود، امروز بجای آن می گویند سوءقصد بجان کسی ـ .

۱/۴۱ : این غزل، تصـویری است از حالاتِ شیخ صنعـان که عطار سرگذشت او را در شاهکارِ بی مانندش منظومهٔ منطق الطیر، جاودانه کرده است و آن داستانِ مردی است از پیران اهل سلوك که پیرانه سر، عاشقِ دخترِ ترسایی می شود و دل خویش را از دست می دهد و اسلام را رها می کند و آیین مسیح را برمی گزیند و به کارهای بسیاری که با شریعت اسلامی هماهنگي ندارد تن در می دهد. برای تفصیل احوال او مراجعه شود به منطق الطیر عطار ۶۷ به بعد و نیز نقد و تحلیل آثار عطار از بدیع الـزمان فروزانفـر ۳۲۰ به بعد . عطار در غزلهای دیگری نیز به احوال شیخ صنعان نظر داشته است از جمله غزلهای صفحات ۵۸۵، ۶۳۸، ۶۵۹ و ۶۹۵ و حافظ با توجه به همین سوابق بوده‌است که گفته است: (دیوان حافظ ۵۴):

گر مریدِ راهِ عشقی، فکرِ بدنامی مکن
شیخِ صنعان، خرقه رهنِ خانهٔ خمار داشت

۲/۴۱ **دل بر سرِ جان دارد**: یعنی دل خویش را نیز علاوه بر جان نثار می کند .

۲/۴۱ **آن**: حالتی که غیرقـابـل توصیفِ به عبـارت است. بنابرین بزبانِ اشارتِ «آن» از آن سخن می گویند، حالتی در جمال و زیبائی که بیان آن ممکن نیست. حافظ گفته است (دیوان ۸۵):

شاهد آن نیست که مویـی و میانی دارد
بندهٔ طلعت آن باش که آنی دارد

۳/۴۱ **شنگانه**: شنگ بمعنیِ شوخ و شاد است وخود صفت است؛ امّا عطار از آن به کمك «انه» صفت دیگری ساخته است نظیر شنگین در کلمهٔ شـنـگـیـنـك در شـعـر مـولانـا (گـزیـدهٔ غـزلـیـات شـمـس ۲۳۸):

آن میرِ دروغین بین با اَسبك و با زینك
شنگینك و منگینك، سربسته به زرینك

۳/۴۱ **زنجیرکشان کردن**: در زنجیر کشیدن و با زنجیر بجایی کشاندن.

۵/۴۱ **سَرْباری**: محمولهٔ کوچکتری که بر روی بارِ چهارپایان می نهاده‌اند و امروز در کدکن کلّه‌باری خوانده میشود و گاه در متون قدیم از آن به تنبلیت تعبیر شده است (اسرارالتوحید ۱/۱۴۶)

۶/۴۱ **داد و ستان**: داد و ستد، بده بستان، معامله.

۶/۴۱ **انگشتْ‌زنان**: حالت انگشتك زدن و شادی کردن، بشکن زدن بزبان امروز، جای دیگر (دیوان ۳۴۷):

انگشت زنِ فنای خود شو
وانگشت نهای مرد و زن باش

۶/۴۱ **انگشت گزان**: در حالت انگشت گزیدن از سَرِ تحسّر و تأسف و تعجّب نقطهٔ مقابل انگشت زنان که حالتِ شادی و شنگی است (منوچهری، دیوان ۱۱۹):

دهقان بتعجب سرِ انگشت گزان است
کاندر چمن و باغ نه گُل ماند و نه گلنار

نیز ← ۹/۴۴

۷/۴۱ **تعبیه اندیشی**: چاره‌گری.

۱/۴۲ **از دست درافتادن**: نظیر از دست افتادن، بمعنی زبون و مطیع شدن.

۲/۴۲ **دمی بهوش برآورد**: نَفَسی در حالتِ هوشیاری کشید.

۳/۴۲ **بیار... دلم را**: یعنی برای دلم دُردیِ اندوه و صافِ عشق بیاور.

۷/۴۲ **سخن نیوشیدن بر ــ**: سخنِ دیگران را دربارهٔ کسی شنیدن، یعنی بدگویی یا شکایت افراد را نسبت به شخصی، مورد توجه قرار دادن «و مُنهیان را زَهْرَه نبودی که حالِ سوری را براستی اِنها کردندی و امیر، رضی الله عنه، سخنِ کس بر وی نمی‌شنود و بدان هدیه‌های بافراطِ وی

می نگریست» (تاریخ بیهقی ۵۳۱).

۱/۴۳ آیینِ قلندری: راه و رسمِ اشخاصی که در قلندر سکونت می گزیده‌اند و قلندر محلی بوده است ویژهٔ مردمان فاسق و بی حفاظ که به انواعِ مناهی و ملاهی آلوده بوده‌اند، جایی شبیه به خرابات که در آن قمار نیز رواج داشته است و هر که گذارش بدانجا می افتاده، هرچه داشته است یکجا می باخته است. مردمان قلندری، مردمی بی باك و ناپروا و رها از همهٔ عُرف و عادت‌ها و موازین شرعی بوده‌اند. حدس می زنم که کلمهٔ قلندر، که در مواردی قالندر نیز تلفظ می‌شده است، با کلمهٔ لنگر (که بعدها بمعنی مرکزِ تجمّع فتیان و گاه خانقاهیان نیز استعمال شده است) از یك ریشه است و تبدیل ND/NG در کلماتی مانند کلنگ / کلند اورنگ/ اورند، در فارسی رواج داشته و در زبان معاصر هم نمونه‌هایی دارد. تمام کسانی که تاکنون به جستجوی ریشهٔ کلمهٔ قلندر رفته‌اند، بعلّتِ عدم توجه به تحولِ تاریخی این کلمه چون آن را بمعنیِ شخص و فرد تصور کرده‌اند، به توجیهات ناواردی پرداخته‌اند، حتی فرهنگ‌نویسانی از نوعِ برهانِ قاطع. امّا چنانکه جای دیگر یادآورشده‌ایم، در استعمالاتِ قدما آنکه بنام شخص یا فرد اطلاق می شود، قلندری است و محلِ چنین اشخاصی قلندر است پس باید ارتباطِ کلمهٔ قلندر با محل را جستجو کرد نه با افراد.

با شکل‌گیری نظریهٔ ملامت در تصوف خراسان، بویژه تصوفِ نیشابور قرن سوم و چهارم، اصحابِ ملامت برای آنکه کسی در حقِ ایشان گمانِ نیك نبرد، پیوسته از هر طریقی برای گریز از حسنِ نظر مردمان استفاده می کرده‌اند، از جمله پناه بُردن به اماکنِ بدنام از قبیل قلندر و خرابات. درنتیجه قلندری مفهومی نزدیك به ملامتی دارد. ← رندِ قلندر در غزل ۵/۸۲ و نیز مقدمهٔ این کتاب.

۲/۴۳ قُرّائی: بضم اول منسوب به قُرّاء و قُرّاء خود جمع قاری است بمعنی

۲۸۴ زبور پارسی

کسی که قرآن می‌خواند امّا این کلمه در زبان ادب فارسی، به هیچ‌وجه مفهوم خوبی ندارد بلکه بمعنیِ کسی است که دین و زهد و قرائتِ قرآن را بریا و از سرِ فریب مردمان، وسیله قرار داده است، تا خود را به پاکدامنی و عفاف شهرت دهد و ازین رهگذر زحمتی برای آسایش و حیاتِ روزمرهٔ مردم ایجاد کند. قُرّائی و زاهدی وقتی در کنار هم می‌آیند معنایی منفی دارند که حاصل آن ریاکاری است و زحمتِ خلق دادن. بعضی این کلمه را به فتح قاف خوانده‌اند و آن را صیغهٔ نسبت دانسته‌اند، امّا از توضیحی که مؤلف الانساب (چاپ لیدِن 444 b) می‌دهد دانسته می‌شود که ضبطِ این کلمه به‌ضم قاف صحیح است (مراجعه شود به تعلیقات اسرارالتوحید ۲/۵۳۶).

۲/۴۳ **تائبی**: توبه کردن و تائب شدن.

۳/۴۳ **کیشِ بُتِ آزری**: کنایه از بُت‌پرستی است، آزری منسوب است به آزر که عمو یا پدر ابراهیم خلیل است و او مردی بُت‌تراش بوده است به تصریح قرآن‌کریم آزر پدر ابراهیم بوده است (۶/۷۴) ولی شیعه این سخن را قبول ندارد: «مخالفان [یعنی اهل سنت و جماعت] گفتند: ابراهیم پسر آزر بوده و نزدیك ما [شیعه] پدرش نبود، عمش بود. و بنزدیك ما نشاید که پدران پیغامبر هیچ کافر باشند» (تفسیر ابوالفتوح رازی ۱۳/۸۹).

۴/۴۳ **سالوس**: فریب و مکر و ظاهرسازی.

۴/۴۳ **سیه‌گری**: فریب و حیله، نیرنگ، در جای دیگر (مختارنامه ۲۲۲) گوید:

من خود ز سیه‌گریِّ شب می‌ترسم
تو نیز سفید کاریی خواهی کرد

۵/۴۳ **از توبه... توبه**: نوعی بیانِ نقیضی و پارادوکسی است از توبه توبه کردن ← رباعی ۲/۱۰۰

۷/۴۳ **تلبیس**: پوشاندن حقیقت و خلافِ آن را اظهار کردن، ریا و تزویر، حیله‌گری.

۷/۴۳ **مزوّری**: تزویر یعنی دروغ را آراستن.

۲/۴۴ **جسم و جهت**: عالم مادّه که دارای ابعاد است.

۲/۴۴ **کون و مکان**: جهان، عالم.

۳/۴۴ **وانگه آن‌دم...**: پس آنگاه، آن دمی و نَفَسی و (مجازاً: سخنی) راکه میان من و تو رمز است، بگونه‌ای نهانی خواهم گفت. دم زدن بمعنی سخن گفتن از تعبیرات رایج ادب فارسی تا عصر عطار است. خیام گوید (رباعیات، چاپ برلین ۲۶):

کس می نزند دمی درین معنی راست
کاین آمدن از کجا و رفتن به کجاست؟

۴/۴۴ **دم از ــ زدن**: سخن گفتن دربارهٔ ــ.

۵/۴۴ **مشعله**: مشعل.

۶/۴۴ **عینِ عیان**: آنچه مُعایَن و مُشاهَد است و در کمال ظهور.

۸/۴۴ **فرو شدن به خرابات**: ← ۱/ ۷.

۹/۴۴ **انگشت گزان و انگشت زنان** ← ۴۱/ ۶.

۲/۴۵ **فتنهٔ بیدار**: ناظر است به حدیث مشهور که الفِتْنَةُ نائِمَةٌ لَعَنَ اللهُ مَن اَیْقَظَها فتنه خفته است، نفرین خدای بر آن کسی که بیدارش کند (مناقب العارفین ۳۸۵) و سعدی نیز به همین نکته نظر داشته. (گلستان چاپ استاد یوسفی ۶۷) که گفته است:

ظالمی را خفته دیدم نیمروز
گفتم این فتنه‌ست خوابش برده به

۶/۴۵ **ادا کردن**: بمعنی خواندن بر جمع و احتمالاً با صدای خوش یا به تقریب آنچه امروز دکلامه کردن می‌گویند. انوری گوید (دیوان، چاپ استاد مدرس ۱/ ۲۰۶):

گر زحمتت نباشد از آن، تا ادا کنم
آهسته، همچنین، به همین صوت [و] پرده در

۲/۴۶ **شکر خوزستان**: شکر خوزستان، در دنیای قدیم، شهرت بسیار داشته و در کتب مسالك و ممالك همواره آن را ستوده‌اند.

۲/۴۶ **زین شیوه**: ازین گونه، این چنین.

۴/۴۶ **زر از تو برانگیزم**: زر از تو بدست می آورم، تحصیل زر از تو می کنم.

۵/۴۶ **قلب**: سکهٔ قلب، سکهٔ نارایج و غیرقابل معامله، تقلّبی. البته با قلبِ بمعنیِ دل ایهام دارد. می گوید مرا قلبی است (دلی است و نیز سکهٔ قلبی است) حافظ نیز همین نکته را رعایت کرده است (دیوان ۱۳۸) که گفته است:

قلب اندودهٔ حافظ بَرِ او خرج نشد
کاین معامل به همه عیبِ نهان بینا بود

۵/۴۶ **وَجْه**: صورت، روی. ایهامی با وَجه بمعنی مبلغِ پول نیز دارد. در مجموع می گوید: وجهی (= رویـی) بزردی زر (طلا) دارم و قلبی (دلی / سکهٔ تقلبی یـی) چه کسی این وَجه (روی / مبلغ) و این قلب (دل/ سکهٔ تقلبی) را قبول می کند؟

۵/۴۶ **برگرفتن**: قبول کردن، پذیرفتن.

۸/۴۶ **رخْ تازه**: شاداب و باطراوت.

۱/۴۷ **خرقـه چاك زدن**: دریدن خرقه یا مجروح کردن خرقه یا ضربِ خرقه نتیجهٔ از خویش بی خویش شدن و شدّتِ دگرگونی احوال است و معمولاً در اثرِ شادی بسیار و یا در مجالسِ سماع و رقص وقتی از خود بی خود می شده‌انـد این کار را می کرده‌انـد. در نظام خانقاه این کار اصول و قواعدی داشته است و آن خرقه را طی مراسمی، هر پاره‌اش را به یکی از

حاضران می داده‌اند و آن پاره‌ها متبرك بوده است. برای تفصیل اطلاعات مراجعه شود به تعلیقات اسرارالتوحید ۲/۴۶۶ به بعد.

۳/۴۷ **پروانهٔ ناپروا**: تعبیری که حافظ نیز به کار بُرده و شاید با توجه به سخن عطار (دیوان حافظ ۱۳۸):

یاد باد آنکه رخت شمعِ طرب می افروخت
وین دلِ سوخته پروانهٔ ناپروا بود

۴/۴۷ **مُعایینه**: برخلاف قواعدِ زبانِ عربی است و درستِ آن در زبان عربی مُعایَنه است، در جاهای دیگر معاینه گفته است (دیوان ۲۷۶):

گر پی کند معاینه اختر هزار را
عطّار یکدم از پیِ اختر نمی رود

و یکبار هم در *الاهی‌نامه*، چاپ ریتر ۳۵۸ سطر دوم معائینه آورده است. معنیِ بیت این است که هر کس درین جهان از رؤیت خدای محروم ماند، طفلِ راهی است که منتظر مانده است تا فردا (در قیامت) او را ببیند و این بیت اشارتی دارد به یکی از مباحث بسیار مشهور و پر از مجادله‌ای که میانِ فِرَق اسلامی وجود داشته است که آیاخدای را می توان دید یا نه. اکثریت مسلمانان برآنند که حق تعالی درین جهان قابل رؤیت نیست؛ اما در آخرت مؤمنان او را خواهند دید. اشاعره مسألهٔ رؤیت خدای تعالی را در قیامت جزء مسلمیّات عقاید کلامیِ خویش می دانند؛ ولی معتزله و شیعه منکر آنند و هر یك از دو گروه براهینی از کتاب و سنّت درین باره نقل کرده‌اند که در اغلب کتب کلامی می توان یافت. حکیم فردوسی که معتزلی و شیعی است، در آن بیت بسیار معروفِ خویش منکر امکان رؤیت شده است و گفته (شاهنامه، چاپ مسکو ۱/۱۲):

به بینندگان آفریننده را
نبینی مرنجان دو بیننده را

برای تفصیل مطلب مراجعه شود به شرح العقاید النسفیه، از تفتازانی ۱۰۳ به بعد و نیز مذاهب الاسلامیین عبدالرحمن بدوی ج ۱/۵۴۸.

۵/۴۷ **سَرِ غوغا**: سرکردهٔ جماعتِ غوغائی و غوغا بمعنی انبوهِ مردمان

شر بـرانگیز است. این تعبـیر هم به صورت اضـافه : سرِ غوغا و هم به صورتِ سَرْ غوغا هر دو در آثار عطار دیده میشود، شاهد برای مورد دوم (منطق الطیر ۲۰۴):

انبیا بودند سَرْ غوغای کار
من ندارم تاب، دست از من بدار

۶/۴۷ اَلَسْت: ← ۸/۵۶.

۳/۴۸ **نعره‌ای در بست**: نعره آغاز کرد. نظیر در پیوستن در این عبارتِ بیهقی «با این مقدار مردم، جنگ درپیوست» (تاریخ بیهقی ۱۳۸) یعنی جنگ آغاز کرد.

۵/۴۸ **مستانِ صبوح**: مستانی که صبوحی زده‌اند، صبوح ← ۱/۳۰.

۷/۴۸ **نظّارگی**: تماشاگر، تماشاچی، نظاره‌گر.

۱۲/۴۸ **کار را باشید**: مهیای کار باشید! توجّهتان به کار باشد! نظیر این عبارت: «درآی و بنشین و این کلمه را باش.» (حالات و سخنان ابوسعید ۴۱) یا: «توکار را باش که کار تو را می طلبد.» (اسرارالتوحید ۱/۱۷۹).

۱۲/۴۸ **گدای گبر**: رمزی است از کسی که نه آخرت دارد (چون گبر است و کافر است و به جهنم خواهـد رفت) و نه دنیا دارد (چـون تهیدست و گداست) دعوی‌دار شدنِ چنین کسی، جای تعجب بسیار دارد.

۱۳/۴۸ **صدّیقان**: صدّیق، تعبیری قرآنی است (۴/۶۹) در شمار کسانی که خداونـد نعمـتِ خویش را بر ایشـان تمام کرده اسـت، پس از انبیا صدیقان اند و آنگاه شهیدان و سپس صالحان.

۱۷/۴۸ **از درختِ عشق**: درخت در این بیت ایهام دارد، معنی اول همان شجر است و معنی دوم که تناسب بیشتری دارد، دار است و این دو کلمه در قدیم به جای یکدیگر استعمال می شده‌اند. بجای تعبیر «بر دار زدن» «بر درخت کشیدن» رواج داشتـه است. هنـوز هم «دار و درخت» در فارسی معاصر ـ بویژه در خراسان ـ رواج دارد.

۱۸/۴۸ **انشراح سینه**: گشادگیِ سینه تعبیری است قرآنی: اَلَم نَشْرَح لَكَ صَدْرَكَ؟ (۱/۹۴) آیا ما نگشودیم سینهٔ ترا؟ منظور از گشادگی سینه ـ که تعبیرِ «سِعهٔ صدر» در زبان معاصر هنوز از بقایایِ آن است ـ در تعبیرِ قرآنی همان روشنیِ دل است.

۱۹/۴۸ **قصهٔ او رهبر عطّار گشت**: عطار، در مجموعهٔ آثار خویش شیفتگی خاصی نسبت به حسین‌بن منصور حلّاج داشته و در مجموع یکی از دو سه تن ستایشگر برجستهٔ حلاج در تاریخ تصوف است و شاید هم مهمترین آنها باشد، هم در تذکرة‌الاولیاء و هم در غزلیات و هم در مثنوی‌های خویش. ← مقدمه.

۱/۴۹ : با اینکه اشاره به آسمان و زمینی است که در عالم جان وجود دارد که به گفتهٔ سنائی (بنقل مولانا در مثنوی ۱/۱۲۴):

آسمان‌هاست در ولایت جان
کارفرمای آسمانِ جهان
در رَهِ روح پست و بالاهاست
کوههای بلند و دریاهاست

و به گفتهٔ مولانا (همانجا):

غیب را ابری و آبی دیگر است
آسمان و آفتابی دیگر است

با اینهمه، این سخن عطار ناظر است به سابقهٔ پیدایش کاینات، در جهانشناسی مسلمانان که بی‌تأثیری از آیات قرآن کریم نیست.

۲/۴۹ **ورای کفر و دین**: یعنی حق، درآنسوی شرایع و ادیان است و به گفتهٔ سنائی (حدیقة‌الحقیقه ۶۰):

کفر و دین، هر دو، در رهت پویان
وَحْدَهُ لا شریك له گویان

۵/۴۹ **چو نَفْسَت همنشین باشد**: یعنی مادام که تو با نفسِ خویش

هم‌نشینی، از آن دریا نشانی نخواهی یافت.

۶/۴۹ **اگـر صد سال. . .**: ایمنی ازکیدِ نفس، یکی از لغـزش‌گاه‌های اصلی سالکان طریقِ حق است، درین بیت عطار یادآور می‌شود که اگر صد سال ریـاضت بکشی،باز هم از کیدِ نَفْس دراماں نیستی و این اژدها همواره در کمین تست. برای فهم بیشتر این نکته مراجعه شود به مثنوی مولوی داستان اژدها و مردِ مارگیر ۲/۵۶.

۷/۴۹ : برای فهم تقابلِ نفس و دل مراجعه شود به غزل ۸/۴۹.

۸/۴۹ **صاحبْ نَفْس**: در مقابلِ صاحبدل که تعبیری از مردِ کامل است. کارِ صاحبْ نفس به تعبیر مولانا پرورش تن و پیروی از تمایلات نفس است (مثنوی ۱/۲۸۹):

همچو صاحب نفس کو تن پرورد
بر دگر کس ظنِّ حِقدی می برد

۸/۴۹ **صاحبدِل**: مردِ کامل، کسی که هواهای نفس را در خویش کشته است.

۸/۴۹ **که صاحبدل اگر زهری خورد**: یعنی مردِ کامل اگر کاری کند که ظاهراً خلاف شریعت باشد، از جنس کار دیگران نیست که گناه بشمار آید. مولانا در مثنوی همین بیت عطار را نقل کرده است و به تفسیر آن پرداخته است در آنجا (مثنوی ۱/۹۹) می گوید:

صاحبِ دل را ندارد آن زیان
گر خورد او زهرِ قاتل را عیان
زانکه صحّت یافت وز پرهیز رست
طالبِ مسکین میانِ تب دَرَست

و رفتار مردِ کامل را، در این موارد، تشبیه می کند به کسی که بیمار نیست و می تواند هر غذایـی را بخورد؛ امّا بیماری که‌در تب‌است، نمی تواند از آن غذاها بهره یابد.

۹/۴۹ **ابـلیسِ لعـین باشـد**: ابـلیس، از یك دیدگـاه، مظهـرِ شخصِ صاحِبْ‌نَفْس است که اِنیّت و خویشتنِ خویش را نمی تواند نادیده بگیرد

و چون او را به سجدهٔ آدم فرمان دهند، می گوید: خَلَقْتَنِی مِنْ نارٍ وَ خَلَقْتَهُ مِنْ طِیْن(۷/۱۲) «مرا از آتش آفریدی و او را از خاك» و در اینجا مَنِ خویش و انیّت و نَفسِ خود را نمی تواند فراموش کند.

۱۱/۴۹ **بگردد یك دَمَت دیده**: یعنی اگر یك لحظه چشمِ تو از نقطهٔ تقویٰ انحراف حاصل کند. گشتن: انحراف، تغییر جهت.

۱۱/۴۹ **دیدهٔ گردیده**: چشمِ منحرف.

۱۲/۴۹ این غزل عطار را مولانا در غزلیات شمس نیز مورد نظر داشته و احتمالاً در سرودن غزلِ ذیل (گزیدهٔ غزلیات شمس ۳۷۲):

چه دانستم که این سودا مرا زین سان کند مجنون،

دلم را دوزخی سازد، دو چشمم را کند جیحون

به مطلع این غزل و بعضی جوانبِ دیگرِ آن، بی توجّهی نبوده است.

۱/۵۰ دَرد: عطار کلمهٔ دَرد را در معنای خاصی به‌کار می‌بَرَد که صوفیهٔ ایرانیِ عربی‌نویس و عربی‌سرای برابرِ آن کلمهٔ «الم» را به‌کار می‌برده‌اند. البته در دیگرِ آثار صوفیه نیز موارد مشابه دارد، امّا شیوعِ ان در شعر وی نوعی تشخص دارد، بعضی این توجه به درد را مرتبط با شغلِ او که نوعی طبابت و داروفروشی بوده است، دانسته‌اند، امّاهرچه باشد، دَرد در تعبیرات او نوعی همّت و قابلیّتِ اشتعال و پذیرا بودن حقایقِ روحانی است که می تواند انگیزهٔ کارهای اساسی در سلوك به حساب‌آید، همین که در زبان عامه می گویند: آدمِ بی درد.

۳/۵۰ **مردانِ این سفـر را**: یعنی آنهـا که مردِ این راه‌انـد، حاصلشان سرگشتگی و گم شدن است و آنـان که مُنکـرانِ این حدیث (= عالم معنی)اند فقط با عبارات و الفاظ و گفتار سر و کار دارند.

۴/۵۰ **این حدیث**: منظور عالم عرفان و سلوك است و انتخاب این تعبیر برای بیان این عالم خود نتیجهٔ اسلوب بیان صوفیه است که همیشه از اشارت بجـای عبـارت استفـاده می کننـد. نظیر: این جماعت (صوفیه) این راه

(تصوف) این قوم (صوفیه) این معنی (تصوف) که در متون ادب صوفیه رواج بسیار دارد.رجوع شود به تعلیقات اسرارالتوحید ۲ / ۴۵۰ .

۴/۵۰ **نبید**: یا صورت کهن آن نبیذ (که در متون عربی به همین شکل، یعنی با ذال معجمه باقی مانده است) شرب نبیذ در نظر بعضی از فقها بویژه شیعه در هر شکلش، حرام است؛ ولی بعضی از فقهای اهل سنّت مادام که موجب مستی نشود، آنرا حلال می دانند. شُرب نبید که از افکندن خرما و کشمش در آب و تخمیر آن‌ها بدست می آید، در آغاز عهد اسلام، حرام بوده است و بعضی از فقها علت حرمت آن را آن دانسته‌اند که نبیذ را در ظروف مخصوص شراب می ریخته‌اند و بعد حرمت آن نسخ شده است. مراجعه شود به شرح العقاید النسفیه ۱۸۸.

۵/۵۰ **بوی و عطار**: در تخلّص این غزل و بسیاری از غزلهای دیگر، عطار همواره نام خویش را با بوی همراه می آورد، شاید یادآوری این نکته بی فایده‌ای نباشد که عطر همان بوی است و در پارسی قدیم عطار را بوی‌فروش می خوانده‌اند. العَطّار: بوی‌فروش (مقدمة الادب زمخشری ۱/۳۰۶) نیز مراجعه شود به غزلهای ۸۹ و ۱۰۴ و ۱۴۹ و ۱۵۱ (در صفحات ۶۵ و ۷۸ و ۱۱۳ و ۱۱۵ دیوان او) .

۵/۵۰ **لذیذ**: چنانکه توجه داشته‌اید، تمام قافیه‌های اینِ غزل، از نظر تاریخ زبان فارسی ذال است نه دال، یعنی ماقبلِ آن مُصَوِت است و تمام، کلماتِ پارسی است، به همین دلیل در قدیم تمام این کلمات را به صورتِ پذیذ / کلیذ / شنیذ / نبیذ / تلفظ می کرده‌اند بنابرین با کلمهٔ لذیذ عربی قافیه می کرده‌اند و این روش در تمام شعرهای قدما، رعایت می شده است. اندك اندك، بر اثرِ تحولاتی که در مشخصاتِ آوایی زبان فارسی روی داده، تمامِ این کلمات به شکل دال درآمده‌اند و نشانه‌هایی از آن، هنوز در بعضی کلمات باقی مانده است.مانندِ گنبذ (در بعضی از لهجه‌ها) و فروذ داری (بمعنیِ فرود آوردن) در زبان اهل خراسان. البته گویا این تحول نخست، جنبهٔ جغرافیایی داشته و بتدریج در تمام نواحی گسترش یافته است (المعجم‌شمس‌قیس رازی، ۲۲۱ دیده شود) به همین

دلیل چنانکه در بیت بعد توضیح داده‌ام، بیت آخر غزل که در [ ] قرار داده‌ام نمی‌تواند از عطار باشد و الحاقی است و نسخه‌شناسیِ این غزل نیز این نکته را تأیید می‌کند؛ زیرا در نسخه‌های قدیمی (نسخهٔ کتابخانهٔ سلطنتی مورخ ۷۳۱ و نسخهٔ متعلق به مرحوم استاد فروزانفر که از نسخه‌های قرن هفتم است) این بیت وجود ندارد. برای اطلاع بیشتر به مقدمهٔ همین کتاب مراجعه شود.

۶/۵۰ **بوسعید**: منظور ابوسعید ابوالخیر (۳۵۷ - ۴۴۰ هـ .ق) عارف بزرگ خراسان در قرن چهارم و پنجم است که عطار از شیفتگان اوست ولی این بیت چنانکه در حواشیِ همین غزل یادآور شدم، نمی‌تواند از عطّار باشد ← مقدمهٔ همین کتاب.

۲/۵۱ **رَهبین**: پیر، مرشد، کسی که از طریق آگاه است.

۶/۵۱ **با سرِ یك سوزن آمد**: یعنی عرش با همه عظمتش، روزی صد بار، از هیبت حق، چنان می‌شود که به اندازهٔ سرِ سوزنی درمی‌آید.

۷/۵۱ **حوصله**: چینه‌دان.

۸/۵۱ **رهی‌ست**: ← غزل ۹/۳۹ و مقدمه.

۸/۵۱ **در رفت**: وارد شد، داخل شد.

۸/۵۱ **هم او در دیدهٔ خود روشن آمد**: یعنی این راه در بیرون از وجودِ تو نیست؛ در درون تست. وقتی واردِ این راه شدی، آن روشنی را در خویش احساس می‌کنی. به همین دلیل پیر را که این روشنی در او حاصل شده است، عین راه می‌دانسته‌اند (مثنوی ۱/۱۸۱):

برنویس احوالِ پیر راه دان
پیر را بگزین و عینِ راه دان

۱۰/۵۱ **که خصمت با تو در پیراهن آمد**: یعنی اسرارِ سلوكِ خویش را باید از همه کس، حتی از خودت هم، پنهان نگاه داری، زیرا خصمِ تو، که نَفْسِ تست، در درونِ پیراهنِ تست و از هر کسی به تو نزدیك‌تر است: اَعْدیٰ

عَدُوِّكَ نَفْسكَ التی بَیْنَ جَنْبَیْكَ (احادیث مثنوی ۹ و برای صورت دیگر آن بنگرید به فیض القدیر ۱/۵۵۷) دشمن‌ترین دشمنِ تو نَفْسِ تست که در اندرون تست، یا بگفتهٔ مولانا (مثنوی ۱/۵۶):

مردمِ نفس از درونم در کمین
از همه مردم بتر در مکر و کین

۱۱/۵۱ **گویِ گریبان**: آنچه به عربیِ آن را زِرّ می‌خوانند یعنی نوعی دکمهٔ یخه یا یقه.

۱۱/۵۱ **کسی را گر شود...**: این بیت در تمام نسخه‌های دیوان عطار آشفته است و به این صورت نقل شده است:

کسی را گر شود گویی بیانش (متن)

یا

کسی را گر شود گویی گریبانش (حاشیه)

صورتی را که ما در متن آوردیم، حاصلِ تصحیحِ قیاسیِ ماست و ناظر است به این سخن که: احفظ سِرَّكَ وَلَو عَنْ زِرِّكَ (مختارنامهٔ عطار، انتشارات توس، تهران، مقدمهٔ منثور کتاب ۳ و نیز معراج نامهٔ ابن سینا، چاپ آقای مایل هروی چاپ آستانقدس رضوی ۹۹ که در آنجا من ربك نقل شده و باید تصحیف بحساب آید) ترجمهٔ این سخن همین است که سِرّ خویش را، حتی از زرّ (گویِ گریبان = تکمه) خویش پنهان کن. در منتهی الارب زر به گو یكِ گریبان معنی شده است.معنی تمام بیت این است: اگر کسی که ازین سِر باخبر شد، گویِ گریبانش نیز خبردار شود، آن کس تردامن است و گناهکار، تعبیرِ «آگاه شدن گوی گریبان» خود یکی از کنایات رایج زبان فارسی در قرن ششم بوده است: «نسیمِ سَحَری درآید و خبرِ دوست بیارد که گویِ گریبان را خبر نباشد.» (رَوْحُ الارواحِ سمعانی ۱۰۶).

۱۲/۵۱ **تا تویی تو**: یعنی تا توئی تو، تا نَفْس تو، تا انیّتِ تو باقی است درین راه، جز سوختن وکشتن علاجی نداری.

۱۳/۵۱ **بمیر از خویش**: مردن از کسی یا چیزی، بمعنی منقطع شدن از

آن، تعبیری است بسیار رایج در ادبیات عرفانی فارسی و عربی قرون ۴ و ۵ عطار جای دیگر گوید (منطق‌الطیر ۹۷):

تا نمیری از خود و از خلق، پاك
بر نیاید جانِ ما از حلق پاك

و نیز گفته است (مختارنامه ۹۷):

تا هیچ پراکنده توانی بودن
حقّا که اگر بنده توانی بودن
از یك یك چیز می بباید مُردن
تا بو که بدو زنده توانی بودن

و در یك شعر بسیار کهن قرن سوم یا نیمهٔ اول قرن چهارم که ابـوسعید ابوالخیر آن را روایت کرده است (اسرارالتوحید ۱/۳۱۱):

که گشت زنده بدو و از جز او کی مرد بدو
ازو حیوة نیابی تا از جزو نمری

شاید این تعبیر در فارسی ترجمه از عربی باشد و احتمال عکس آن نیز هست. ابـوعبدالرحمن سُلمی (متوفی ۴۱۲) در تفسیر حقایق خویش (نسخهٔ کتابخانهٔ ولی الدین، ۱۶۹) ذیل آیهٔ «وانا لَنَحْنُ نُحیِی و نُمیتُ» (۱۵/۲۳) گوید: قال الواسطی: نُحیـی مَن نَشاءُ بنا و نُمیتُ من نشاء عَنّا یعنی: هر که را خواهیم به خویش زنده گردانیم و هر که را خواهیم از خویش بمیرانیم.

۱۳/۵۱ **گِرد ران با گردن آمد**: ضرب‌المثلی بوده است، کنایه ازین که نیك و بد باهم اند.

۱/۵۲ **از کوی برآمدن**: خارج شدن، در آمدن. مقایسه شود با فرو شدن در کوی ← ۱/۷.

۲/۵۲ **محراب**: آنجا که امامِ مسجد به نماز ایستد و دیگران بدو اقتدا کنند، در اینجـا مقصـود نقطه‌ای است که در آن حضور قلب و کمال توجه،

حاصل باشد.

۲/۵۲ معراج مناجات: معراج بر شدن و فرا رفتن و عروج است از زمین به آسمان و مقصود شاعر این است که او با مناجاتِ خویش، و از طریق آن حالت، از آنچه بود، فراتر رفت.

۳/۵۲ رَهِ نعره: راهِ گلو.

۳/۵۲ تحیّات: جمعِ تحیّت و تحیّت بمعنی سلام دادن بر کسی است و نیز پادشـاه گردانیدن، در اینجـا تعبیر دیگری است از مناجات با حق و در حدیث است که التحیّاتُ لله (احادیث مثنوی ۸۵) تحیّت‌ها از آن خداست.

۴/۵۲ مقامات: در اینجا ظاهراً بمعنیِ مدارج و مراتب عالیِ روحی است و دقیقاً ناظر به مفهومِ مقامات (مراحل سلوك) نیست ← مقام ۵/۱۰۰.

۵/۵۲ حاجات برآمدن: روا شدن نیازها.

۶/۵۲ مهمّات: امورِ مهمّه، کارهای بزرگ، گرفتاریهای عظیم.

۷/۵۲ بدباز: قمارباز بی‌تجربه یا قماربازی که در بازی بد می‌آورد، بدشانس.

۷/۵۲ اقبال بدان بود که: از خوشبختی او بود که حریف مات شد، شهمات حاصل شد.

۸/۵۲ دین داشت: (بلحاظ عروضی ← مقدمه).

۹/۵۲ نفی و اثبات: نفی، ناظر است به فنای آثارِ وجودی سالك و اثبات عبارت است از بقای بنده به بقای حق.

۱/۵۳ برانگیخت: (بلحاظ عروضی ← مقدمه).

۲/۵۳ جامـه بدنـدان: با شتاب کاری را انجام دادن رودکی گوید (تاریخ سیستان ۳۲۳ متن و حاشیه):

وَرْم ضعیفی و بی بُدیم نبودی
وانك نبود از امیرِ مشرق فرمان،

خود بدویدی بسان پیکِ مرتّب
خدمتِ او را گرفته جامه بدندان

۴/۵۳ کارِ آب: کنـایه از شراب خوردن است و بیشتر، در آغاز، گویا اصطلاح صوفیه بوده است. خاقانی گوید (دیوان ۴۶):

من نکنم کارِ آب کو ببرد آبِ کار
صبحِ خرد چون دمید، آب شود کارِ آب

آوردن باد و آتش و آب، درین بیت، نوعی مراعات نظیر است.

۵/۵۳ شاهد: زیبا و دیدنی.

۶/۵۳ آبگینه: شیشه.

۶/۵۳ توبهٔ سنگین: یعنی توبهٔ مرا که به استواری سنگ بود، شیشهٔ شراب شکست به احتمال بسیار قوی، حافظ در سرودنِ این بیت (دیوان حافظ ۱۹):

اساسِ توبه که در محکمی چو سنگ نمود
ببین که جامِ زجاجی چه طرفه‌اش بشکست

به شعر عطار نظر داشته زیرا تمام اجزاء بیان و مضمون را از عطار گرفته است. عطار جای دیگر هم این مضمون را آورده است:

چو آتش، شیشه‌ای می، پیشم آورد
به شیشه توبهٔ سنگین شکستم

۷/۵۳ بستیزه: همان که امروز می‌گوییم: از روی لج بازی، یعنی برَغْمِ کسی کاری را انجام دادن.

۳/۵۴ بارِ امانت: صوفیه از قدیم تعبیر «عَرْضِ اَمانت» را که در قرآن (۳۳/۷۲) آمده است به عشق تفسیر کرده‌اند و گاه به سِرِّ پروردگار که باز همان عشق است و عطار در آثار خویش به این نکته بسیار پرداخته است:

آن امانت کان دو عالم بر نتافت
هست صد عالم امین می بایدش

و مولانا گفته (دیوان شمس ۳/۲۴۷):

آن بار که چرخ برنتابد

از قوّتِ عشق می‌کشانم

و حافظ گفته است (دیوان ۱۲۵):

آسمان بار امانت نتوانست کشید

قرعهٔ کار به نامِ منِ دیوانه زدند

۳/۵۴ **توسن**: اسبِ سرکش، اسبِ رام نشده.

۵/۵۴ **کاملان**: مردان کامل، اولیاء الله.

۵/۵۴ **آزمایش**: امتحان، منظور عَقَبه‌هایی است که در راه سالکان پیش می‌آید و نمونهٔ آن را در منطق‌الطیر عطار و نیز در داستان شیخِ صنعان در همان منظومه می‌توان ملاحظه کرد.

۲/۵۵ **خرقه و زنار نماند**: خرقه رمزِ دین‌داری و زنار رمز کفر است یعنی اگر جلوه‌ای از روی تو، آشکار شود، کفر و دین دیگر باقی نخواهد ماند که «لَو ظَهَرَتِ الحقایقُ بَطَلَتِ الشرایع» (مثنوی، مقدمهٔ دفتر پنجم ۳/۱) اگر حقیقت‌ها آشکارا شود، شرایع از میان برمی‌خیزد (دیوان حافظ ۱۲۵):

جنگِ هفتاد و دو ملّت همه را عذر بنه

چون ندیدند حقیقت، رَهِ افسانه زدند

۵/۵۵ **به دل زد**: تأثیر کرد، در دل اثر کرد، جای دیگر گوید (مصیبت‌نامه ۱۸۸):

این سخن بر جان عبدالله زد

اشکِ خونین بر غبارِ راه زد

۱/۵۶ **خانه‌فروش زدن**: به حراج گذاشتن و به حرّاج فروختن، در مواردی مفهوم به غارت دادن نیز ازین تعبیر دانسته می‌شود، در جای دیگر گوید

(مختارنامه ۱۶۸، ۱۷۲):

من شهر بگردم، پس ازین خانه خرم
تا بو که مرا خانه فروشی بزنی

و جای دیگر (دیوان ۴۳۹) گوید:

گفتم بیا و خانه فروشی بزن مرا
گفتا برو که من ز چنینها نمی خرم

و خاقانی گوید (دیوان ۵۲۰):

دید دلم وقفِ عشق خانهٔ بام آسمان
خانه فروشی بزد، دل ز کنارم ببرد

حدس می زنم که خانه فروش، نوعی حرّاج بوده که در منزل و خانه (و نه در بازار یا میدان) انجام می شده است، شبیه تعبیرِ garage sale در زبان انگلیسی امروز.

۲/۵۶ **زخم زدن**: ضربت زدن.

۵/۵۶ **دوش زدن**: بمعنیِ مطلقِ امتناع و بی اعتنایی کردن است. جای دیگر گوید (مختارنامه ۱۶۸):

هرگاه که می خوری، خروشی بزنی
بر عاشقِ شهرگرد، دوشی بزنی

و در رباعیات اوحدالدین کرمانی (چاپ آقای ابومحبوب، ۲۸۲) آمده است:

آنها که ازو پیاله نوشی بزنند
بی هیچ شکی خانه فروشی بزنند
از عادت و رسمِ خویش بیرون آیند
بر مدرسه بگذرند و دوشی بزنند

و خاقانی گفته است (دیوان ۷۰۲):

گفتم بده آن وعدهٔ دوشین ما را
دوشی بزد و نکرد تمکین ما را

و در نامه‌های عین القضات همدانی ۲/۴۴۳ می خوانیم:

با دل گفتم که ای دلِ زرق فروش
کم گَرد به گَردِ عشق و با عشق مکوش
نشنید نصیحت و به من برزد دوش
تا لاجرمش زمانه می مالد گوش

با این توضیح، اشتباهِ خودم را در فهم این تعبیر در تعلیقات، چاپ اوّلِ ***مختارنامهٔ*** عطار ۲۸۵ اصلاح می‌کنم.

۶/۵۶ **از پیِ گوش زدن**: همان است که امروز می‌گوییم: پشتِ گوش انداختن، بمعنی بی اعتنایی و فراموش کردن، غفلت یا تغافل.

۸/۵۶ **بَلیٰ و اَلَسْت**: این تعبیر که یکی از رایج ترین تعبیرات ادبیات عرفانی و حتی (در دوره‌های بعد از مغول) ادبیات فارسی بمعنی عام آن است، برگرفته شده از این آیتِ قرآنی است: «و اِذْ اَخَذَ رَبُّکَ مِنْ بنی آدَمَ مِن ظهورِهِم ذُرِّیَتَهُم و اَشْهَدَهُم علی اَنْفُسِهِم اَلَسْتُ بربِّکُم قالوا بلیٰ شَهِدنا» (۷/۱۷۲) و آن هنگام که پروردگارِ تو از پشتِ فرزندانِ آدم ذُرّیّهٔ آنها را برگرفت و آنان را بر خود گواه ساخت که آیا من پروردگار شما نیستم؟ همه گفتند: بلی. ما به خدائی تو گواهی دهیم.

۲/۵۷ **پیشکاره**: در فرهنگ‌ها بمعنی پیشکار و خدمتکار آمده است، استاد محمد امین ریاحی در تعلیقات کتاب مرصاد العباد بمناسبت این مصراع: «وصلِ عروس بایدت خدمتِ پیشکاره کن» آن را بمعنیِ دلّاله ـ کسی که واسطهٔ محبت شود ـ گرفته‌اند و این بیت عطار نیز قرینه‌ای است برای تأیید همان معنی که ایشان حدس زده‌اند (تعلیقات مرصاد العباد ۵۹۸)

۴/۵۷ **رَخش**: درخشندگی و تابش.

۵/۵۷ **در میان آمدن با**: بمعنی همان چیزی است که امروز می‌گوییم: با فلانی کنار آمد، یعنی به توافق رسید و مهربان شد.

۶/۵۷ **باز دانستن**: تشخیص دادن و شناختن.

۶/۵۷ **چهرهٔ مردم آشکاره کند**: یعنی خود را در صورتِ خلق آشکارا می کند،

تجلّی لاهوت، در ناسوت، آنگونه که حلاج درین ابیات گفته است (دیوان الحلاج، چاپ ماسینیون ۴۱):

سُبْحانَ مَنْ اَظْهَر ناسوتُه
سِرَّ سَنا لاهوته الثاقب
ثُمَّ بَدا فی خَلْقه ظاهراً
فی صورةِ الآکلِ والشارِبِ
حَتّیٰ لَقَدْ عایَنَهُ خَلْقُهُ
کلحظةِ الحاجِبِ بالحاجبِ

منزه است آنکو، ناسوت وی آشکارا کرد راز روشنائی لاهوت درخشان او را پس آنگاه آشکاره شد بر آفریدگانش در گونهٔ خورندگان و نوشندگان تا بدان جا که آفریدگانش با او دیدار کردند دیداری رو با روی.

۱/۵۸ **انکار و این کار**: یادآورِ این بیت حافظ است (دیوان حافظ ۱۲۰):

هر که شد محرم دل در حرم یار بماند
وانکه این کار ندانست در انکار بماند

۲/۵۸ **سجّاده‌نشین**: کنایه از زاهد، کسی که پیوسته بر سرِ سجاده نشسته و مشغول نماز خواندن است، تعبیر سجّاده‌نشین، در دوره‌های بعد بمعنی کسی که امام جماعتِ مسجدی یا متولی مزاری و بقعه‌ای است نیز به کار می‌رفته است.

۴/۵۹ **صدر و آستان**: مدخلِ ورودی هر سرا را آستانه و آستانِ آن، می‌نامیده‌اند و بالاترین جای را صدر. همین سخن عطار را مولانا بدینگونه فرموده است (مثنوی ۱/۱۰۹):

آستان و صدر در معنی کجاست
ما و من کو، آنطرف، کان یارِ ماست؟

۶/۵۹ در طریق عاشقان: یادآورِ ابیات معروف حسین‌بن منصور حلاج است که گفته است (دیوان الحلاّج ۳۳):

اقتلونی یا ثقاتی ان فی قتلی حیاتی
و مماتی فی حیاتی وحیاتی فی مماتی

ای یاران من! مرا بکشید که زندگی من در کشتن من است و مرگ من در زندگیم و زندگیِ من در مرگم.

۱/۶۰ باد بدست: تهیدست و محروم.
۲/۶۰ شمّه: اندکی از یك چیز، در اصل: بویـی.
۳/۶۰ از میِ عشق ریختی: یعنی از شرابِ عشق، جرعه‌ای بر آدم ابوالبشر افشاندی، این مستی از او به فرزندانش، نسل اندر نسل، انتقال می‌یابد.
۵/۶۰ نخستمین: یکی از نوادرِ استعمالات در زبان عطار است، برابر با نخستین جای دیگر نیز گفته است (مختارنامه ۲۸):

صد قرن، اگر گام زنی در رَهِ او
چون در نگری نخستمین گام بُوَد

۷/۶۰ عنان باز کشیدن: اسب را متوقف کردن، کنایه از باز ایستادن است.

۱/۶۱ رُهبان: راهِب، کسی که در دیر (← دیر) از مردمان کناره می‌گیرد و به عبادت می‌پردازد. اصل کلمه از مادهٔ رَهَب بمعنی ترسیدن است و ترس از خدا، بنابرین معادلی است دقیق برای کلمهٔ ترسا در زبان پارسی. کلمهٔ رُهبان در عربی هم بمعنی مفرد به کار می‌رود و جمع آن رهابین است و هم در معنیِ جمع که در آن صورت مفردِ آن راهِب است.
۱/۶۱ دَیر: محل عبادتِ مسیحیان «که غالباً بر دامنهٔ کوه‌ها و کنار رودخانه‌ها و چشمه‌های شیرین و گوارا بنا شده و گرداگردِ آنها را حصاری احاطه

می‌کرد و درون آنها کلیسیا و کتابخانه و اطاق‌های متعدد برای زندگانیِ راهبان و انبارِ غذا و مشروبات و مطبخ می‌ساختند. از عهدِ قدیم و صدرِ اسلام، بعضی از خلفای اموی و عبّاسی و اکثرمردمِ باذوق و شاد-خوار و عاشق‌پیشه و باده‌گسار، به‌دیرهای مسیحیان، که در اقطار ممالك اسلامی وجود داشت، روی‌آور می‌شدند»(یادداشت استاد فروزانفر، ۳۲۰ شرح احوال و نقد آثار عطار).

۱/۶۱ **خَلقان**: جمع خلق، بمعنی مردمان.

۲/۶۱ **نیستی**: در اینجا بمعنیِ بی‌ادعائی و خالی بودنِ از رعونت‌های نَفْس است، و هستی درست بمعنیِ نقطهٔ مقابلِ آن، که اظهارِ وجود و خودنمائی است، در آثار صوفیه، و از جمله عطار، فراوان به کار می‌رود. ← هستی ۱۰/۴.

۳/۶۱ **مِحَنِ عشق**: آزمون‌هایِ عشق، محنت‌های عشق. اصلِ محنت بمعنی آزمایش است.

۴/۶۱ **ملت مسیح**: آیین ترسایی، کیش مسیحیت.

۴/۶۱ **روا نیست عاشقی**: اینکه می‌گوید در ملت مسیح عاشقی روا نیست، گویا ناظر است به سنت رسمی حاکم برمعابد نصارا که در آن راهبان و راهبه‌ها خود را از لذّات جنسی و ازدواج محروم می‌کرده‌اند.

۵/۶۱ **مانا**: همانا.

۶/۶۱ **دوست کردن**: دوستی کردن، محبت ورزیدن.

۹/۶۱ **زنجیر نعت صورت عیسی**: کنایه از زُنّار است ← ۱/۶ که زنار بُریدن و زنّار گشودن بمعنی خروج از آیین مسیح بوده است.

۱۲/۶۱ **تا بودَنی ببود**: اصل«ونابودنی»تصحیح به‌قرینهٔ مقامی است. می‌خواهد بگوید: کاری که خلافِ شرع و عُرف و اخلاق و ناکردنی بود کردم تا آنچه مُقدّر و بودنی بود، اتفاق افتد. «بودنی بود» ترجمهٔ «المُقدّر کائن» است.

۱/۶۲ **دست زیر سنگ آمدن**: مغلوب شدن. جای دیگر گوید (منطق‌الطیر ۱۱۸):

باز در دین چون خرِ لنگ آید او
دست زیر سنگ، بی‌سنگ آید او

۲/۶۲ **خرقه درفکندن**: ۱۲/۸ و ۱/۶

۲/۶۲ **رنگ بر خرقه آمدن**: کنایه از سرنوشت است، معنی بیت، بر روی هم این است که من از خرقه (که رنگ آن در عرفِ صوفیه کبود است) بدر آمدم تا سرنوشتِ من چه باشد و چه رنگی بر جامهٔ من ظاهر شود. قابل یادآوری است که این تعبیر درین بیت ناظر است به تعبیر کهنه و بسیار رایجی که در ادبیات فارسی قرنِ ششم رواج داشته و آن «خرقه و رنگ» و «رنگ و رگو» است. رگو، تقریباً ترجمهٔ دقیق کلمهٔ خرقه است، زیرا بمعنی پاره و پاره‌چهٔ منسوج است و عطار در آثار خویش این دو تعبیر را مرتب بکار برده است و از بسیاری موارد استعمالاتِ او می‌توانِ «رنگ و رگو» و «رنگ و خرقه» را بمعنیِ رونقِ کار و جلوه و نمایش دانست. اینك به این چند شاهد توجه کنید (دیوان، ۹۶، ۷۷، ۴۵۵):

اگرچه ذرّه هم جوینده باشد
نه چون خورشید رنگش بر رگوی است

□

رنگ بسیار است در عالم، ولیك
بر رگویِ عیسیِ مریم بِه است

که درین بیت ناظر است به «صِبغَةَ الله و مَنْ اَحْسَنُ مِنَ الله صِبْغَةً» ۲/۱۳۸) و سرانجام این بیت:

چنین رنگی که بر من سایه افکند
ز دو کونش رگویی می ندانم

و انوری گفته است (دیوان ۲/۸۴۴):

رنگی نماند انوری اندر رگوی وصل
وین رنگ هم ز جنسِ رگوی تو می رود

۱/۶۳ **بر سر آمدن**: به سر درآمدن، سقوط کردن.
۳/۶۳ **وَهْم**: نیرویی در ذهن که به عقیدهٔ قدما وظیفهٔ آن «ادراکِ معانیِ جزئیهٔ متعلق به محسوسات» است (تعریفات جرجانی ۲۲۸).
۳/۶۳ **ابتر**: بی دنباله، دُم بریده.
۶/۶۳ **عنایت**: علم الاهی است، به موجودات، «برطبقِ نظام احسن» آنگونه که هر چیز، بهمان گونه که باید باشد، هست. و گاه بمعنیِ سرانجام نیکی است که در علم الاهی برای کسی، فراهم است. حافظ گوید (دیوان ۱۰۸):

زاهد و عجب و نماز و من و مستی و نیاز
تا تو را خود ز میان باکه عنایت باشد

۲/۶۵ **تا تو تویی**: ←۱۲/۵۱.
۴/۶۵ **سوخته**: ←۵/۳۰.
۵/۶۵ **راست که**: همین که، به محض اینکه، درست وقتی که نظیر این عبارت «راست که آن وجوه تمام خرج شد، شیخ فرمود که ستور زین کنید...» (اسرارالتوحید ۱۷۶/۱).
۶/۶۵ **دراندر شکست**: در را شکست.
۶/۶۵ **دم اندر کشیدن**: دم فرو بستن، خاموش شدن.
۷/۶۵ **پرده بردریدن**: رسوا کردن.

۲/۶۶ **هیچ نگشاید، ـ از**: چیزی از چیزی گشودن، کنایه از حاصل آمدن است؛ ولی این تعبیر در زبان فارسی همواره به صورتِ منفی به کار می رود یا به صورتِ استفهامی.

۶/۶۶ **زنّارِ مغان**: زنّار ویژهٔ مسیحیان بوده است، ولی در ادبیاتِ خراباتی و قلندری فارسی تعبیر زنّارِ مغان رواج دارد. ← ۱/۶ و ۶/۱۱ سنائی (دیوان چاپ استاد مدرس رضوی ۳۶) گوید:

اَلا ای پیرِ زرتشتی به من بر بَنْد زُنّاری
که من تسبیح و سجّاده ز دست و دوش بنهادم

۷/۶۶ فَن: حیله و تزویر و گویا شکلی است از کلمهٔ فند که در زبان عوام هنوز باقی است و با کلمهٔ ترفند همریشه است، ظاهراً با فَنّ، در زبان عربی ـ که بمعنیِ شاخه و نوع است ـ هیچ ارتباطی ندارد.

۷/۶۶ **نگونساری**: سرنگونی، معلق گشتن، مرکب از نگون + سار(=سر).

۷/۶۶ **قلندروار**: اگر این غزل از عطار باشد و اگر این بیت الحاقی نباشد، این یکی از مواردِ نادری خواهد بود که عطار قلندر را بمعنی فرد به کار برده (بجای قلندری) و نه بمعنیِ محل زندگی و تجمعِ رندان وقلندریان. تا عصر او هنوز این کلمه بمعنیِ مکان استعمال می شده است، حتی در نسخه‌های کهن گلستان سعدی نیز همه جا، در مورد افراد، قلندری بکار می رود و در موردِ مکان، قلندر (گلستان، چاپ استاد یوسفی ۵۲۹ و بوستان چاپ همو ۳۸۵) نیز مراجعه شود به غزل ۱/۴۳ بهرحال اگر این بیت از عطار باشد، قلندروار را باید بمعنیِ «آنگونه که در محلِ قلندر وجود دارد» گرفت.

۸/۶۶ **بتك**: بشتاب، بسرعت.

۳/۶۷ **بیرونِ او**: بغیرِ او، بجز او.

۷/۶۷ **یك یك ذرّه**: در فارسی معاصر و نیز در تداولِ ادبیات کهن وقتی، «یك یك» را می‌آوریم، در دنبالِ آن جمع بکار می رود. می گوییم: یك یكِ

ذرات، یك یكْ درختان و امثالِ آن امّا در شعر بعضی از قدما، و بویژه عطار، بعد از «یك یك» کلمات مفرد آورده میشود همانندِ یك یك ذره، یك یك گام. و این شیوهٔ استعمال در آثار عطار بقدری شایع است که می توان آن را یکی از عوامل سبكِ شخصی او، در حوزهٔ واژگان و نحو زبان، بحساب آورد. اینك چند شاهد فقط از یك غزل (دیوان ۱۵۷):

چون به یك یك پایه برخواهیم رفت
پایه‌ای زین دوجهان خواهیم کرد
پس به یك یك ذره و یك یك وجود
خویشتن را امتحان خواهیم کرد
سر ز یك یك ذرّه برخواهیم تافت
وز همه عالم کران خواهیم کرد

۷/۶۷ **بازار**: کنایه از جلوه و جمال است.

۱/۶۹ **گر مردِ رهی**: یعنی اگر اهل طریق و سالك راهی. این خطاب را عطار در بسیاری از شعرهای خویش دارد ← رباعیهای شماره ۳۷، ۳۸ و ۴۵.

۱/۶۹ **پردهٔ خون**: گویا علاوه بر معنیِ ظاهری آن، اشارتی دارد به گوشه‌ای در موسیقی قدیم ایران بنام «پردهٔ خون» و با «راه» در مصراع اول نوعی مراعات نظیر دارد. مولانا فرموده است (گزیدهٔ غزلیات شمس ۴۴):

در میان پردهٔ خون عشق را گلزارها
عاشقان را با جمالِ عشقِ بیچونِ کارها

و بعید نیست که پرده‌ای باشد از نوعِ پردهٔ درد که درین غزل عطار (دیوان ۴۸۸) آمده است:

دُرد دِه ای ساقیِ مجلس که ما
پردهٔ درد است که بنواختیم

۵/۶۹ **کوی قلندری**: کوی و محله‌ای که مردمانِ قلندری در آنجایند، یعنی قلندر ← ۱/۴۳.

۵/۶۹ **نام و نشان سیمرغ**: سیمرغ، برطبق افسانه‌ها و اسطوره، نامی دارد و همه جا سخن از او می رود، اما هیچ کس ازو نشانی ندارد و راه یافتنِ به او، امکان‌پذیر نیست بنابراین نامی دارد ونشانی ندارد، یعنی بهره‌ای از وجود دارد ولیکن ظهور یا خودنمایی و یا نشانی ندارد، همان‌گونه که قلندریان و اصحاب ملامت، چنین‌اند از نام (وجود) بهره دارند و از نشان (ظهور و خودنمایی) بی‌بهره‌اند: اَولیائی تَحْتَ قِبابی لایعرِفُهُم غیری (روضة الفریقین/۱۸۸) یعنی: دوستانِ من نهفته در زیر قبه‌های [عزت] من‌اند و هیچ کس جز من ایشان را نشناسد.

۷/۶۹ **در یك قدم [از] جهان**: «از» را ما افزودیم مصحح دیوان کلمهٔ «این» را پیشنهاد کرده‌اند. می توان بدون هیچ افزایشی «قدم جهان» خواند، یعنی در فاصلهٔ یك قدمی جهان باش. ولی اگر «از جهان» بخوانیم می تواند یادآورِ خُطوَتانِ وَقَد وَصَلْت (مرموزات اسدی ۵۴) [دو گام است و رسیدی] یکی از دنیا و یکی از آخرت، باشد. یعنی آن گامی که باید بگذاری و از جهان بگذری، آن گام را بردار و با اینهمه در جهان باش، یعنی به جهان دلبستگی و تعلق نداشته باش.

۸/۶۹ **در میان بودن**: کنایه از آگاهی داشتن است، یعنی در ضمن اینکه گوشه‌نشین شده‌ای، آگاه باش.

۱/۷۰ **در عشقِ تو من توام**: مصراع اولِ این غزل، در یك رباعیِ عرفانی که قبل از عطار سروده شده و در تفسیر کشف الاسرار میبدی (۲/۱۱) تألیف شده در حدود ۵۲۰ آمده است، بدین گونه دیده میشود و تواردی است طبیعی:

در عشقِ تو من توام، تو من باش، ز دل
بستاخی کن چرا نشستی تو خجل

۲/۷۰ : مضمون این بیت، در یکی از شعرهای منسوب به حلاج به این گونه دیده میشود: (ابن خلّکان ۲/۱۴۱):

اَنا مَنْ اَهویٰ وَ مَنْ اَهْویٰ اَنا
نَحْنُ رُوحانِ حَلَلْنا بَدَنا
فَاذا اَبْصَرتَني اَبْصَرتَهُ
وَ اِذا اَبْصَرتَهُ اَبْصَرْتَنا

منم معشوق و آن کِش دوست دارم
بود من، ما دو جان باشیم و یك تن
چو در من بنگری، بیبی همه او
چو در او بنگری، بینی همه من

۶/۷۰ **سوسنِ ده زبان**: در شعر فارسی، همیشه گل سوسن را به گونهٔ کسی دیده‌اند که دارای دَه زبان است و این تشبیه مرتبط است با گلبرگ‌های دراز آن که ده عدد است.

۸/۷۰ و ۹ **کفرِ زلف و ایمانِ روی**: در ابیات ۸ و ۹ عطار به یکی از کهن‌ترین تصاویرِ شعر عرفانی فارسی نظر دارد که همیشه شاعران زلف معشوق را به اعتبارِ سیاهی و ظلمت به کفر تشبیه کرده‌اند و روی را باعتبارِ روشنی به ایمان و اصلِ رابطهٔ ظلمت و کفر و ایمان و روشنی از تعابیر قرآنی است از جمله در آیهٔ ۲۵۷/۲ و از قدیمترین نمونه‌های شعر فارسی عرفانی که در اختیار داریم آثار این اندیشه را می توان دید، مثلاً درین قطعه که ابوسعید ابوالخیر (۳۵۷ - ۴۴۰) آن را می خوانده و احتمالاً از آثار نیمهٔ اول قرن چهارم است (اسرارالتوحید ۲۴۷/۱):

ای روی تو چو روز، دلیلِ مُوحِّدان
وی مویِ تو چنان چه شب ملحدان لحد

۶/۷۱ **سَتَدن**: گرفتن، ستاندن.

۹/۷۱ **سوادِ فقر**: اشاره است به حدیثِ: الفَقْرُ سوادُ الوَجْهِ فی الدارَیْن،

یعنی تهیدستی روسیاهی دو جهان است (اورادالاحباب ۳۸) که البته صوفیه آن را تفسیرهای بسیار کرده‌اند که بهترینِ آنها درین بیت عارف شبستری خلاصه می شود (گلشن راز ۱۷):

سوادُ الوَجْه فی الدارینِ درویش
سوادِ اعظم آمد بی کم و بیش

تعبیرِ «در تافتنِ سیاهی» که بمعنی تابیدن و روشنی بخشیدنِ سیاهی است، تعبیری است نقیضی و پارادوکسی نظیر «نور سیاهِ ابلیس» که در آثار عین‌القضات و دیگر عُرفا دیده میشود (تصوف اسلامی و رابطهٔ انسان و خدا، یادداشتِ مترجم ۱۷۶).

۴/۷۲ **سجّاده بر دوش**: رسم صوفیان و زُهّاد بوده است که سجادهٔ خویش را بر دوش می افکنده‌اند، چنانکه مولانا فرموده است (مثنوی ۱/۴۴۸):

یا بگوید: «صوفی‌یی دیدی تو دوش
در میانِ خواب، سجّاده به دوش؟»

و در اورادالاحباب ۹۸۵ گوید: «و اگر [صوفی] در راه سجّاده، بر کتف اندازد، ادب آن است که بر کتفِ چپ اندازد» سنائی (دیوان ۳۶۰) گوید:

اَلا ای پیر زردشتی به من بربند زنّاری
که من تسبیح و سجّاده ز دست و دوش بنهادم

و در شعر حافظ نیز می خوانیم (دیوان حافظ ۱۴۸):

خود گرفتم کافکنم سجّاده چون سوسن به دوش
همچو گل بر خرقه رنگِ می مسلمانی بود؟

و در تعبیرات بعضی از صوفیه به صورت سجاده در گردن کردن نیز دیده میشود (مقامات ژنده پیل ۱۷۳) و گویا منظور از آن منتهای تواضع و فروتنی و خاکساری بوده است. مراجعه شود به تعلیقات اسرارالتوحید ۲/۴-۵۰۳.

۵/۷۲ کم‌زن: ← ۱۱/۱۷.

۵/۷۲ **قلاشِ قلندر**: قلاش بمعنیِ لاأبالی و بی باك است، نقطهٔ مقابلِ زاهد و قلاشِ قلندر، یعنی قلاشی که جای او در قلندر است ← ۱/۴۳ و ۲/۱۲. در یك رباعی که ابوسعید ابوالخیر (۳۵۷ ـ ۴۴۰) آن را می خوانده و احتمالاً از نیمهٔ اول قرن چهارم است می‌خوانیم (اسرارالتوحید ۱/۳۲۹):

قلّاشی و عاشقی سرمایهٔ ماست
قرّائی و زاهدی جهانی دگر است

۷/۷۲ **صورت تشبیه**: یعنی تصوراتی که از ذات حق در ذهن و ضمیر تست همه را پاك کن که او منزه از صورت است و پنبهٔ پندار که درین بیت آمده گویا ناظر است به این سخن بسیار معروف که صوفیه آن را بنام شبلی نقل کرده‌اند: «کُلّما مَیَّزتُمُوهُ بِاَوْهامِکُم و اَدْرَکْتُمُوهُ بِعُقُولِکُم فی اَتَمِّ مَعانیکُم فَهُوَ مَصْرُوفٌ مَرْدُودٌ اِلیکُم مُحْدَثٌ مَصْنُوعٌ مِثْلُکُمْ» (اللُّمع سرّاج، چاپ نیکلسون ۳۰) یعنی هر آنچه شما به اوهامِ خویش شناخته‌اید و به‌تمامتر معنایی با خردِ خویش ادراك کرده‌اید، مردودِ به شماست و مانندِ شمایان مصنوع است.

۲/۷۳ **عاشق را نه کفر است و نه ایمان**: ← ۸/۱۳ و نیز ۲/۵۵

۳/۷۳ **مقامرخانه**: قمارخانه، محل قماربازها.

۵/۷۳ **آذر و آزر**: اشاره است به داستان ابراهیم پیامبر که برطبق داستانها پدرش یا عمویش آزر بُت‌تراش بود و ابراهیم، در یکی از اعیادِ قوم، که همه از معبد خارج شده بودند به درون بُت‌کده رفت و همهٔ بت‌ها را شکست و بزرگترین آنها را باقی گذاشت و چون قوم بازگشتند و ازو پرس و جو کردند گفت: این کارِ من نیست، کارِ آن بُتِ بزرگ است و بدین‌گونه ناتوانیِ بُت‌ها را بدیشان ثابت کرد، پس او را در آذر (آتش) افکندند و بفرمان خدای آتش بر او گلستان شد، درین بیت عطار به آزر

(پدر یا عمویش) و آذر (آتش) هر دو نظر دارد.

۶/۷۳ **حلّاج و پنبه**: پنبه از گوش برکشیدن بمعنی از غفلت بدر آمدن است یعنی همانگونه که حلّاج از غفلت بدر آمد و بمعرفت دست یافت تو نیز جویای معرفت شو و از دار (که پایانِ کارِ حلاج بود) و از منبر (که محلِّ وعظ و فریادِ اهل ظاهر است) بیم مدار. رابطهٔ صوریِ کلمهٔ حلّاج (پنبه‌زن) و پنبه از گوش برآوردن آشکار است.

۶/۷۳ **دار و منبر**: از قدیم در ادبیات فارسی، تقابلی ایجاد شده است میان دار و منبر و علّتِ آن روشن است زیرا این دو چیز، به اعتباری دارای وحدت اند (چون هر دو سبب بالا رفتن و برشدن اند) و باعتباری دارای تضاد، چون آنکه بر دار می رود نابود می شود و آنکه بر منبرِ بالا می رود حرمت می بیند و امر و نهی می کند در ویس و رامین (بنقل لغت‌نامه دهخدا) گوید:

کرا خرما نسازد خار سازد
کرا منبر نسازد دار سازد

۷/۷۳ **دهد بر باد خاکستر**: اشاره است به داستان منصور حلاج که او را بر دار کردند و آتش زدند و خاکسترش را به دجله ریختند «پس اعضای او بسوختند از خاکستر آوازِ اناالحق می آمد، چنانك در وقتِ کشتن هر قطرهٔ خون که می چکید «الله» پدید می آمد. درماندند. به دجله انداختند. بر سرِ آب همان انا الحق می‌گفت...» (تذکرة الاولیاء، چاپ نیکلسون ۱۴۴/۲).

۸/۷۳ **می و ساغر**: یعنی به دیدهٔ توحید بنگر و می و ساغر را دو چیز مبین، این مضمون در شعر فارسی و عربیِ قبل از عطار نمونه‌ها و شواهد بسیار دارد، اما شاعران قبل از او، همه، با دیدی حسی و صرفاً تصویری به آن نگاه کرده‌اند و عطار آن اندیشه را در خدمت مقصود خویش که بیان وحدت است درآورده است. گویا قدیمترین جایی که این تصویر در شعر عربی آمده است این ابیات باشد از صاحب بن عبّاد (ابن خلّکان ۱/۲۰۳):

رَقَّ الزجاجُ و رَقَّتِ الخمر
وَ تَشابَها فَتَشا کَلَ الامرُ

فکأنه خمرٌ و لا قدحٌ
و کأنه قدح ولا خمر
و ترجمهٔ آن از فخرالدین عراقی (دیوان ۲۲۴):
از صفای می و لطافت جام
در هم آمیخت رنگ جام و مدام
همه جام است و نیست گویی می
یا مدام است و نیست گویی جام
۹/۷۳ **صرّاف**: زرگر و طلافروش. یعنی کسی که با زر و سیم سر و کار دارد و با گداختن و ترکیبِ آنها، صورتهای مختلف از آنها بوجود می آورد. مولانا فرموده است (گزیدهٔ غزلیات شمس ۲):
گیرم که خارم خارِ بد، خار از پیِ گُل می زَهَد
صرّافِ زَر، هم می نهد جو بر سرِ مثقال ها
۱۰/۷۳ **حُلُولی**: کسی که قائل است به حُلول و حلول بمعنی این اعتقاد است که ذاتِ حق تعالی، حالّ در اشیاء و یا حالّ در بعضی افراد است. در کتبِ ملل و نحل که مسلمانان نوشته اند فرقه های بسیاری را بنام حلولیه نام برده اند از جمله: سبائیه (یا سَبَئیّه)، بیانیه، حلاّجیه و غیره. برای تفصیل مراجعه شود به الفرق بین الفرق، عبدالقاهر بغدادی اسفراینی، فصل دهم ۲۵۴ به بعد.
۱۰/۷۳ **استغراق**: حالتی است که سالك چنان در مذکور غرق است که از ذکر بی خبر است (کشاف اصطلاحات الفنون ۱۰۹۷) تمام تمثیل های می و جام و زر و مس، برای بیان این نکته است که این نوع جهان بینی، توحیدی است و از مقولهٔ اعتقاد به حلول نیست.
۱۲/۷۳ **کشتی بر خشك راندن**: کنایه از امر محال است و این تعبیر هم در فارسی رواج داشته است، چنانکه در جای دیگر گوید (دیوان ۱۴۰):
هر آن کشتی که من بر خشك راندم
کنون چشمم به دریایی درآرد
و هم در عربی مثل بوده است که اِنّ السفینة لا تجری عَلیَ الیَبْسِ (التمثیل

والمحاضره، ثعالبی ۲۶۱).

۱۳/۷۳ **حیرت**: یکی از وادیهای سلوك که عطار خصوصیات آن را درین ابیات (منطق الطیر ۲۱۲) بیان داشته است:

مردِ حیران چون رسد این جایگاه
در تحیّر مانده و گُم کرده راه
هرچ زد توحید بر جانش رقم
جمله گردد گم ازو، گم نیز هم
گر بدو گویند: مستی یا نه‌ای؟
نیستی گویی که هستی یا نه‌ای؟
گوید اصلا می ندانم چیز من
وآن «ندانم» هم ندانم نیز من

۲/۷۵ **سَرْ غوغا**: سرکردهٔ جماعت غوغائی ← سَرِ غوغا ۵/۴۷ .

۴/۷۵ **والِه**: بر وزنِ کلمهٔ شاهِد و عابِد بخوانید، هاء آخر آن تلفظ می شود. اینکه بعضی آن را بر وزن لاله و ژاله و به هاء غیر ملفوظ می خوانند غلط است. این کلمه اسم فاعل است از مادهٔ وَلَهَ (بمعنی سرگشتگی و حیرت).

۷/۷۵ **سَرْ بالا**: سربالایی، قس سرْ غوغا ۲/۷۵.

۱/۷۶ **همتنگ**: مُعادل، هم‌وزن، برابر. تنگ عبارت است از یك لنگهٔ بار که آن را در یك طرفِ ستور می بسته‌اند و در طرفِ مقابل لنگهٔ دیگری هم‌وزنِ آن تا تعادل برقرار شود. دو چیزِ هم تنگ، طبعاً با یکدیگر باید هم وزن باشند وگرنه بار از ستور ساقط می شود.

۵/۷۶ **دو کَون**: دو جهان، دنیا و آخرت.

۵/۷۶ **نَسَخْت**: از مصدرِ سختن، صورتی دیگر از سنجیدن. یعنی

نسنجید، بحساب نیاورد.

۵/۷۶ **جوسنگ**: هم وزنِ یك جو، به وزنِ یك جَو، و جَو واحِدِ سنجیدن اشیاء گرانبها از قبیل طلا و احجارِ کریمه بوده است. هر صد و هشت (۱۰۸) جَو برابر بوده است با یك مثقال. (مقدمة‌الادب زمخشری ۱/۳۸۰).

۶/۷۶ **قرّابه**: شیشهٔ بسیار بزرگِ شراب، این کلمه در ادبیات فارسی و از جمله در شعر عطار، هم به تخفیف و هم به تشدید، استعمال شده است. شاهد برای موردِ تخفیف از شعر عطار (دیوان ۵۸۹):

بگذر تو ز خویش و از قرابات

پیش آر قرابهٔ مُغانی

۸/۷۶ **بوی و رنگ**: کنایه از ظاهر خوب است.

۳/۷۷ **هِنْدوَك**: غلامك، غلام کوچك. جای دیگر (دیوان ۵۸۹) گوید:

تُركِ رُخَت که هِندُوَكِ اوست آفتاب

آورده خط به خونِ من و در عمل شده

۴/۷۷ **چون نگار**: زیبا، به همین صورتِ «چون نگار» تعبیری است کلیشه شده از قدیمترین ادوار ادبیات فارسی: «ابراهیم را دید بر تختِ آراسته نشسته... و شخصی چون صد هزار نگار، در پیش وی بنشسته...» (قصص سورآبادی ۱۹۰) اصل کلمهٔ نگار، بمعنی نقش است، یعنی آنقدر زیبا که گویی نقاشی کشیده‌اند، یعنی که در عالم واقع چنان چیزی ممکن نیست؛ فقط با تخیّل و در تصویر، قابل تصور است.

۴/۷۷ **خانه‌فروش** ← ۱/۵۶.

۶/۷۷ **خط کشیدن بر**: ۱/۳۲ و ۶/۹۹.

۸/۷۷ **یك شکر**: یك بوسه. به اعتبارِ شیرینیِ بوسه، نخست آن را به شکر تشبیه کرده‌اند و اندك اندك، شکر را جانشین بوسه قرار داده‌اند و گفته‌اند: یك شکر. برای تفصیل در باب این نکتهٔ بلاغی، مراجعه شود

۳۱۶ زبور پارسی

به شاعر آینه‌ها، فصل وابسته‌های عددی ۴۵ به بعد.

۲/۷۸ **پیدا نمود**: آشکار شد، ظاهر شد.
۶/۷۸ **جوهرِ آینه**: منظور صفا و جلای آینه است.
۷/۷۸ **به میان با ــ**: همراه با ــ، حاضر با ــ.

۱/۷۹ **عظیم**: قید کثرت است، بمعنی بسیار «من، عظیم شاد شدم و پیشِ شیخ آمدم.» (حالات و سخنان ابوسعید ۶۶) «و من عظیم مانده گشته بودم و خواب بر من غلبه کرده بود.» (اسرارالتوحید ۱/۶۴).
۳/۷۹ **پیوستم**: پیوست + م، پیوسته مرا.
۵/۷۹ **غیرت**: عدمِ تحمّلِ غیر، احساسی که درنتیجهٔ آن شخص نمی‌خواهد دیگران با او در امری (ازدیدار یا محبت یا... نسبت به‌کسی) شرکت داشته باشند. ← ۹/۱۶.
۱۰/۷۹ **از بلندی که**: از فرطِ بلندی، این بافتِ خاص یعنی: از + صفت + ی + که ویژهٔ بیان کثرت و شدت بوده است: «و قاضی صاعد را از نیکورویی که بود، ماه نیشابور گفتندی.» (اسرار التوحید ۱/۷۳).
۱۰/۷۹ **عرش**: این کلمه در قرآن آمده ودر باب مفهوم آن مسلمانان بیشترین اختلافات را دارند بعضی آن را سریری دانسته‌اند و بعضی آن را بمعنی پادشاهی و یا علم الاهی دانسته‌اند (البدء والتاریخ ۱/۱۶۷).
۱۰/۷۹ **کرسی**: بعضی کُرسی را مخلوقی همانند عرش دانسته‌اند و بعضی گفته‌اند همان عرش است و در قصّه‌ها گفته‌اند: کرسی در برابر عرش مانندِ مرواریدی است بر دشتی هموار و آسمان‌ها و زمین و آنچه در آنهاست در برابر کرسی مانند حلقه‌ای از یك زره‌اند که بر دشتی پهناور افتاده باشد (البدء والتاریخ ۱/۱۶۷).
۱۱/۷۹ **ماه و ماهی**: منظور از ماهی آن ماهی‌یی است که زمین بر روی

اوست.

۷/۸۰ **لاکَون**: نیستی، آنجا که «کَون» مفهومی ندارد. نظیر عدم.

۴/۸۱ **رخت بر در نهادن**: کنایه از رها کردن است، یعنی بار و بُنهٔ «جانِ» خود را در بیرون رها کردم و خود به اندرون آمدم.

۵/۸۱ **در کشیدن**: نوشیدن.

۵/۸۱ **برسر کشیدن**: بمعنیِ با سر کشاله کردن و به خواری و خفّت برخاك کشاندن نظیرِ «روکشان» در این عنوانِ مثنوی ۲/۲۱۰ : «از بخارا گریخت از بیم جان، باز عشقش کشید روکشان که کارِ جان سهل باشد عاشقان را» این هردو تعبیر از فرهنگ‌ها فوت شده است.

۵/۸۲ **بی‌سر و سروری**: به یای مصدری خوانده شود، بمعنی بی‌سر و بی‌سرور بودن.

۵/۸۲ **رند قلندری**: رندِ منسوب به قلندر ← قلندر ۱/۴۳.

۷/۸۲ **خیال آب و گل**: این مصراع را حافظ از عطار گرفته است، برای تفصیل ← غزل ۹/۲۱.

۵/۸۳ **جان و جهان**: به همین صورت معطوف، کنایه از معشوق است چنانکه درین بیت حافظ (دیوان چاپ استاد خانلری ۸۴۴) می خوانیم:

گفتم ای جان و جهان دفترِ گل عیبی نیست
که شود فصل بهار از مَیِ ناب آلوده

برای شواهد و بعضی ملاحظات دیگر در باب این تعبیر رجوع شود به

تحقیقِ استاد محمد امین ریاحی در کتاب گلگشت،صفحات ۱۶۷ به بعد.

۶/۸۳ **مقیم**: پیوسته.

۶/۸۳ **جان بر میان کمر کردن**: کمر در فارسیِ معاصر بمعنیِ قسمت میانین بدن آدمی است که بدان خم و راست شود، در صورتی که در قدیم از آغاز تا عصر عطار وقرنها بعد ازو، برای این قسمتِ از بدنِ آدمی «میان» را بکار می‌برده‌اند و کمر چیزی بوده است که بر میان می‌بسته‌اند، آنچه امروز ما «کمربند» می‌خوانیم. کمر بستن کنایه از آمادگی به خدمت بوده است و غلام کمر بسته، به کسی می‌گفته‌اند که همیشه آمادهٔ اجرای اوامر خواجهٔ خویش است و برای کاری کمر بستن بمعنی آماده شدن برای آن کار بوده است، شاعر می‌گوید من چنان آمادهٔ خدمت تو هستم که بجای کمر (یا در فارسی معاصر: کمربند) جانِ خویش را برمیان بربسته دارم.

۲/۸۴ **راست که**: ← ۵/۶۵.

۳/۸۴ **می مپرس**: نَهْیِ استمراری است از پرسیدن.

۳/۸۴ **ناپروا**: ← ۳/۴۷.

۴/۸۴ **دانش باید وبی‌دانشی**: بسیاری از صوفیه، پس از کسب دانشها و علوم زمانه، کتابهای خویش را می‌شسته‌اند و علومِ رسمی را رها می‌کرده‌اند مانندِ احمدبن ابی‌الحواری و محمدبن علی حکیم ترمذی که کتابهای خویش را به آب شسته‌اند یا ابوسعید ابوالخیر که کتابهای خویش را در زیر خاك دفن کرد و بر روی آنهــا درختی کاشت. این حرکت بمعنیِ انصراف از علوم رسمی و آموخته‌های مدرسه بوده است. وقتی معرفتِ شهـودی یا اشراقی بدیشان دست می‌داده است،خود را از علومِ ظاهر بی‌نیاز می‌دیده‌اند. بنابر گفتهٔ حافظ ابونعیم اصفهانی، وقتی احمدبنِ ابی‌الحواری کتابهای خویش را به دریا افکند،این سخن را گفت: «نِعم الـدلیل انت والاشتغـال بالـدلیل بعـد الوصول محال.» یعنی: «نیکو

راهنمایی بودی تو، اما سرگرم شدن به راهنما، بعد از رسیدن، کاری است محال!» همین‌گونه تعالیم سبب شده است که درونمایهٔ بسیار وسیعی در ادبیات عرفانی فارسی بوجود آید که هدفِ آن، نکوهش علوم رسمی و آموزشهای مدرسه است. چنانکه درین بیت حافظ می‌خوانیم (دیوان حافظ ۱۱۰):

بشوی اوراق، اگر همدرسِ مایی
که علمِ عشق در دفتر نباشد

از سوی دیگر، مشایخ صوفیه، سلوك بدون علوم رسمی را نیز نمی‌پذیرفته‌اند. هنگامی که ابوسعید ابوالخیر در جوانی با پیر ابوالفضل حسن سرخسی در خانقاه سرخس نشسته بود و ناگاه لقمان سرخسی (یکی از مجانینِ عقلای تاریخ تصوف ایران) از در در آمد و کرامتی ازو ظاهر شد که مایهٔ شگفتی ابوسعید و مرشدش ابوالفضل حسن شد، ابوالفضل روی به بوسعید کرد و گفت: «یا باسعید! منزلتِ این مرد می بینی برین درگاه؟» ابوسعید پاسخ داد: «آری» ابوالفضل بدو گفت: «اُقتدا را نشاید... از آنك علم نداند.» یعنی با همه مقام والایی که در سلوك دارد، بدو اقتدا نمی توان کرد، چون از علوم [ظاهر] بی بهره است. عطار درین بیت به هر دو سوی نظر داشته و می گوید: درین راه، هم دانش بکار است و هم بی دانشی. برای اطلاعِ بیشتر در باب رفتار صوفیه با علم و کتاب مراجعه کنید به تعلیقات اسرارالتوحید ۲/ ۲۴-۸۲۱.

۱/۸۶ : شاید حافظ در غزل ذیل به این غزل عطار نظر داشته است (دیوان ۲۲۳):

مرا عهدی است با جانان که تا جان در بدن دارم
هواداران کویش را چو جانِ خویشتن دارم

۵/۸۶ یك یك گام: ← ۷/۶۷

۳/۸۷ با راهم آور: به راه آور مرا.

۲/۸۸ اینْت: کلمه‌ای است برای بیان تعجّب هم به سکون نون استعمال دارد و هم به فتح نون.

۲/۸۸ رستخیز برآوردن: قیامت به پا کردن، آشوب برانگیختن.

۶/۸۸ کمالِ اختیار: در کمالِ برگزیدگی، اختیار در اینجا بمعنی برگزیدن است.

۲/۹۰ روان: بشتاب، سریع، چنانکه درین بیت حافظ می‌خوانیم (دیوان ۲۳۰):

در خراباتِ مُغان گر گذر افتد بازم
حاصل خرقه و سجّاده روان در بازم

۲/۹۰ کشتی برخشك راندن: کنایه از عملی است عبث و بیهوده. ← ۱۲/۷۳.

۷/۹۰ اسبِ سه صفتْ زمان: ناظر است به گذشته و اکنون و آینده.

۷/۹۰ شش جهتِ مکان: پس و پیش و چپ و راست و بالا و پایین کنایه از تمام وجود و تمام ابعادِ وجودیِ یك چیز.

۹/۹۰ مُلك راندن: پادشاهی کردن، سلطنت راندن.

۱/۹۱ شکرانه: آنچه بعنوان شکرگزاری، به درویشان دهند یا هر عملی که آن عمل نشانهٔ شکرگزاری باشد.

۳/۹۱ رسیدگان: واصِلان به حق، آنان که در سلوك به جایی رسیده‌اند.

۴/۹۲ **خاك شدم**: اشارتی دارد به رسمی بسیار کهن که چون شراب می‌خورده‌اند، جرعه‌ای از آن بر خاك می‌افشانده‌اند و این رسم در ادبیات فارسی و عربی انعکاسی وسیع دارد.مراجعه شود به مجلهٔ یادگار، سال اول، شماره‌های ششم و هشتم مقالات استادان محمد قزوینی و دکترمعین و دکترغلامحسین صدیقی. از بعضی اشارات سوزنی سمرقندی شاعر قرن ششم می‌توان دریافت که جرعه بر خاك ریختن رسمِ مغان بوده است و آنها هنگامی که سرِ خم را می‌گشوده‌اند «از می خاك را نصیب می‌داده‌اند» به این دلیل که آنچه را خاك به ما داده است دوباره به خاك دهیم، در هجو یکی از مغ تباران عصر خویش گوید (دیوان ۷):

به حرمتِ می چونان که موبدش فرمود
دهانِ بسته گشاید سرِ خمِ صهبا
چو خُم گشاد ز می خاك را نصیب دهد
که: ما به خاك دهیم آنچه خاك داد به ما

و از این شعر او بسیاری نکات از زندگی مغان را می‌توان بازشناخت از جمله نوع کلاهِ مغان و نیز اینکه به احترام شراب، با پنام (دَهَن‌بند) سَرِ خم را می‌گشوده‌اند.

۵/۹۲ **زخم حُسام**: ضربتِ شمشیر.

۸/۹۲ **خُطبه و سکه**: نشانهٔ تسلط و فرمانروایی یك پادشاه یا خلیفه آن بود که در نمازهای جمعه و اعیاد خطبه را بنام او می‌خواندند و سکه‌ها را بنام او می‌زدند. در اینجا کنایه‌ای است از کمالِ سیطره و فرمانروایی.

۹/۹۲ **غالیه‌فام**: برنگ غالیه و غالیه نوعی از مادهٔ معطّرِ سیاه رنگ است ترکیب شده از مشك و عنبر و غیره. در اصلِ لغت بمعنيِ گران است مؤنث غالی (گران) در علّت این نامگذاری زمخشری (ربیع الابرار ۲۶۸/۲) حکایتی بدینگونه نقل کرده است که: اَهدیٰ عبدالله بن جعفر لمعاویةَ قارورةً مِنَ الغالیةِ. فسأله: «کَمْ اُنفِقَ عَلَیها؟» فَذَکَرَ مالاً. فقالَ:

۳۲۲ زبور پارسی

«هذه غاليَةٌ.» فَسُمِّيَت بذلك. یعنی عبدالله بن جعفر شیشه‌ای غالیه به معاویه هدیه کرد. معاویه پرسید: «چه مقدار خرج آن شده است؟» او مبلغی را ذکر کرد. معاویه گفت: «غالیه (=گران) است» پس بدین نام خوانده شد.

۲/۹۳ **از سر گرفتنِ ایمان**: تجدید ایمان.

۴/۹۳ **طیلسان**: پرده‌مانندی بوده است که آن را رویِ سر و شانه‌ها می‌افکنده‌اند و بیشتر لباس علمای دین و اهل زهد بوده است و نوعی خاص از آن را (گویا برنگ سبز) بنام طاق می‌خوانده‌اند و طاق و طیلسان، نشان ویژهٔ علمای دین و زاهدان بوده است. ناصرخسرو (دیوان چاپ دانشگاه تهران ۳۴۴) گوید:

نی نی، تو نه‌ای به علم مشغول
مشغول به طاق و طیلسانی

۴/۹۳ **قلم برگرفتن از**: سلبِ اعتبار از چیزی کردن و یا چیزی را از دایرهٔ کاری بیرون نهادن. در عربی نیز تعبیر «رفعِ قلم» بمعنایی نزدیك بدین به کار می‌رود. مثلاً می‌گویند: اطفال و مجانین مرفوع القلم‌اند یعنی از دایرهٔ مسئولیت و تکلیف بیرون‌اند یا رفع القلم... عن الصبّی (روضة الفریقین ۱۲۳).

۳/۹۴ **کم ـ گرفتن**: چیزی را نادیده انگاشتن و از آن صرف‌نظر کردن.

۳/۹۴ **سالوس**: ریا و فریب.

۳/۹۴ **مراعات**: مهربانی و دل به دست آوردن، بیشتر به زبان.

۱/۹۶ **بر صحرا نهادن**: آشکار کردن، ظاهر کردن ← بیت سوم.

۳/۹۶ **چو آدم را فرستادیم**: این غزل، در حقیقت از زبان انسان کامل، سروده شده است که گفتار او، گفتارِ حق است. یعنی ما (= حق) انسان را مَظهرِ خویش قرار دادیم که خَلَقَ اللهُ آدَمَ علی صورته [= خدا، انسان را بر صورت خویش آفرید] که هم در تورات (سفر پیدایش، باب نهم آیهٔ ۷) آمده است و هم به صورت حدیث آن را نقل کرده‌اند (شرح شطحیات روزبهان ۶۲).

۶/۹۶ **اَحْوَل**: دوبین، آنکه بعلتِ نقص در ساختمان چشم یك چیز را دو می بیند.

۶/۹۶ **اسماء و مُسمیٰ**: مُسمیٰ حق است و اسماء جهان. یك مسما بیشتر وجود ندارد ولی اسماء متعدد است و متنوع. ذاتِ حق یکی است و تجلیات و ظهورات او (= اسماء) بسیار است و بی نهایت. دیدن حق به گونهٔ مسمیٰ و جهان به صورتِ اسماء بیشتر از درون منظومهٔ تفکر عرفانی ابن عربی ظهور کرده است و احتمال آن می رود که این غزل نیز از شاعر دیگری جز عطار باشد که متأثر از عرفان ابن‌عربی است.

۱/۹۷ چهار بیت از این غزل را سدیدالدین محمد عوفی مؤلف کتاب لباب‌الالباب (چاپ سعید نفیسی ۲۳۲) بنام شمس‌الدین محمدبن طغان کرمانی، مقیم هرات، نقل کرده است و باحتمال قوی سرودهٔ اوست. چنانکه در مقدمه یادآور شدیم در این گزیده ما قصدِ تهیهٔ متنِ انتقادی از غزلیات نداشته‌ایم؛ بنابراین در صحتِ انتساب این غزل نیز مانند بسیاری غزلهای دیگر، جای بحث است، بویژه که هیچ کدام از ویژگیهای سبكِ شخصی عطار در آن دیده نمی شود.

۱/۹۷ **الست و بلی**: ← ۸/۵۶.

۲/۹۷ **پیش ز ما**: قبل از ما.

۳/۹۷ **جُرعه به خاك ریختن**: ← ۴/۹۲.

۴/۹۷ **وسقاهم**: اشاره است به آیهٔ «وَسَقاهُم رَبُّهم شراباً طهوراً ۲۱/۷۶) و

نوشانید بدیشان پروردگارشان شرابی پاك.

۵/۹۷ چهلِ بامداد: اشاره است به حدیثِ: خَمَّرْتُ طِینَةَ آدَمَ بیدی اَربَعینَ صباحاً چهل بامداد گِلِ آدمی را بدست خویش بسرشتم (حالات و سخنان ابوسعید ۳۲، و تعلیقات آن کتاب ۱۲۷).

۵/۹۷ دست بدست آمدن: دست بدست گشتن.

۶/۹۷: شست: دام، وسیلهٔ صید ماهی.

۶/۹۷: چل صباح، ← ۵/۹۷.

۲/۹۸ شش پنج زن: کسی که در بازی نرد، نقش‌های برتر بیاورد و دست بالا را بگیرد و نقشِ شش و پنج داشته باشد، قمارباز قهّار و چیره‌دست، شاید در اصل نقطهٔ مقابل «کمزن» بوده باشد از توجه به این بیت خاقانی (دیوان ۳۲) می‌توان چنین استنباط کرد:

شش پنج زنند برتران نقش
یك نقش رسد فروتران را

و شاید با ششدر و در ششدر انداختن هم بی‌ارتباط نباشد. مولانا در داستان مکرِ زنِ جوحی و قاضی می‌گوید (مثنوی ۵۳۷/۳):

زین سخن قاضی مگر بشناختش
یاد آورد آن دغل و آن باختش
گفت: آن شش پنج با من باختی
پار، اندر ششدرم انداختی
نوبتِ من رفت امسال آن قمار
با دگر کس باز دست از من بدار
از شش و از پنج عارف گشت فرد
محترز گشته‌ست زین شش پنجِ نرد

۱/۹۹ **رخت به ــ کشیدن**: به جایی رفتن، بار و بنهٔ خویش را بجایی انتقال دادن.

۱/۹۹ **در کار کشیدن**: وارد عمل کردن.

۵/۹۹ **«اَنا» گوی**: آنکه «اَنا» (=من) می گوید، دم از «من» می زند.

۶/۹۹ **مُرَقَّع**: خرقه، جامهٔ صوفیان که از پاره‌های گوناگون بر یکدیگر دوزند لباس اهلِ زهد و تصوف. مرقع در آغاز از سَرِ نیازمندی و فقر بوجود آمد. مجموعه‌ای از پاره‌های جامه‌های کهنه و ژنده بود که برهم می دوختند. ولی بعدها مفهومِ اصلی خود را از دست داد و میدانی شد برای خودنمایی و تنوع جویی صوفیان و بهمین مناسبت آن را از پارچه‌های رنگین و غالباً گرانبها می دوختند.

۶/۹۹ **خط اندر خط ــ کشیدن**: باطل کردن و از میان برداشتن.

۷/۹۹ **ندهد دست بهم**: باهم حاصل نمی شود، جمع میان دنیا و دین داری ممکن نیست.

۷/۹۹ **دنیی و دین**: دنیا و دین، دنیا و آخرت. دُنیی صورتِ مُمالِ دنیاست و گاه در مواردی بمعنیِ منسوب به دنیا، امور دنیوی، نیز به کار می رود.

۴/۱۰۰ **طاماتیان**: اهل طامات ← ۷/۴.

۵/۱۰۰ **مقام و مقامات**: مقام را در معنیِ مطلق مرتبه و درجه به کار برده و مقامات را در معنیِ طیِّ مدارجِ سلوك.

۷/۱۰۰ **داوری**: جنگ و ستیزه.

۱/۱۰۱ **بترك ــ گفتن**: صورتی کهنه‌تر از «تركِ ــ گفتن» است و این دو نوع استعمال تا عصر حافظ، در کنار هم، در ادبیات فارسی دارای شواهد است.

۲/۱۰۱ **عشق پی بُردن**: ظاهراً بمعنی پی بردن به عشق است و حذفِ حرفِ اضافهٔ «به» در چنین مواردی در عصر عطار شیوع دارد، از جمله در مثنوی و دیوان شمس به کرّات دیده میشود ولی درآثار عطار، درین لحظه، به یاد ندارم، اینك شاهد از مثنوی (۵۲۶/۳):

خانه آمد گنج را او باز یافت
کارش از لطفِ خدایی ساز یافت

یعنی به خانه آمد. البته می‌توان کلمهٔ عشق را به صورت مُضاف خواند بمعنیِ عشق طلب و شوق یادگیری. ولی این کار خلافِ سیاق عبارت بیت است، با توجه به مصرع دوم.

۲/۱۰۱ **علم پی‌کردن**: پی‌کردن بمعنی از کار انداختن است و در اصل بمعنی بریدن قسمتی از پای اسب تا نتواند حرکت کند و در جنگ‌ها این کار شایع بوده است.

۲/۱۰۱ **عیان**: در مقابل خبر، آنچه از طریق حس و تجربه به دست می‌آوریم نه از راهِ شنیدن.

۳/۱۰۲ **دلق**: جامهٔ پشمین و کهنهٔ صوفیان ← خرقه و مرقع. ۱/۶ و ۶/۹۹.

۳/۱۰۳ **نمی‌خفتد**: نمی‌خسبد، به خواب نمی‌رود.

۳/۱۰۳ **خرقه بر ـ افکندن**: رسم صوفیان بوده است که در حالتِ سماع، درنتیجهٔ وجدی که از آوازِ قوال، بدیشان دست می‌داده است، خرقهٔ خویش را از سر بدر می‌آورده و به سوی قوّال می‌افکنده‌اند. عطار در اینجا می‌گوید درنتیجهٔ وجدی که از آواز بلبل به تو دست می‌دهد، خرقهٔ خویش را به سوی بلبل بیفکن ← خرقه ۱/۶.

۱/۱۰۴ : این غزل عطار را مولانا و حافظ و بسیاری از شعرا استقبال کرده‌اند. مولانا فرموده است (گزیدهٔ غزلیات شمس ۴۳۸):

سنگ شکاف می کند در هوسِ لقای تو
جان پر و بال می‌زند در طربِ هوای تو

و حافظ فرموده است (دیوان ۲۸۴):

تابِ بنفشه می دهد طُرّهٔ مشکسای تو
پردهٔ غنچه می درد خندهٔ دلگشای تو

۱/۱۰۵ : عطار، این غزل را، باستقبال دو غزل از غزلهای حکیم سنائی غزنوی سروده است:

ای گشته ز خوبی و صفای تو
آیینهٔ رویِ ما قفای تو (دیوان سنائی ۵۷۰)

و نیز:

ای کعبهٔ من دَرِ سرای تو
جان و تن و دل مرا برای تو (همانجا ۱۰۰۲)

۶/۱۰۵ ناسزا: آنچه لایق کسی نباشد، در اینجا بمعنی دشنام نیست.

۱/۱۰۶ مُرَقَّع‌پوش: صوفی ← مرقع ۶/۹۹.

۴/۱۰۶ مُنادِی کردن: در شهر آواز دادن و خبری را اعلام کردن «و بر مناره‌های شهر مُنادی می کردند که قاضیِ سیفی به فلان موضع مجلس خواهد گفت» (اسرارالتوحید ۱/۱۷۳).

۸/۱۰۶ حجابِ خویشتن: ← ۷/۷.

۸/۱۰۶ تجرید: مجرد بودن، وارستگی، رهائی از تعلّقاتِ مادّی.

۸/۱۰۶ **حجاب خود:** ← ۷/۷.

۱/۱۰۷ **مَیِ خام:** در مقابلِ شراب پخته.
۲/۱۰۷ **راست کردن:** آماده کردن، فراهم ساختن.
۲/۱۰۷ **صُراحی:** ظرفِ شراب، از صُراح (بمعنیِ شرابِ خالص) + ی نسبت. معمولاً ساختمان آن دارای گردنی بلند و تنگ است.
۳/۱۰۷ **اندر شکستن:** گریختن، هنوز به صورت برشکستن (وَر شکستن) بمعنی گریختن و فرار کردن در کدکن استعمال دارد. البته می توان بمعنی شکستن و فرو ریختن در اینجا گرفت، ولی معنیِ اول مناسب‌تر است.
۴/۱۰۷ **ریختن:** می تواند بمعنی فرو ریختن باشد و می تواند بمعنیِ پوسیدن و فرسودگی باشد که در شکل ریختن (= ریزیدن) در آثار عطار شواهد بسیار دارد ← رباعیِ ۴/۹۱ و عین‌القضات همدانی (نامه‌ها ۳۸/۲) می گوید: «آدمی قالب است و بپوسد و بریزد».
۴/۱۰۷ **بار:** شاخ درخت (برهان قاطع).
۷/۱۰۷ **سودا پختن:** خیال کاری را داشتن، هوسِ کاری داشتن.
۷/۱۰۷ **شراب خام:** ← می خام ۱/۱۰۸.

۲/۱۰۸ **حجاب خود:** ۷/۷.
۲/۱۰۸ **بار دادن:** اجازهٔ ورود دادن.
۳/۱۰۸ **اقرار دادن:** اقرار کردن، در قدیم کلمهٔ «اقرار» با مصدر «دادن» و «آوردن» بیشتر استعمال می شده است.
۴/۱۰۸ **آرزوهای تو بُت‌های تواند:** هواهای نَفْسِ تو، بمنزلهٔ شیاطین و بُت‌های تواند. در کلماتِ صوفیه نظیر این معنی را بسیار می توان دید: طاغوت کل احد نفسه (طاغوت هرکسی نفس اوست. اسرارالتوحید ۲۸۳/۱ و تعلیقات آن کتاب ۸۱۱/۲) و در همانجا از امام علی بن

ابیطالب(ع) نقل شده است: شیطان کل انسان نفسه (شرح نهج البلاغهٔ ابن ابی الحدید ۲۹۲/۲۰).

۴/۱۰۸ **بر دیوار دِه**: بزن بر دیوار و بشکن. دِه، فعل امر است از دهیدن یا دادن. بر دیوار زدن که عیناً در عربی نیز به کار می رود: اضربه علی الجدار بمعنیِ ترك چیزی گفتن و آن را رها کردن است.بقایایِ استعمال دِه بمعنی بزن در یك ضرب المثل خراسانی هنوز باقی است: احمدك کاری نداشت، سنگی ورداشت دِه وِر خیاش (بر بیضه‌هایش).

۶/۱۰۸ **بادهٔ ابرار**: شرابِ پاکان ناظر است به آیهٔ فسقاهم ربهم ← ۴/۹۷

۱/۱۰۹ **برقِ آب**: سَدِّ کوچکی که در برابرِ جوی آب می بندند تا مسیر آن را در جهتی که می خواهند عوض کنند. این کلمه با همین شکل و با همین تلفظ و معنی هنوز در کدکن باقی است و به صورت «ورَغ» در فرهنگ‌های فارسی نیز مضبوط است.مصحح فاضلِ دیوان در اینجا، برخلاف نسخه‌ها، آن را به «سدّ» تصحیح قیاسی کرده است که اصلاً ضرورت نداشته است، شاهد از عطار (منطق الطیر ۶۵) که در آن میان برق بمعنی برَق جوی و برق (آذرخش) جناس آورده است و کمتر متوجه لطفِ آن می شوند:

پس مکن در ره توقف زینهار!
همچو آب از برق، می رو برق‌وار

۲/۱۰۹ **نَطْع**: بساط یا رُقعه‌ای که بر آن نرد یا شطرنج بازی کنند.

۲/۱۰۹ **عذرا**: صورت یا مرحله‌ای از بازی نرد که یکی از حریفان از آن دیگری یازده نَدَب (گروی، وَجْهِ موردِ قمار) برده باشد. منتهای غلبه بر حریف، در بازیِ نرد.

۲/۱۰۹ **دست بُردن**: در قمار برنده شدن.

۶/۱۰۹ **با حجاب**: به حجاب، با = به.

۲/۱۱۰ **متواری**: پنهان شده. این کلمه در ادبیاتِ فارسی به سکونِ حرفِ دوم ضبط شده است و این را از رویِ وزنِ اشعار می توان دریافت و از نثر نمی‌توان استدلال کرد. بنابراین، می تواند کلمه‌ای فارسی باشد نه اسم فاعل از مصدرِ تواریٰ عربی. بعضی از فرهنگ‌نویسهای قدیم نیز آن را فارسی دانسته‌اند و بر وزنِ پرواری. احتمال آن نیز هست که فارسی‌زبانان این کلمه را با چنین وزنی به کار برده باشند مانند عَقْبه و صَدْقه ونَفْقه ← ۵/۳۷.

۲/۱۱۰ **قُبّهٔ متواری**: اشاره است به حدیث: اولیائی تحت قبابی لایعرفهم غیری: دوستانِ من، در زیر قُبه‌های من‌اند و کس ایشان را نشناسد جز من. ← غزل ۵/۶۹

۲/۱۱۰ **لا یَعْرِفُهُم غیری**: ← قُبّهٔ متواری.

۲/۱۱۰ **محبوبِ ازل**: گویا ناظر است به سبقت العنایة فی البدایة فظهرت الولایة فی النهایه: عنایتِ ازلی در آغاز سبقت گرفت تا در پایان، ولایت از آن ظاهر شد. مراجعه شود به تعلیقات اسرارالتوحید ۶۱۲/۲.

۲/۱۱۰ **محجوبِ جهان**: در پرده از جهان، مخفی از جهان و جهانیان، همان که به صورتِ «مستور» و «مستوری» در ادبیات عرفانی شیوع دارد.

۳/۱۱۰ **کسوَتِ کادَ الفَقْر**: در جامهٔ «کادَ الفَقْر...» که حدیثی است مشهور: کادَالفَقْر اَنْ یَکونَ کُفراً. بیم آن هست که [یا نزدیك است که] فقر تبدیل به کفر شود. (احادیث مثنوی ۴۵)

۳/۱۱۰ **سوادُ الوَجْه**: اشاره است به حدیثِ الفَقْرُ سوادُ الوَجْهِ فی الدارَین، فقر، روسیاهی دنیا و آخرت است ← غزل ۹/۷۱.

۷/۱۱۰ **تیهِ گمان**: تیه، بیابانی بود که بنی اسرائیل در آن سرگشته ماندند، هر نوع بیابان مهلك که سرانجامی بر آن نتوان تصور کرد. گمان را به بیابانی تشبیه کرده است که مهلك است و بی فریاد.

۸/۱۱۰ **بی‌کام و زبان**: اشاره است به مَنْ عَرَفَ الله کَلَّ لسانُه: هرکاو خدای

را شناخت، زبانش از گفتن فرو ماند. (اسرارالتوحید ۱ /۳۰۵)

۱۱۱ /۱ **شراب کشیدن**: شراب نوشیدن، شراب خوردن.

۱۱۱ /۲ **عرضه دادن**: به ظهور رسانیدن، سان دیدن در اصطلاح نظامی. و در اینجا عرضه کردن.

۱۱۱ /۲ **امانتِ عشق**: ← ۳/۵۴.

۱۱۱ /۲ **هم کوه پست گشته هم چرخ در رمیده**: اشاره است به آیهٔ: اِنّا عَرَضنا الامانة علی السمواتِ والارضِ والجبال فابین ان یحملنها (۳۳/۷۲) ما امانتِ [عشق] را بر آسمان‌ها و زمین و کوه‌ها عرضه داشتیم و آنها از پذیرفتنِ آن سرباز زدند.

۱۱۱ /۴ **لا اُبالی**: ← ترجمهٔ تحت‌اللفظی آن: «باکی ندارم» است. و گویا اشاره است به حدیث: هؤلاء فی الجنة ولا اُبالی وهؤلاء فی النار ولا اُبالی: این گروه در بهشت‌اند و باکی ندارم و این گروه در دوزخ اند و باك ندارم (روضة‌الفریقین ۵۰، مرصاد العباد ۳۹۹) که درنتیجهٔ توجه به آن، هیچ پیری و سالکی از سرانجام کار خویش، زنهار ندارد و همواره در مقام انس و هیبت و خوف‌ورجا بایدباشد، چنانکه درین بیت مولانا (گزیده غزلیات شمس ۵۴۶) می خوانیم:

من که باشم؟ که به درگاه تو صبح صادق
هست لرزان که مباداش که کذاب کنی

۱۱۱ /۵ **شگرف**: عالی، اعلی.

۱۱۱ /۶ **حجابِ عِزّت**: یکی از هفتاد هزار حجابی که میان بنده و حق است، حجابِ عزت است و اصل این اندیشه از حدیثی است که بدین صورت نقل شده است: «ان لله سبعین الف حجاب من نور وظلمة» (احادیث مثنوی ۵۰) همانا خدای را هفتاد هزار حجاب است از نور و ظلمت.

۳۳۲ زبور پارسی

۱/۱۱۲ تو در جهان: این اندیشه را عطار به صورتهای مختلف بیان داشته از جمله درین رباعی (مختارنامه ۹):

هم گوهرِ بحرِ لطفِ بی‌پایانی
هم گنجِ طلسمِ پردهٔ دوجهانی
بس پیدایی از آنکه بس پنهانی
بیرونِ جهانی و درون جانی

۱/۱۱۳ رد شدن: مردود شدن، رانده شدن.

۵/۱۱۳ غَوْر: ژرفا، عمق.

۶/۱۱۳ پیاده شو ز وجودت: هستی و وجود را به مرکبی تشبیه کرده است که می‌توان از آن فرود آمد، کنایه از به یکسوی هشتنِ رعونت‌های نفسانی است.

۷/۱۱۳ کنارِ راه: بمعنیِ پایانِ راه و منتهای آن است. عطّار در جای دیگر گوید:

ای راهِ تو بحرِ بی‌کرانه
عشق تو ندیمِ جاودانه

کسانی که مفهوم «کنارِ راه» را که بمعنیِ پایان و منتهی‌الیه آن است ندانسته‌اند، این بیتِ حافظ را (دیوان چاپ قزوینی ۵۰ و چاپ استاد خانلری ۱۶۲):

راهی است راهِ عشق که هیچش کناره نیست
آنجا جز آن که جان بسپارند چاره نیست

تغییر داده و به «بحری است بحرِ عشق» اصلاح کرده‌اند در صورتی که از یازده نسخهٔ قدیمی و مستندِ دیوان حافظ (که اساسِ کارِ استاد خانلری بوده است) فقط یك نسخه «بحر» دارد و ده نسخهٔ دیگر، همه، «راهی» است دارند. شعرهای عطار نیز تأییدی است بر ضبط نسخه‌های قدیم دیوان حافظ. که همان «راهی است راهِ عشق»

است.

۳/۱۱۴ بی سر و بُن: بی سر و پای.
۵/۱۱۴ ماندهام: با «آ»ی کشیده خوانده شود mânde نه به صورتِ :monde.
۷/۱۱۴ تا بیخ ز انگبین برآری: یعنی تا دوباره به عَسَل (=انگبین) برسی.
این تمثیل که از زبـانِ شمع، سخن می‌گوید و او را به گونهٔ عاشقی توصیف می‌کنـد که در آرزوی رسیدنِ به معشوقِ از دست‌رفتهٔ خویش (انگبین) است و از سوی دیگر، خود، معشوقِ پروانه است، مضمونی است که در ادبیات فارسی سابقه‌ای دراز دارد، از نیمهٔ اول قرن پنجم که یك شاعر ایرانی بنام قاضی منصور هروی (متوفی ۴۴۰) گفته است (فیه مافیه، چاپ استاد فروزانفر ۱۵۸):

انی لاشکو خطوباً لا اعیّنها
لیجهل الناس عن عذری وعن عذلی
کالشمع یبکی ولا یدری اعبرته
من صحبةِ النار ام مِنْ فرقة العسل؟
[من از کارهایی شکایت سر می‌کنم اما نمی‌گویم که خود چیست تا مردمان از ملامت و عذرِ من آگاهی نیابند
بمانند شمع که می‌گرید و دانسته نیست که اشکش آیا از مصاحبت آتش است یا از دوریِ انگبین؟]

تا عصر حافظ که گفته است:

جدا شد یار شیرینت کنون تنهانشین ای شمع
که حکم آسمان این است اگر سازی وگر سوزی

بجز عطار و مولوی (گزیدهٔ غزلیات شمس ۵۱۶) واثیراخسیکتی و سعدی (همان کتاب ۵۱۶) عدهٔ دیگری از شعرا نیز بدان توجه داشته‌اند.

بخصوص سعدی در داستان (بوستان ۱۱۴):

شبی یاد دارم که چشمم نخفت

شنیدم که پروانه با شمع گفت

۸/۱۱۴ **سرم نهند در پیش**: یعنی مرا سر می‌بُرند. سر بریدن شمع بمعنیِ مقراض کردن و بُریدنِ قسمت بالای آن است تا بهتر بسوزد و روشنی دهد. از قدیم این عمل را سر بریدن و گردن زدن می‌خوانده‌اند، منوچهری (دیوان، چاپ دبیر سیاقی ۶۴) گوید (خطاب به شمع):

چون بمیری، آتش اندر تو رسد زنده شوی

چون شوی بیمار بهتر گردی از گردن زدن

و اصل این تشبیه را از عربی گرفته است مراجعه شود به صورِ خیال در شعر فارسی ۳۵۵.

۱۰/۱۱۴ **مزاجِ زاری**: سرشتِ گریستن.

۱/۱۱۵ **یك شکر**: ← ۸/۷۷.

۱/۱۱۵ **در کار کردن**: بکار بُردن، موردِ استفاده قرار دادن.

۱/۱۱۵ **حالی**: در حال، فوراً «او، حالی، بیرون آمد و پیش شیخ بلعباس رفت» یا «بگفت تا حالی جگربندها قلیه کردند و پیش شیخ آورد» اسرارالتوحید ۱/۴۵، ۱۴۵.

۳/۱۱۵ **ایثار**: دیگری را بر خویش مقدم داشتن و بسودِ دیگری از نفعِ خویش صرف‌نظر کردن.

۴/۱۱۵ **بُلعجبی**: کارهای شگفت‌انگیز کردن، چشم‌بندی، تردستی و شعبده‌بازی. این کلمه را به صورت بوالعجب یا ابوالعجب نیز ضبط کرده‌اند. در یکی از قدیمترین شعرهای فارسی که ابوسعید ابوالخیر (۳۵۷ - ۴۴۰) می‌خوانده است آمده (حالات و سخنان ابوسعید ۷۸):

بوالعجب یاری، ای یارِ خراسانی

بندهٔ بوالعجبیهای خراسانم

۵/۱۱۵ عجمی ساختن: یا به صورتِ اعجمی ساختن، بمعنیِ خود را به بی‌خبری‌زدن و اظهار نادانی‌کردن در شعر و نثر فارسی رواج دارد، عطار، جای دیگر (منطق الطیر ۷۳) گوید:

خویشتن را اعجمی ساخت آن نگار
گفت: ای شیخ! از چه گشتی بیقرار؟

۳/۱۱۶ از برهنگی فکنده قالی: بیانی است نقیضی و پارادوکسی، یعنی در آنجا فرشِ بی‌فرشی یا قالیِ بی‌قالیی و برهنگی افکنده شده است ← ۷/۴۰ و نیز شاعر آینه‌ها ۵۴ـ۶۰.

۷/۱۱۶ : مولانا در مثنوی (۱/۳۰۹)، این بیتِ عطار را در کنار آیهٔ اِنّ الابرارَ یشربون. . . (۵/۷۶) و حدیثِ ان الله تعالی شراباً اعده لاولیائه اذا شربوا سکروا واذا سکروا طابوا (احادیث مثنوی ۱۸۰) نقل کرده و آن را بدین‌گونه تفسیر می کند:

الله الله! چونك عارف گفت: می
پیش عارف کی بود معدوم شیْ
فهم تو چون بادهٔ شیطان بود
کی تو را وهم می رحمان بود

۱/۱۱۷ گویا مولانا در سرودن غزل (گزیدهٔ غزلیات شمس ۲۱۴):

ای جانِ جانِ جانها، جانی و چیز دیگر
وای کیمیای کانها، کانی و چیزِ دیگر

به این غزلِ عطّار نظر داشته است.

۶/۱۱۷ چار میخ: نوعی شکنجه بوده است که دست‌ها و پاهای شخص را محکم به جایی می بسته‌اند.

۲/۱۱۸ **جان و جهان**: ← ۵/۸۳.

۳/۱۱۸ **سنجیدن با ــ**: اعتبار داشتن در مقابلِ ــ بحساب آمدن، فعل سنجیدن وقتی با حرفِ اضافه «پیش» یا «با» یا «به» و امثال آن بکار می رود، بمعنی در تقابل آمدن است و این نوع استعمال غالباً در حالتِ استفهامی یا منفی بکار می رود و شکل خبری و مثبت آن گویا دیده نشده است (دیوان حافظ چاپ استاد خانلری ۸۵۴ و ۹۳۸):

زهدِ من با تو چه سنجد، که به یغمایِ دلم
مست و آشفته به خلوتگهِ راز آمده‌ای

□

گریهٔ حافظ چه سنجد پیشِ استغنای عشق
کاندرین طوفان نماید هفت دریا شبنمی

۳/۱۱۸ **ای جمله تو!**: ای کسی که همه تویی، جز تو هیچ کس نیست، نظیر «ای تو همه تو» درین بیت عطار (مختارنامه ۱۱):

هم با سخنِ پیرزنان آمده‌ایم
کای تو همه تو، جمله فرو مانده‌ایم

۴/۱۱۸ **تا بو که**: تا بُوَد که، تا باشد که.

۴/۱۱۸ **فرا ستاندن**: قبول کردن و پذیرفتن «آنگه دَرِ یقین بر وی بگشایند تا یك چندی می دَوَد، از هر کسی همه چیزی فرا می ستاند و ذُلّ‌ها پذیرد. . . » اسرارالتوحید ۲۸۷/۱.

۵/۱۱۸ **فنا شدن از خویش**: یعنی از صفات بشری پاك شدن. خویشتنِ خویش را نادیده انگاشتن.

۶/۱۲۰ **مَنْطِقُ الطَّیر**: ناظر است به آیهٔ: «وقالَ یا ایّهاالناس عُلّمنا منطق الطیر واوتینا من کلِّ شئ» (۱۶/۲۷) وگفت: ای مردمان ما آموختیم زبان مرغان را و از هر چیز به ما داده شد. می گویند که سلیمان، زبانِ مرغان را آموخته بود و ایشان با او سخن می گفتند. عطار، مثنویِ بسیار برجسته و معروف

خود را به همین مناسبت منطق الطیر نامیده است.

۷/۱۲۰ **شطح**: سخنانی که در حالِ مستی و شور، و از سرِ بی خویشتنی، بر زبـان بعضی از بزرگان مشایخ صوفیه رفته است و این‌گونه عبارات ظاهری کفرآمیز دارد و گاه بلحاظِ منطقی و عقلانی بی معنی می نماید. مانند: «انا الحق» در گفتارِ حلاج یا «سبحانی ما اعظم شانی» بایزید بسـطامی یا «لیس فی الجبّـة سوی الله» منسـوب به ابـوسعید ابوالخیر. خاستگـاهِ این‌گونـه عبـارات، غالباً جابجایـی عالم غیب و شهادت یا جابجـایـی جـزء و کُـلّ یا حق و خلق است و این در بینش عرفانی قابل توجیه است. کتابهایـی در تفسیر این‌گونه عبارات نوشته‌اند از جمله شرح شطحیات از روزبهان بقلی شیرازی، چاپِ هنری کربین تهران ۱۹۶۶/۱۳۴۴.

۷/۱۲۰ **قوّال**: آنکه قول (= تصنیف) را به آواز می خواند، آنکه در مجلس سماع صوفیان آواز می خواند ← ۴/۳۱.

۲/۱۲۱ **دست دادن**: فراهم آمدن، حاصلِ شدن.

۲/۱۲۱ **رعنایی**: غرور و خودخواهی و تکبّر، غرورِ حاصل از نادانی.

۶/۱۲۱ **دویی و یکتایی**: شرك و توحید.

توضیح برخی واژه‌ها

(رباعی‌ها)

۱/ ۲ **تن زدن**: خاموش ماندن، صبر پیشه کردن.

۱/ ۴ **طاووس ملك**: کنایه از جبرئیل است، بنابر روایت زمخشری (ربیع الابرار ۱/ ۳۷۷) جبرئیل را طاووس ملائکه می‌گفته‌اند و در شعر معروف جمال‌الدین اصفهانی می‌خوانیم (دیوان جمال‌الدین، چاپ وحید دستگردی ۷):

طاووس ملائکه مریدت
سرخیلِ مقربان بریدت

و در روح الارواح (چاپ آقای مایلِ هروی ۹۸) می‌خوانیم که «طاووسِ ملایکه این کلمه بگفته که لَو دَنَوْتُ اَنْمُلَةً لاحترقت».

۲/ ۱ **هشت بهشت**: در تفکرِ مسلمانان بهشت، دارای هشت درجه یا رتبه یا نوع است که بعضی از فرهنگ‌نویسان نامهایی هم برای آن قائل شده‌اند و در موردِ دوزخ قائل به هفت دوزخ‌اند با نامهای خاص هر طبقه، اگر از بازی با کلمه «هشت» و «بهشت» در موردِ اول و توجه به تصریح قرآن (۱۵/ ۴۴) ونیز عددِ افسانه‌ای «هفت» در مورد دوم بگذریم، باید بپذیریم که افزونی بهشت بر دوزخ ناظر بر افزونی رحمت است نسبت به عذاب که خدای گفته است: سَبَقَتْ رَحْمَتی غَضَبی. (احادیث مثنوی ۲۶) و

امیر معزی گفته است (دیوان ۳۲۳) :

طاعتِ او زانکه بیش است از گناهِ کافران
هشت در دارد بهشت و هفت در دارد سَقَر

۲/۲ **هفت سپهر**: هفت آسمان تعبیری است قرآنی که واردِ جهان‌شناسی مسلمانان شده است: سَبْعَ سماوات (۲/۲۹).

۲/۲ **پرده‌دار**: حاجِب، نگهبان.

۳/۲ **کبود جامه**: در جامهٔ کبود، بدین سبب که افراد مصیبت‌زده جامه برنگ کبود می پوشیده‌اند. انتخاب رنگ کبود، در خرقهٔ صوفیان نیز، ریشه در همین رسم و آیین دارد که آنان خود را درین جهان سوگوار می دانند.

۳/۴ **برسید**: تمام شد، پایان یافت. فعل رسیدن (با حرفِ اضافهٔ «به» در آغازِ آن) بمعنی تمام شدن است. از بقایای همین کاربُرد است که در یك ضرب‌المثل می گویند: به ما که رسید وا رسید (= برسید = تمام شد).

۴/۹ **استسقا**: بیماریی که افرادِ مبتلا بدان همواره تشنه‌اند و هرچه بیشتر می نوشند تشنگی بیشتری احساس می کنند.

۲/۱۰ **کوشان**: کوشنده، در جدال.

۳/۱۶ **به دلیل بایدت روشن کرد**: صوفیه معتقدند که معرفتِ خدای را با دلیل نمی توان بدست آورد. اصولاً معرفتِ استدلالی را معرفتی ناقص و غیرقابل اعتماد می دانند و بر آنند که بهترین نوعِ معرفت معرفتی است که از دلیل بدور باشد: اَقویٰ العلوم اَبْعَدُها مِنَ الدلیلِ (لطایف الاشارات، قشیری ۴/۸۰).

۳۴۰ زبور پارسی

۴/۱۹ آنجا که تو نیستی: یعنی آنجا که توئیِ تو، نَفْسِ تو، باقی است تاریک است و ظلمانی و آنجا که توئیِ تو از میان برخیزد، جهانی دلپذیر است و شگفت، ابوسعید ابوالخیر گفته است: «آنجا که تویی، همه دوزخ است، و آنجا که تو نیستی، همه بهشت است.» اسرارالتوحید ۲۰۵/۱.

۴/۲۰ برون آمدن از خویش و بر خویش: بر خویش برون آمدن بمعنیِ با خویش ستیزه کردن است و نزدیك است به فعلِ عربیِ «خَرَجَ عَلیٰ» که بهمین معنی است و از خویش برون آمدن، بمعنی خود را بکلی نادیده انگاشتن و نفیِ وجودِ خویش کردن.

۱/۲۳ : ← غزل ۱۰/۵۱ و ۱۱.

۱/۲۴ : این رباعی در کتابهای متأخر بنام ابوعلیِ سینا (۳۷۰ - ۴۲۸) شهرت یافته و گویا سابقهٔ انتسابِ آن به ابن‌سینا از قرن دهم‌تجاوزنکند؛ در صورتی که در قدیمترین نسخه‌های موجود از مختارنامه، بنام عطار است و مسلماً از اوست. در باب انتساب آن به ابن‌سینا مراجعه شود به ریاض العارفین ۱۶۴.

۴/۳۱ نظّارگی: تماشاگر، نظاره‌کننده.

۳/۳۴ و ۴ : ← ۱۰/۵۱ و ۱۱ و نیز رباعی ۱/۲۳.

۴/۳۶ اهل نظر و اهل نظّاره: اهل نظر در تعبیر قدما کسی است که در جستجوی معرفت، خواستار بحث و استدلال و نقد است (کتاب البدء و التاریخ ۱/۱۸) ولی در دوره‌های بعد اهل نظر بر کسانی اطلاق می‌شده است که اهل معرفت شهودی بوده‌اند (حافظ ۲۴۲):

تلقین و درس اهل نظر یك اشارت است
گفتم کنایتی و مکرّر نمی‌کنم

و اهل نظّاره کسی است (← نظارگی ۴/۳۱) که تماشاگر ظاهر امور است.

۴/۳۸ راه بگویدت: در تعالیم صوفیه راه (طریق) و پیر (مرشد) در حقیقت یك چیز است: پیر را بگزین و عینِ راه دان (مثنوی ۱/۷۷) و این اندیشه یکی ازبنیادی‌ترین اصول تصوف است که مدار طریقت بر پیر است (اسرارالتوحید ۱/۴۶ و تعلیقات همان کتاب ۲/۴۹۳).

۱/۴۰ رویِ چون نگار: ← غزل ۴/۷۷.

۲/۴۱ خاست: ← ۹/۳۹.

۳/۴۳ از ـ مردن: ← ۱۳/۵۱.

۲/۴۴ ماتم کردن: مراسم تعزیت کسی را بپای داشتن.

۳/۴۷ دارِ غرور: سرای فریب، کنایه از این جهان.

۲/۴۸ «نیست ـ هست» ← ۱۱/۱۷.

۴/۴۸ دست از کار رفتن: ناتوان شدن، فرو ماندن از کار.

۴/۴۸ کار از دست رفتن: فوت شدنِ فرصت.

۳/۵۴ جرعه بر خاك فکندن: ← ۴/۹۲.

۴/۵۴ نقل‌دان: ظرف کوچکی که در آن نقل می نهاده‌اند.

۱/۵۶ جیحون: رودخانه‌ای در فاصلهٔ خراسان و ماوراءالنهر، امروز میان افغانستان و تاجیکستان قرار دارد نام قدیم آن آمو و آمویه بوده است.

۲/۵۶ قارون: مردی از قوم بنی اسرائیل معاصر و مخالف موسی که به داشتن ثروت بسیار و گنجینه‌ای عظیم شهرت داشت و بدعای موسی خداوند گنج او را به زمین فرو برد. در افسانه‌ها می‌گویند که آن گنج همچنان در حالِ فرو رفتن است. نام قارون در قرآن کریم (۲۸/۷۶) آمده است.

۱/۶۰ زندگان: عطار، کلمهٔ زندگان را بمعنیِ زندگانی بکار برده است و زندگانی را نیز بمعنیِ سلوك و حیاتِ عرفانی گرفته است و این کلمه درین مفهوم سابقه‌ای کهن دارد (مراجعه شود به اسرارالتوحید ۱/۴۶) می‌توان بزندگان و بزندگانی مردن را بمعنیِ «موتِ ارادی» گرفت که در تعالیم صوفیه بسیار شایع است و در حدیث آمده است که مُوتُوا قبل ان تموتوا: بمیرید پیش از آنکه بمیرید (مرصاد العباد ۳۵۹) یعنی از هواهای

نفس چشم‌پوشی کنید.

۳/۶۱ ای کاش هزار جانمی! : ای کاش هزار جان مرا بود، یا ای کاش هزار جان داشتم.

۲/۶۴ در سرِ کاری کردن: صرفِ کاری کردن، در راه کسی یا چیزی دادن.

۱/۷۱ حضرت جاوید: ذات حق.

۴/۷۴ گویا عطّار درین بیت به شعر بسیار معروف متنبّی نظر داشته است که می‌گوید (دیوان المتنبّی، چاپ بمبئی ۴):

أمِنَ ازدیارَكِ فی دُجیٰ الرقباءُ

إذْ حیثُ کُنْتِ مِن الظّلامِ ضِیاءُ

مراقبانِ تو از دیدارِ [عاشقان] ترا، در تیرگی شبانگاه، درامان‌اند چرا که هر کجا تو باشی، در تاریکی، روشنایی است.

و سنائی گفته است (دیوان ۵۷۰):

با تو چه کند رقیبِ تاریکت؟

بس نیست رقیبِ تو ضیای تو؟

و شعرِ منسوب به سعدی نیز با توجه به شعر متنبّی گفته شده است (دیوان، چاپ خرمشاهی، حاشیه ۶۰۰):

کشتنِ شمع چه حاجت بُوَد از بیم رقیبان

پرتوِ روی تو گوید که تو در خانهٔ مایی

۱/۷۷ **خلاصهٔ جنون**: ← ۱/۲۷.

۳/۸۰ **رنارچار کرد** ← ۶/۱۱

۳/۸۱ **رقصِ چهار کرد**: نوعی خاص از رقص که آن را رقص چهار پاره نیز می‌گفته‌اند: «پیش خلیفه، رقاصهٔ شاهد، چارپاره می‌زد. خلیفه گفت: فی یدیك صنعتك، قال (کذا) فی رجلی یا خلیفة رسول الله! خوشی در دستهای من از آن است که آن خوشیِ پا درین مضمر است (فیه مافیه، مولانا، چاپ استاد فروزانفر ۲۰۹) ازین عبارت می‌توان دریافت که درین نوعِ رقص حرکت دست‌ها و پاها در نوعی تقابل بوده است که دو دست در مقابل دو پا حرکت می‌کرده و به همین مناسبت چهار کرد و چهار پاره خوانده شده است. مقایسه شود با زنّار چهار کرد ← غزل ۲/۳۲ و «زنگیِ چار پاره زن» در شعر خاقانی (دیوان ۱۹۸)

۴/۸۴ **رندِ قلندر**: قلندر مضاف‌الیه است برای رند و صفت نیست، یعنی رندِ منسوب به محلی که آن محل قلندر نام دارد. ← قلندر غزل ۱/۴۳ و ۲/۱۲ گویا از همین گونه موارد بوده است که در دوره‌های بعد از عطار، کلمهٔ قلندر صفت تلقی شده است و اندك اندك از معنیِ جا و محل به مفهوم شخص انتقال یافته است. تردیدی ندارم که اگر دو بیتی منسوب به باباطاهر، واقعاً از او یا عصر او بوده باشد، صورتِ درستِ آن چنین است (شرح احوال و. . . ۱۱۲):

من آن رندم که جایم بی‌قلندر.

۲/۸۵ **دَم و دام**: دم بمعنی فریب است: دم دادن، یعنی فریب دادن و دم خریدن بمعنی فریب خوردن، جای دیگر گوید (دیوان ۱۲۷):

گرچه دلِ منِ مرغِ بلند است چو سیمرغ
لیکن چو دَمَت خورد به دامِ تو درافتد

۱/۹۴ **عُهده کردن**: متعهد شدن.

۴/۹۸ **آوازه به عالم خراب اندر ده**: ضرب‌المثل بوده است، جای دیگری گوید (دیوان ۳۱۵):

می یی در دِه که در دِه نیست هشیار
چه خفتی؟ عمر شد، برخیز و هُشدار

و در غزلی دیگر گوید (دیوان ۹۴):

در دِه خبرست این که ز مِه دِه خبری نیست
وین واقعه را، همچو فلك، پا و سری نیست

و خاقانی (دیوان، چاپ دکتر سجادی ۶۶۲) گوید:

کس در دِه نیست جمله مستند
بانگی به دِهِ خراب در دِه

گویا عکس این تعبیر نیز شیوع داشته است، عطار، جای دیگر (دیوان ۵۸۱) گوید:

اگر دُردی‌ست اندر خُم خبر ده
که فریاد و خروش افتاد در ده

۳/۱۰۰ **برگم نیست**: تاب و توانِ آن را ندارم. برگ، بمعنیِ آمادگی و توانائیِ

کار یا امری است.

۴/۱۰۲ **مشغله**: سر و صدا و فریاد، حافظ گوید (دیوان ۱۴۶):

به کویِ میکده، یارب سحر چه مشغله بود
که جوشِ شاهد و ساقی و شمع و مشعله بود

۲/۱۰۴ **رَهِ خارکش**: یکی از نواها و نغمه‌های موسیقی ایرانی. در جای دیگر گوید (الاهی نامه ۲۶۲):

همه شب می نخفت از عشق بلبل
طریقِ خارکش می‌گفت با گل

۳/۱۰۴ **شمع نشاندن**: خاموش کردن شمع: «شیخ گفت: ما ندانستیم که این روا نیست در شرع، برو آن شمع ها بنشان. محتسب فرا رفت و پیش شمعی شد و پُفی در آن شمع داد تا آن آتش بنشاند. آتش در روی و موی و جامهٔ محتسب افتاد» اسرارالتوحید ۱۰۴/۱.

۴/۱۱۴ **سپر بر آب انداختن**: تسلیم شدن، گویا در اصل بمعنیِ مطلق چیزی را آشکار کردن بوده است مثلاً دشمنی را با کسی آشکار کردن. مراجعه شود به لطایف الامثال رشید وطواط ۱۸۰ و نیز تعلیقات اسرار التوحید ۲/۲۵ ـ ۶۲۴.

۴/۱۱۵ **دهنش پُر زر کرد**: از قدیم پرچم های درونِ گلِ سرخ را به صورتِ زر، در دهان گُلِ سرخ، دیده‌اند و رسم بوده است که چون از کسی سخنی شیوا و دلپذیر می شنیدند، دهان او را پر از زر (سکّه‌های زر)

می کردند و این نوعی رسم و سنت درباری بوده است.

۴/۱۲۰ شیرینیِ انگبین ← ۷/۱۱۴.

۲/۱۲۱ مَنْ یَزید: حرّاج یا هراج، مزایده. ترجمهٔ تحت‌اللفظیِ کلمه این است: «چه کسی می افزاید؟» یعنی ما این جنس را به این قیمت (غالباً قیمتی بسیار کم) می فروشیم، چه کسی برین قیمت می افزاید؟ بعد اگر کسی داوطلب بیشتر شد، باز مبلغ را بالا می برند، چون معمولاً این نوع معامله، درِ شرایط خاصی که فروشنده در تنگنا قرار گرفته است، انجام میشود، «مَن یزید» و حراج بمعنی ارزان فروختن است. حافظ فرموده است (دیوان ۱۳۳):

بی معرفت مباش که در مَن یزیدِ عشق
اهلِ نظر معامله با آشنا کنند

فهرست آیات قرآنی*

وَاِذْ اَخذَ رَبُّکَ مِنْ بَنی آدَمَ مِنْ ظُهورِهِم ذُرِیَّتَهُم وَ اَشْهَدَهُم عَلیٰ اَنْفُسِهِم اَلَسْتُ بِرَبِّکُمْ قالوا بَلیٰ شَهِدنا	۸/۵۶
اَلَمْ نَشْرَحْ لَکَ صَدْرَکَ	۱۸/۴۸
اَنا رَبُّکُم الأعْلیٰ	۱۰/۴
اِنّا عَرَضْنا الأمانَةَ عَلیٰ السمواتِ وَ الأرضَ و الجِبالَ فَاَبَیْنَ اَنْ یَحْمِلْنَها	۲/۱۱۱
وَاِنّا لَنَحنُ نُحیی وَ نُمیت	۱۳/۵۱
اِنَّ الأَبرارَ یَشربُونِ	۷/۱۱۶
خَلَقْتَنی مِنْ نارٍ وَ خَلَقْتَهُ مِنْ طِین	۹/۴۹
وَسَقاهُم رَبُّهُم شَراباً طَهُوراً	۴/۹۷
صِبْغَةُ الله وَمَنْ اَحسَنُ مِنَ اللّهِ صِبْغَةً	۲/۶۲
وَ قالَ یا اَیّها الناس عُلّمنا مَنْطِقَ الطَیْرِ و اوُتِینا مِنْ کُلّ شيٍ	۶/۱۲۰

* «واو» در آغاز آیات، اعتبار نشده است. عددِ بعد از هر آیه، شمارهٔ غزل و بیت را نشان می دهد که در تعلیقات آمده است.

فهرست احادیث و اقوال مشایخ و امثال و حکم

اَتُریدها فَقُلْتُ اُریدُ اَنْ لا اُرید.	۵/۲۴
اِحْفِظْ سِرَّکَ وَلَوْ عَنْ زِرِّک	۱۱/۵۱
اِضْرِبْهُ عَلیٰ الجدارِ	۴/۱۰۷
اَعدیٰ عَدُوِّکَ نَفْسُکَ التی بَیْنَ جَنْبَیک	۱۰/۵۱
اَقویٰ العُلومِ اَبْعَدُها مِنَ الدلیلِ	۳/۱۶
اَناالحقّ	۷/۳۲، ۷/۱۲۰
اِنَّ سَعْداً لَغَیُورٌ وَ اَنا اَغْیَرُ مِنْ سَعْدٍ والله اَغْیَرُ مِنّا	۹/۱۶
اِنَّ للّهِ سَبْعینَ اَلْفَ حجابٍ مِنْ نورٍ وَ ظُلمةٍ	۶/۱۱۱
اِنَّ للّهِ شَراباً اَعَدَّهُ لأولیائهِ اِذا شَرِبُوا سَکروا وَ اذا سَکروا طابوا.	۷/۱۱۶
اَوْلیائی تَحْتَ قِبابی، لا یَعْرِفُهُم غیری	۵/۶۹، ۵/۱۱۰
التَحیّاتُ للّه	۳/۵۲
حِجابُکَ نَفْسُک وَ هُوَ حِجابُ الحُجُب	۷/۷
خُطْوتَانِ وَقد وَصَلْتَ	۷/۶۹
خَلَقَ الله آدَمَ عَلیٰ صُورته	۳/۹۶
خَمّرتُ طِیْنَةَ آدمَ بِیَدَیَّ اَربَعینَ صباحاً	۵/۹۷
رُفِعَ القلم عَنِ الصبّی	۴/۹۳
سُبحانی ما اعظم شانی!	۷/۱۲۰

۳۵۰ زبور پارسی

سَبَقَتْ رَحْمتي غَضَبي	١/٢
سَبقتِ العنايةُ في البداية فَظَهَرتِ الولايَة في النهاية	٢/١١٠
سَتَفْرقُ أُمَّتي نِيفاً وسبعين فرقةً الناجي منها واحدٌ و الباقي مِنْهم في النار	٨/١٣
شيطانُ كُلِّ انسان نَفْسُه	٤/١٠٧
طاغُوتُ كُلِّ أحَد نَفْسُه	٤/١٠٧
الفِتْنَةُ نائمةٌ لَعَنَ اللهُ مَنْ أَيْقَظَها	٢/٤٥
الفَقْرُ سَوادُ الوَجْهِ في الدارَيْن	٣/١١٠، ٩/٧١
كادَ الفَقْرُ أَنْ يكُونَ كُفْراً	٣/١١٠
كُلَّما مَيَّزْتُمُوهُ بأوهامِكُم وأدْرَكْتُمُوهُ في أَتَمِّ معانيكُم فهُوَ مَصروفٌ مَردودٌ إليكُم مُحدَثٌ مَصنوعٌ مِثلُكُم	٧/٧٢
لَوْدَنَوْتُ أَنْمُلَةً لاحْتَرَقْتُ	٤/١
لَوْ ظَهَرتِ الحقائقُ بَطَلتِ الشرايع	٢/٥٥
لَيْسَ في الجُبَّة سِوىٰ الله	٧/١٢٠
مَنْ عَرَفَ اللهَ كَلَّ لِسانُه	٨/١١٠
مَنْ كانَ هُوَ حِجابُهُ أيُّ شيئٍ يحجِبُه؟	٧/٧
نُحيِي مَنْ نَشاءُ بِنا وَنُميتُ مَن نَشاءُ عنّا	١٣/٥١
نِعَمَ الدليلُ أنْتَ و الاشتغالُ بالدليلِ بَعْدَ الوُصولِ محال	٤/٨٤
هٰؤلاءِ في الجَنَّةِ وَلا أُبالي وَهٰؤلاءِ في النارِ وَلا أُبالي	٤/١١١

فهرست اشعار عربی

اَنا مَنْ اَهْویٰ وَمَنْ اَهویٰ اَنا
نَحْنُ روحانِ حَلَلْنا بَدَنا
فاذا اَبْصرتَنی اَبصرتَه
وَاذا اَبْصَرْتَهُ اَبْصَرتنا ۲/۷۰

اَمِنَ ازد یارِکَ فی دُجیٰ الرقباء
اِذْ حَیْثُ کُنْتِ مِنَ الظلامِ ضیاء ۴/۷۴ (ر)

سُبْحانَ مَنْ اَظْهَرَنا سوته
سرّسنا لاهوتِهِ الثاقبِ
ثُمَّ بَدا فی خَلْقِهِ ظاهِراً
فی صورةِ الآکِلِ و الشارِبِ
حتیّ لَقَد عْایَنَهُ خَلْقُه
کَلَحْظَةِ الحاجِبِ بالحاجِبِ ۶/۵۷

اُقْتُلُونی یا ثِقاتی اِنَّ فی قَتْلی حیاتی
وَمَماتی فی حَیاتی وَحیاتی فی مَماتی ۶/۵۹

رَقَّ الزّجاجُ و رقَّتِ الخمرُ
وَتشابَها وَتشاکَلَ الأمرُ
فکانّه خَمْرٌ وَلا قَدَحٌ
وَکانَّه قَدَحٌ وَلا خمر ۸/۷۳

۳۵۲ زبور پارسی

حياةٌ ثُمَّ مَوْتٌ ثَمَّ نَشْرٌ
حَديثُ خُرافَةٍ يا أُمَّ عمرو 9/4
إنَّ السَفينةَ لاتجرى على اليبسِ 12/73
إنّى لأشكو خُطُوباً لا أُعينُهُ
لِيَجْهَل الناسُ عَنْ عُذْرى و عَنْ عَذَلى
كالشَّمْع يبْكى وَلا يُدرىٰ اَعَبْرَتُهُ 7/14
مِنْ صُحْبَةِ النارِاَمْ مِنْ فرقَةِ العَسَلِ

راهنمای تعلیقات

آ

آذر و آزر	۵/۷۳
آزمایش	۵/۵۴
آن	۲/۴۱
آهوی چین	۶/۳۰
آیین قلندری	۱/۴۳

الف

ابلیس لعین	۹/۴۹
ادا کردن	۶/۴۵
ارغنون	۸/۲۷
از بلندی که	۱۰/۷۹
از پی گوش زدن	۶/۵۶
استسقا	۴/۹ (ر)
استعارت	۱/۲۲
استغراق	۱۰/۷۳
اشارت	۱/۲۲
اقرار دادن	۳/۱۰۸
اکسیر	۱/۸
الست	۸/۵۶
اناالحق	۷/۳۲
اناگوی	۵/۹۹
انشراح سینه	۱۸/۴۸
اندر شکستن (گریختن)	۳/۱۰۷
انکار و این کار	۱/۵۸
انگشت زنان	۶/۴۱، ۹/۴۴
انگشت گزان	۶/۴۱، ۹/۴۴
اوباش	۶/۱۷
اهل نظر و اهل نظّاره	۴/۳۶ (ر)
این حدیث	۴/۵۰
این سفر	۳/۵۰

ب

بادهٔ ابرار	۶/۱۰۸
بار امانت	۳/۵۴

تعلیقات ۳۵۵

بازار	۷/۶۷	بیانِ نقیضی	
بازار قلندر	۲/۱۲		۳/۱۱۶، ۵/۴۳، ۷/۴۰
بتِ آرزوها	۴/۱۰۸		
بترک ـ گفتن	۱/۱۰۱		
بدباز	۷/۵۲	**پ**	
بِدِل زدن	۵/۵۵	پدیدار آمدن	۵/۱۰
براق لامکان	۳/۳۳	پردهٔ خون	۱/۶۹
برآمدن، از کوی ـ	۱/۵۲	پردهٔ درد	۱/۶۹
بربط نواز	۴/۳۰	پردهٔ مستان	۴/۳۰
بر سر آمدن	۱/۶۳	پشت دادن	۲/۳۰
بر سر جمع	۲/۳۲	پشت وروی	۳/۱۹
بر سر کشیدن	۵/۸۱	پیاده شدن از وجود	۶/۱۱۳
بر صحرا نهادن	۱/۹۶	پیدا نمودن	۲/۷۸
برقِ آب	۱/۱۰۹	پیر	۸/۳۲
برگ ـ بودن	۳/۱۰۰ (ر)	پیشان	۷/۸
برون آمدن از خویش و بر خویش	۴/۲۰ (ر)	پیشکاره	۲/۵۷
		پی کردن	۲/۱۰۱
بستیزه	۷/۵۳		
بقا	۳/۸		
بقای صِرف	۳/۲۹	**ت**	
بلعجبی	۴/۱۱۵	تازه کردن (تجدید)	۳/۳۷
بلفتوح	۵/۳۱	تجرید	۸/۱۰۶
بلی و اَلست	۸/۵۶	تجلی حق در جهان	۳/۱۰
بنِ دیر	۳/۳۲	تجلی حق در خلق	۶/۵۷
بو که	۶/۲۸	تحیّات	۳/۵۲
بوی و عطّار	۵/۵۰	تلبیس	۷/۴۳
به (حذفِ آن)	۲/۱۰۱	تن زدن	۲/۳۹، ۲/۱ (ر)
بهایی	۳/۲۶	توبه از توبه	۵/۴۳

توبهٔ سنگین	۶/۵۳				
توبهٔ نصوح	۳/۳۱		**ح**		
تیه گمان	۷/۱۱۰	حافظ و عطار		۷/۷، ۴/۱۰،	
				۹/۲۱، ۳/۴۷،	
ج				۶/۵۳، ۳/۵۴،	
				۱/۵۸، ۷/۸۲،	
جام جم	۲/۳۱			۱/۸۶، ۱/۱۰۴	
جامه بدندان	۲/۵۳	حالی		۱/۱۱۵	
جامهٔ دریوزه	۳/۴۰	حجاب خود بودن		۷/۷	
جان بر میان کمر کردن	۶/۸۳	حجاب عزّت		۶/۱۱۱	
جان و جهان	۵/۸۳	حدّ		۲/۲۳	
جای آن هست	۲/۱۱	حلّاج		۱۹/۴۸، ۶/۵۷،	
جرعه بر خاک فشاندن				۲/۷۰، ۶/۵۹	
	۴/۹۲، ۳/۵۴ (ر)	حلاج و پنبه		۷/۷۳، ۶/۷۳	
جسم و جهت	۲/۴۴	حلقهٔ زنّار		۲/۳۲	
جمال بی نشان	۹/۲۱	حلولی		۱۰/۷۳	
جوسنگ	۵/۷۶	حور		۱/۱۶	
جیحون	۱/۵۶ (ر)	حیرت		۱۳/۷۳	

		خ			
چارپاره زدن	۳/۸۱ (ر)	خانه فروش زدن		۱/۵۶	
چارمیخ	۶/۱۱۷	خرابات		۱/۴	
چشمه حیوان	۷/۲۳	خراباتی		۳/۴	
چون نگار	۴/۷۷	خرافات		۹/۴	
چهارکرد، رقص -	۳/۸۱ (ر)	خرشد و رسن بُرد		۶/۳۹	
چهل بامداد	۵/۹۷	خرقه		۱/۶	
		خرقه آتش زدن		۲/۳۲	

تعلیقات ۳۵۷

خرقه از سر برکشیدن	۸/۱۲	در کشیدن	۵/۸۱
خرقه بر ـ افکندن	۳/۱۰۳	در میان آمدن با ـ	۵/۵۷
خرقه به خم درزدن	۵/۱۷	در میان نهادن	۱/۳۳
خرقه چاک زدن	۱/۴۷	دست از کار رفتن	۴/۴۸ (ر)
خرقهٔ پیروزه	۳/۴۰	دست بُردن	۲/۱۰۹
خرقه و زنّار نهاندن	۲/۵۵	دست بهم دادن	۷/۹۹
خط به ـ درزدن	۱/۳۲	دست دادن	۲/۱۲۱
خطبه و سکّه	۸/۹۲	دستی برزدن	۵/۱۲
خفتیدن	۳/۱۰۳	دشمن درونی	۱۰/۵۱
خلاصهٔ جنون	۱/۲۷	دل برخاستن	۶/۱۲
خمّار	۱/۶	دل و نفس	۳/۲۱
خواستنِ نخواستن	۵/۲۴	دلق	۳/۱۰۲
خودیِ خود	۷/۸	دم اندرکشیدن	۶/۶۵
		دم زدن (سخن گفتن)	۳/۴۴
		دم زدنِ صبح	۱/۳
د		دم و دام	۲/۸۵
		دمیدن (متعدی)	۶/۳۰
دادوستان	۶/۴۱	دوست کردن	۶/۶۱
دار و منبر	۶/۷۳	دوش زدن	۵/۵۶
دایرهٔ نفی	۸/۹	دویی و یکتایی	۶/۱۲۱
درخت (دار)	۱۷/۴۸	دهان ـ را پُر زر کردن	۴/۱۱۵ (ر)
درخط بودن	۱/۲۸	دهیدن (زدن)	۴/۱۰۸
دُرد	۱/۱	دیدهٔ گردیده	۱۱/۴۹
در دِه خبری نیست	۴/۹۸	دیر	۱/۶۱
دَرد	۱/۵۰	دیر آفات	۳/۹
دُردی	۱/۱	دیر مغان	۳/۳۲
دُردیِ مغانه	۲/۲۱	دیگر شب	۵/۵
در کار شدن	۵/۶		
در کار کردن	۱/۱۱۵		

۳۵۸ زبور پارسی

ذ

ذرّه	۹/۱۴، ۳/۳۶

ر

راست که	۵/۶۵
راه (مقام)	۴/۳۱
راهب	۱/۶۱
راهِ قلندر	۳/۳۷
راه و رهرو (اتحاد)	۸/۵۱
راهوی	۴/۳۱
رخت بر در نهادن	۴/۸۱
رسیدگان	۳/۹۱
رطلِ گران	۱/۳۰
رعنایی	۲/۱۲۱
رقص چهار کرد	۳/۸۱ (ر)
رند	۲/۱
رند قلندر	۴/۸۴ (ر)
رند قلندری	۵/۸۲
رنگ بر خرقه آمدن	۲/۶۲
رنگ و رگو	۲/۶۲
روی بودن	۶/۱۵
رَوی در دیوار	۶/۱۵
رؤیتِ حق	۴/۴۷
رهبان	۱/۶۱
رهبین	۲/۵۱
رَهِ عُشّاق	۱/۱۴
ریختن (ریزیدن)	۴/۱۰۷
ریزیدن	۴/۱۰۷، ۴/۹۱ (ر)

ز

زبور پارسی	۷/۸
زرق	۲/۶
زلف و روی	۸/۷۰
زنّار	۱/۶
زنار چهارکرد	۶/۱۱
زنار مغان	۶/۶۶
زنجیر نعت صورت عیسی	۹/۶۱
زنجیرکشان کردن	۳/۴۱
زندگان	۱/۶۰ (ر)
زهد و فقر	۴/۴۰
زَهره	۶/۲۲

س

سالوس	۴/۴۳
سبز خنگ	۴/۱۹
سپر بر آب انداختن	۴/۱۱۴ (ر)
سجّاده بر دوش	۴/۷۲
سجّاده بر دوش افکندن	۲/۴
سجّاده نشین	۲/۵۸
سختن	۵/۷۶
سخن نیوشیدن بر-	۷/۴۲
سدِّ اسکندر	۴/۵

تعلیقات ۳۵۹

سراینده	۸/۱۶	شمع را نشاندن	۳/۱۰۴ (ر)
سرباری	۵/۴۱	شنگانه	۳/۴۱
سربالا	۷/۷۵	شهمات	۱۶/۴
سر بریدن شمع	۸/۱۱۴	شیخ صنعان	۱/۴۱
سر در باختن	۷/۳۲		
سر در جهان نهادن	۱/۳۳		
سرِّ غوغا	۵/۴۷	## ص	
سرْ غوغا	۲/۷۵	صاحب دل	۸/۴۹
سعدی و عطار	۱/۲۹	صاحب نفس	۸/۴۹
سنائی و عطار	۱/۲۲، ۱/۱۰۵	صبوح	۱/۳۰
سنجیدن با ـ	۳/۱۱۸	صدر و آستان	۴/۵۹
سواد فقر	۹/۷۱	صدّیقان	۱۳/۴۸
سواد الوجه	۳/۱۱۰	صراحی	۲/۱۰۸
سوخته	۵/۳۰	صرّاف	۹/۷۳
سودا	۱/۷	صورت تشبیه	۷/۷۲
سوسن ده زبان	۶/۷۰	صور صلوح	۷/۳۱
سیمرغ	۵/۶۹، ۹/۳۹	صومعه	۱/۶
سیه‌گری	۴/۴۳		

ش

		## ط	
		طامات	۷/۴
شبرو	۷/۶	طاووس ملک	۴/۱ (ر)
شش پنج زن	۲/۹۸	طریقت	۵/۲
شش جهت	۷/۹۰	طیلسان	۴/۹۳
شطح	۷/۱۲۰		
شکر (بوسه)	۸/۷۷		
شکرانه	۱/۹۱	## ع	
شکر خوزستان	۲/۴۶	عاشق خود بودن	۴/۱۰

عاشقی در ملت مسیح	۴/۶۱	فراستاندن	۴/۱۱۸		
عجمی ساختن	۵/۱۱۵	فرعونِ هستی	۱۰/۴		
عذرا (درنرد)	۲/۱۰۹	فرو شدن به خرابات	۸/۴۴		
عرش	۱۰/۷۹	فرو شدن در راه	۷/۱، ۸/۹		
عرضه دادن	۲/۱۱۱	فرو کردن (گستردن)	۲/۹		
عشق (بخش خدایی)	۱/۲۶	فرهنگ و هنگ	۸/۲۵		
عصا	۲/۴	فن	۷/۶۶		
عطایی	۵/۲۶	فنا اندر فنا	۱/۸		
عظیم (قیدِ کثرت)	۱/۷۹	فنا شدن از خویش	۵/۱۱۸		
عنان بازکشیدن	۷/۶۰	فنای وحدت	۳/۲۹		
عنایت	۶/۶۳				
عودِ خام	۶/۵				
عیّار	۷/۶	**ق**			
عیان	۲/۱۰۱	قارون	۲/۵۶ (ر)		
عینِ عیان	۶/۴۴، ۸/۲۹	قاف	۹/۳۹		
عین یقین	۸/۲۹	قافیهٔ دال و ذال	۵/۵۰		
		قبّهٔ متواری	۲/۱۱۰		
		قرابه	۶/۷۶		
غ		قرائی	۲/۴۳		
غالیه	۹/۹۲	قسم	۶/۱۰		
غَلْبَه (سکون لام)	۵/۳۷	قصد ـ کردن	۱/۴۱		
غیرت	۵/۷۹	قلاشِ قلندر	۵/۷۲		
غیور	۹/۱۶	قلب	۵/۴۶		
		قلم برگرفتن از	۴/۹۳		
		قلندروار	۷/۶۶		
ف		قلندری	۱/۴۱		
فتنهٔ بیدار	۲/۴۵	قوّال	۷/۱۲۰		
فتوح	۲/۳۱	قول	۴/۳۱		

تعلیقات ۳۶۱

قول بلفتوح	۵/۳۱		

ک

کارِ آب	۴/۵۳
کار از دست رفتن	۴/۴۸
کاملان	۵/۵۴
کبود جامه	۳/۲ (ر)
کتابشویی صوفیه	۴/۸۴
کرامات	۲/۴
کُرسی	۱۰/۷۹
کسوتِ کادَالفقر	۳/۱۱۰
کشتی بر خاک راندن	۱۲/۷۳
کفر و ایمان	۸/۷۰
کفر و دین	۲/۴۹ ، ۲/۵۵
کلاهِ مغان	۴/۹۲
کمال اختیار	۶/۸۸
کم زن	۶/۱۷
کنارِ راه	۷/۱۱۳
کون و مکان	۲/۴۴
کونین	۹/۲۱
کوی قلندر	۵/۶۹
کیسه شکاف	۴/۳۸
کیشِ بُتِ آزری	۳/۴۳
کیش مغان	۳/۳۷

گ

گاز	۹/۳
گدایِ گبر	۱۲/۴۸
گردان با گردن	۱۳/۵۱
گردیدنِ دیده	۱۱/۴۹
گشودن چیزی از ـ	۲/۶۶
گفتن (آواز خواندن)	۴/۳۱
گویِ گریبان	۱۱/۵۱
گویِ گریبان را خبر شدن	۱۱/۵۱

ل

لاأُبالی	۴/۱۱۱
لا کَوْن	۷/۸۰

م

ماتم کردن	۲/۴۴ (ر)
ماه و ماهی	۱۱/۷۹
متنبی و عطار	۴/۷۴ (ر)
متواری	۲/۱۱۰
محبوب ازل	۳/۱۱۰
محجوب ازل	۳/۱۱۰
محراب	۲/۵۲
محضِ پندار	۶/۱۰
محو در محو	۱/۸

مخلب	۷/۵	مهمّات	۶/۵۲
مخلص	۴/۱	می و ساغر (رمزِ توحید، در-)	۸/۷۳
مذهبِ هفتادواند	۸/۱۳	میقات	۱۰/۴
مراعات	۸/۴		
مردن از	۱۳/۵۱	**ن**	
مرغ زیرک	۶/۲۷		
مرقع	۶/۹۹	نابود نی ببود	۱۲/۶۱
مستیِ ازل	۳/۶۰	نافه	۷/۳۰
مشغله	۴/۱۰۲ (ر)	نام و ننگ	۱/۲۵
مطرب	۴/۳۱	نایافت	۲/۲۹
معاینه	۴/۱۰۰	نبید	۴/۵۰
معراج مناجات	۲/۵۲	نخستمین	۵/۶۰
معرفتِ بی دلیل	۳/۱۶ (ر)	نشاندن شمع	۳/۱۰۴
مغان و حرمتِ می	۴/۹۲	نصوح	۳/۳۱
مقام و مقامات	۵/۱۰۰	نظام احسن	۳/۶۳
مقامات	۴/۵۲	نعره در بستن	۳/۴۸
مقامرخانه	۳/۷۳	نفاق	۲/۶
مکافات	۴/۴	نَفَس	۶/۴۹، ۴/۱۹ (ر)
منادی کردن	۴/۱۰۶	نَفَس سوخته	۵/۳۰
منبر و دار	۶/۷۳	نَفْس و دل	۸/۴۹
منصور	۵/۲۰	نفی و اثبات	۹/۵۲
منطق الطیر	۶/۱۲۰	نقد اختیار	۴/۳۸
مَنْ یَزید	۲/۱۲۱	نقل دادن	۴/۵۴ (ر)
موتِ ارادی	۱/۶۰	نگونساری	۷/۶۶
مولوی و عطار	۳/۳۶، ۱/۲۹، ۲/۴۸	نیست ـ هست ـ	۷/۱۷ (ر)
	۱۲/۴۹، ۸/۴۹،	نیستی	۲/۶۱
	۷/۱۱۶، ۱/۱۰۴، ۱/۱۷	نیستی در هستی	۱/۱۹
مُهره دزد	۶/۱۷		

و		هفت سپهر	۲/۲ (ر)
		هم‌تنگ	۱/۷۶
واقعه	۹/۶	هندوك	۱/۷۶
واله	۴/۷۵	هیهات	۱۱/۱۴
وَجْه	۵/۴۶		
وحدت	۳/۳۶		
وحدتِ راه و پیر	۴/۳۸ (ر)	ی	
وحدت عاشق و معشوق	۱/۷۰	یارا	۴/۸۰
وهم	۳/۶۳	یار شیرینِ شمع	۷/۱۱۴
		یك شكر	۷/۷۷
		یك یك ـ	۷/۶۷
ه			
هشت بهشت	۱/۲ (ر)		

۳۶۴ زبور پارسی